Das süße Leben der Playboys

Geschichte einer Kultfigur

D1731392

Wilfried Rott

Das süße Leben der Playboys

der Playboys

Geschichte einer Kultfigur

FAB VERLAG

© 1998 FAB Verlag, Berlin
Alle Rechte vorbehalten

Titelphoto:
Teddy Stauffer mit Sabina Sesselmann
und Georgia Moll in Acapulco, 1962
© Ullstein, Lothar Winkler.

Lektorat: Sabine Jawurek
Gestaltung und Satz:
Simin Bazargani
Druck und Bindung:
Freiburger Graphische Betriebe
Lithographie: Spectrum, Berlin

ISBN 3-927551-56-2
Printed in Germany

INHALT

BEWUNDERT UND BENEIDET

Ein Mann von gestern – und doch heute massenhaft anzutreffen. Wer nach ihm im Internet fahndet, wird etwa 100.000 mal fündig – und das nicht nur in Englisch. Auch in Deutsch sind es ein paar tausend und in Japanisch noch immer ein paar hundert Web-Sites, die zum Playboy etwas zu bieten haben, allerdings immer dasselbe: Sex, Sex, Sex. Das legendäre Playmate, das immer gleich wohlgeformte und immer gleich rosige nackte Mädchen als monatliches Gratislockangebot des Playboymagazins ist dabei nur eine und die harmloseste Variante. „Playboy" – das verspricht neutral „Entertainment for Men and Women" oder eindeutig „Anal Sex for Playboy hunters". „Playboy" – das ist heute zum Deckmantel für allerlei Degoutantes geworden, genierlich schon für den, der das Wort nur in den Mund nimmt, weil er zu jenen zu gehören scheint, denen die einschlägigen Offerten gelten: „Alles echt: Amateure mit großen Meisen und Mösen."

Fehlanzeige aber, wenn unter „Playboy" nach wirklichen Playboys gesucht wird, jenen Männern, für deren eigenwilligen Lebensstil der Begriff geradezu erfunden wurde. Nicht einmal in der virtuellen Welt des Internets haben sie einen rechten Platz, geschweige denn in der Realität. Die weltweiten Datenströme gehen an den Playboys vorüber. „Sachs" – das sind hier nur Firmennachrichten von Fichtel & Sachs, aber keine Informationen zum einstigen Topstar der Playboyszene. „Rubirosa" – das ist hier kein sich von Millionärin zu Millionärin liebender Playboy, sondern eine Zigarrenmarke.

Playboys – das waren einst umschwärmte Heroen, aber auch verachtete Gockel – in jedem Fall beachtete, auffällige Blüten im gesellschaftlichen Bouquet. Sie führten in den fünfziger und sechziger Jahren einer sich den Kriegsstaub aus den Kleidern schüttelnden Welt vor, daß Smoking, schöne Frauen und schnelle Autos wieder möglich sind. Sie zeigten, daß es nicht nur ein schönes Leben neben der Arbeit gibt, sondern sogar anstatt aller Mühsal und Wirtschaftswunderschwitzerei. Inzwischen sind sie zu Männern von gestern geworden. Leben sie noch – ernten sie ein mokantes Lächeln, sind sie tot – provozieren sie längst schon die Frage, wer sie eigentlich gewesen sind. Heerscharen von Nachfahren der Playboys wissen nicht, daß sie Kinder eines ganz bestimmten Lebensstils sind. Der Fahrer des tiefergelegten BMW, der rastlos um die Welt jettende Ferntourist, der promiske Vielieber, der bindungslose und bindungsscheue Single auf der Suche nach dem schnellen Disco-Spaß, der sein Vermögen leichthin genießende Erbe – sie alle leben einen Teil jenes Gesamtlebenskunstwerks, das die Playboys vergangener Tage prototypisch geschaffen haben. Wie die rauhbeinigen Entdeckungsreisenden früherer Jahrhunderte die Wege als erste befahren haben, auf denen heute vollklimatisierte Luxus-Liner ihre Bahn ziehen, so sind die Playboys Wegbereiter gewesen, haben die Pfade als erste betreten, auf denen heute Heerscharen von Nachahmern dahintrampeln. Sie mögen uns so lächerlich und gestrig vorkommen wie die Kolonisatoren in ihren Tropenhelmen, sie mögen uns in ihrer naiven Direktheit, in ihrer unverblümten Lebenslust oft etwas peinlich anmuten – aber es ist jene Peinlichkeit, die einen befällt, wenn man sich selbst in einem Zerrspiegel vergrößert und etwas verfremdet, aber doch noch erkennbar wiedersieht.

Eine Begegnung mit den Playboys ist für die Älteren, je nach Einstellung, ein Wiedersehen mit einem Feind- oder Freundbild. Vorbild waren sie den einen, Abschreckung den anderen. Selbst die Gegner von einst sehen sich aber mit der Frage konfrontiert, wieviel an geheimen Wünschen und Sehnsüchten nicht doch in den Playboys verkörpert war, wie stark die Ablehnung aus verdrängter Bewunderung resultiert. Die Jungen begegnen den Playboys von einst ahnungslos und unbefangen. Ob sie in ihnen die Ahnen des eigenen Lebensstils erkennen, ist noch nicht ausgemacht, erst recht nicht, wie sie auf diese Erkenntnis reagieren. Entsetzt über zu viel Ähnlichkeit im Fremden von gestern, können sie die Playboys als auffällige Zeiterscheinung einer vergangenen Epoche im Gesellschafts-Bestiarium abstellen neben Dandy und Snob. Nicht ausgeschlossen aber auch, daß die Playboys zu Vorbild- und Kultfiguren werden könnten. Fraglich, ob es zur Renaissance des Playboys kommt, wie die Minenhunde des Zeitgeistes, die Trendforscher, schon wittern. Vor der Wiedergeburt steht in jedem Fall die Erinnerung.

WENIGE SIND AUSERWÄHLT

„Wir waren ein Dutzend internationaler Play-boys", grummelt heute der weißhaarig geworde-ne Gunter Sachs, und wenn er solches sagt, streift sein Gesichtsausdruck die Grenze des Desinteres-ses und ist zugleich von einem gewissen Wohl-behagen erfüllt. Das Gefühl, zu den wenigen zu zählen, wärmt mindestens so sehr wie die Erin-nerung an jene schönen, aber weit zurückliegen-den Zeiten als man sich selbst, der Welt und nicht zuletzt schönen Frauen vorführte, wie ein tolles Leben aussieht. Heute erinnert nur noch die inof-fizielle Playboy-Uniform, der dunkle Blazer, daran, daß Sachs einmal einer von zwölfen war. Wenn es denn zwölf waren. Die Zahl klingt etwas zu sym-bolisch, zu sehr nach zwölf Aposteln, zu sehr nach der kleinen Schar der Auserwählten.

Wieviele es waren, ist umstritten, ebenso, wer denn wirklich dazuge-hörte. Ali Khan ganz sicher, Freddie McEvoy auch, Errol Flynn schon weni-ger, Teddy Stauffer etwas mehr, Alfonso Prinz zu Hohenlohe eigentlich schon, Francisco „Baby" Pignatari natürlich auch und der Krupp-Erbe Arndt von Bohlen und Halbach in gewisser Weise... Wer genau zur Kaste der Play-boys gehört, läßt sich schwer festlegen. Weiter unten rechnen sich viele da-zu, die oben nicht einmal gekannt werden. Letztlich läßt sich die Zahl der wirklichen „global players" unter den Playboys leicht an den Fingern beider Hände abzählen. Sicher ist: Wer etwas über „den" Playboy erfahren will, kann dies nur, wenn er „die" Playboys kennenlernt, einen Blick auf die Biographien ihrer markantesten Vertreter wirft.

Kein Weg führt vorbei an dem Mann, bei dem sich Freund wie Feind darin einig sind, daß er der Playboy schlechthin, für manche erster und letz-ter zugleich war: Porfirio Rubirosa. Er setzte die Maßstäbe, er war unübertreff-lich, er führte das exemplarische Playboy-Leben. Keiner der noch lebenden wahren Playboys wird von ihm ohne Respekt und Bewunderung sprechen und damit bei den Nachgeborenen Unverständnis auslösen. Denn der Mann mit dem glatt frisierten Haar, dem Gentleman-Habitus und dem etwas mo-kanten Zug des erfolgreichen Verführers um den Mund, hat aus heutiger Sicht auf den ersten Blick wenig Faszinierendes an sich. Auf den Photos sieht einen ein eleganter, konventionell gekleideter Herr an, der im Aus-sehen von manchem Filmstar geschlagen wird. Zeigt er sich gar als verwe-gener Autorennfahrer, so wirkt sein Gesicht unter einem damals üblichen nachttopfartigen Helm fast ein wenig simpel. Seine lateinamerikanische Her-kunft verleiht ihm auf manchem Photo nicht nur vorteilhafte Züge. Aber dieser exemplarischen Playboy-Existenz ist nicht über Äußerlichkeiten beizukommen; ihr Wesen erschließt sich nur aus der Mixtur von Herkommen, Lebensstil und Zeitumständen. Für den Spitzenmann seiner Gilde hat Rubirosa eine unangemessene Herkunft. Er stammt nicht aus gutem Haus, verfügte nicht über ein opulentes Erbe. 1909 wurde er in der Dominikanischen Republik als Sohn eines Generals geboren, was in einer US-Hinterhofdiktatur einen eher problematischen Familienhintergrund bedeutet. Vater Rubirosa mußte ins Exil nach Europa ausweichen, so daß Sohn Porfirio von Jugend auf eine gewisse Internationalität erwarb. Mit drei fließend gesprochenen Sprachen – Spanisch, Französisch und Englisch – hatte er die besten Voraussetzungen, weltweit eine gute Figur zu machen. Wenn von ihm kein einziger geistreicher Ausspruch überliefert ist, so liegt es nicht an mangelnden Sprachkenntnissen.

Was Rubirosa an europäischen Schulen und Internaten außerdem an Kenntnissen und Fähigkeiten erwarb, ist auf der intellektuellen Ebene so unerheblich, daß weder er noch sonst jemand je viel Aufheben darum gemacht hat. Bemerkenswerter sind die sportlichen Qualitäten des jungen Mannes, der sich bevorzugt dem Boxen hingab. Dazu kommt mit Polo eine sehr spezielle Sportart, die er zumindest in der Wirkung auf Frauen beeindruckend ausgeübt haben soll. Männliche Expertenurteile sind weit kritischer.

1930 putschte sich General Rafael Leonidas Trujillo y Molina zum dominikanischen Diktator – und das Schicksal Porfirio Rubirosas verband sich von da an in merkwürdiger Weise mit dem des skrupellosen, mörderischen und geldgierigen Machthabers. Rubirosa trat in die Leibgarde ein, kam dadurch der Tochter Trujillos, Flor de Oro (Goldblüte) nahe, näher als es dem Vater lieb war. Nach einem unbeaufsichtigten Treffen zwischen Leutnant und Tochter hetzte Trujillo Todeskommandos auf den dreisten Liebhaber. Flor de Oro erweichte das Herz des Vaters mit einem Hungerstreik, sie bekam Rubirosa zum Mann.

Zur standesgemäßen Versorgung plazierte der Diktator den Schwiegersohn im diplomatischen Dienst. Auch wenn Rubirosa dies immer gekränkt von sich wies, war er wohl ein Diplomat von bester Operettenart: „Um Eins bin ich schon im Büro, doch bin ich gleich drauf anderswo!" „Diplomatische" Geschäfte, wie sie sein Cousin Luis de La Fuente Rubirosa erledigte, sind von Porfirio nicht bekannt. Der Cousin war einer der Mörder des Haupts der dominikanischen Exil-Opposition, das am 28. April 1935 in New York getötet wurde. Als Diplomat in Berlin startete Rubirosa 1936 eine Karriere als geachteter Liebhaber und Bonvivant. Seine damaligen Affären reichten aus, um Ehefrau Flor de Oro gegen ihn aufzubringen. Über die an ihren Mann gerichteten Briefe, in denen für erwiesene Liebesdienste gedankt wurde, wollte sie nicht einfach hinweglesen. Nach fünf Jahren wurde die Ehe geschieden, fiel das letzte Hemmnis für die eigentliche Playboy-Laufbahn des Porfirio Rubirosa. Er war nun ganz und gar einer jener „geschmeidigen Jünglinge von leicht suspekter Geschmacksrichtung aus Botschafts- und Gesandtschaftsgebäuden" (Evelyn Waugh), wie sie in der Zwischenkriegszeit zum gesellschaftlichen Leben der Metropolen gehörten. Rubirosa trieb sich an allen mondänen Orten der Welt herum, tat sich in riskanten Sportarten hervor, entwickelte eine Sammelleidenschaft für alte Kunstwerke und junge Frauen. Wovon er, der Zeit seines Lebens jede Arbeit im eigentlichen Sinn konsequent ablehnte, dies alles finanzierte, blieb über längere Strecken sein Geheimnis und gehört entweder unter das Kapitel „Playboys und Kriminalität" oder „Playboys und Frauen".

Auf dubiose Weise erworbenes Geld erlaubte es Rubirosa, in Spielbanken und Clubs spektakuläre Auftritte zu zelebrieren und ein Leben vorzuführen, das nur das Vergnügen und keine Arbeit kannte. Auch der Beginn des Zweiten Weltkrieges bremste dieses Leben kaum, sondern verschuf ihm neue mühelose Einnahmemöglichkeiten. Ex-Schwiegervater Trujillo nahm ihn wieder für diskrete diplomatische Dienste in Anspruch, „weil die Frauen ihn mögen und er ein wunderbarer Lügner ist", wie der Diktator bemerkte. Nebenbei verkaufte Rubirosa Visa der Dominikanischen Republik auf eigene Rechnung an jüdische Flüchtlinge aus Deutschland, wurde so gleichermaßen zum Profiteur wie zum Lebensretter.

Im besetzten Frankreich provozierte Rubirosa im Restaurant L'Aiglon eine Schlägerei mit Gestapo-Agenten. Es gab zersplitternde Gläser, auf Rubirosas weibliche Begleitung geschütteten Wein, Fausthiebe des geübten dominikanischen Amateurboxers auf den deutschen Provokateur. Ein deutscher Polizeioffizier beendete die filmreife Szene und rettete Rubirosa. Anlaß des Streits war eine schöne Frau, und mit ihr streift Rubirosas Leben erstmals in großem Stil die flimmernde Welt des Kinos. Danielle Darrieux galt als „la plus belle actrice" Frankreichs, war 23 Jahre alt und äußerst umschwärmt. Höchst absichtsvoll mietete Rubirosa eine Wohnung unweit der ihren. Was nach Berechnung aussah und wohl auch so begann, endete romantisch. Beide verliebten sich ineinander, heirateten und wenn die Liebe nicht gestorben wäre... Einem Ondit zufolge, hatten sich die Brautleute versprochen, nur so lange beieinander zu bleiben, wie das Geld oder die Liebe reichten. Da Danielle Darrieux ein hochbezahlter Star war, blieb praktisch nur die emotionale Auszehrung, und die wurde virulent, als 1947 noch mehr Geld in Rubirosas Leben trat. Das neue Glück kam aus den USA und wurde von der Presse mit einem echt amerikanischen Superlativ geschmückt: „the richest woman in the world". Nach der schönsten Schauspielerin Frankreichs nun die reichste Frau der Welt – die Internationalisierung des Playboylebens erreichte eine höhere Stufe. Statt altem europäischen Adel, mit dem sich Rubirosa gerne tummelte, nun die neureiche amerikanische Geldaristokratie, bei der wenigstens der Name etwas von einem Adelsprädikat hatte: Doris Duke.

Die Erbin des Vermögens der Duke Tobacco Inc. trat als Journalistin in Rubirosas Leben. Was mit einem Interview begann, endete wenige Monate später mit der Ehe. Die Scheidung der Ehe Darrieux-Rubirosa bedeutete im Leben beider eine Zäsur. Danielle Darrieux flüchtete in die Einsamkeit und Zurückgezogenheit, Rubirosa zunächst in Alkohol, Drogen und Sex – und schließlich in die spektakuläre Phase seiner Playboy-Karriere. Er stürzte sich in ein affärenreiches Leben, wurde zum Gegenstand internationaler Klatschgeschichten. Ein gebrochenes Herz, wenn es das eigene ist, paßt nicht zu einem Playboy, und doch wird bei Rubirosa darüber spekuliert, wie weit die gescheiterte Liebe zu Danielle Darrieux ihn verändert hat.

Rubirosa ist danach den Frauen nicht weniger zugetan als vorher, setzte seinen Charme nicht weniger erfolgreich ein, aber er tat es nun zynischer, berechnender – und zwar wortwörtlich. Denn in nächster Zeit sind es höchst begüterte Frauen, die sein Leben bestimmen. Der im Vergleich zu einem Playboy-Mitgespielen wie Ali Khan fast mittellose Porfirio Rubirosa verdiente sein Geld nicht länger mit eleganten Gaunereien, sondern ging daran, die Zinsen des einzigen ihm von Geburt an mitgegebenen Kapitals im großen Maßstab zu ernten. Er kassierte den Profit seiner Liebesfähigkeit. Zur Hochzeit bekam Rubirosa von Doris Duke einen Satz Polopferde, diverse Sportwagen, Schmuck und einen Scheck in Höhe von 500.000 Dollar. Außerdem wurde ein Palais in Paris erstanden und ein ausgemusterter Weltkriegs-Bomber zum Privatflugzeug umgebaut. Damit erreichte sein Lebensstil internationales Format. In Argentinien agierte er für kurze Zeit als dominikanischer Botschafter, spielte Polo und knüpfte amouröse Bande bis hinauf zur Präsidentengattin Evita. In seiner ungehemmten Vergnügungssucht traf er sich mit den Neigungen von Doris Duke. Aber auch diese Lust auf Lust verschliß sich. Nach 13 Monaten erfolgte Ende 1948 die Scheidung, die Rubirosa alles andere als mittellos zurückließ. Frei von Ehebanden, konnte er sich nun um so ungehemmter weltweit seinem genußreichen Lebensstil hingeben. Seine Liebschaften waren dabei ebenso namen- wie zahllos. Ganz „caballero", genoß er und schwieg – in dieser Hinsicht ein wahrer Philosoph unter den Lebemännern. Als prächtiges Schaustück im Panoptikum des Jet-Sets weckte er das Interesse einer weiteren Millionenerbin, der 40jährigen Barbara Hutton, wie Doris Duke vier Jahre jünger als Rubirosa. Sie war eine hochneurotische Frau, die sich von einer Affäre in die andere stürzte, in ziemlich regelmäßigen Abständen heiratete und ihre Liebhaber und Ehemänner mit ihrem aus dem Woolworth-Vermögen stammenden Geld überschüttete.

Als Rubirosa 1953 Barbara Hutton kennenlernte, hatten ihn seine zahlreichen Affären in eine schwierige Situation gebracht. In gleich drei Prozessen wurde er als Scheidungsgrund genannt und einer der gehörnten Ehemänner konstatierte: „Der Mann ist eine Gefahr, die man ausrotten sollte." Die öffentliche Aufregung um die Liebschaften des dominikanischen Diplomaten Rubirosa gingen sogar dem Diktator Trujillo zu weit, und er entfernte ihn aus dem diplomatischen Dienst und distanzierte sich öffentlich von ihm. Es gehört zu den Tollkühnheiten, daß Rubirosa in dieser für ihn nicht zuletzt finanziell schwierigen Lage als Ausweg die Ehe mit der Millionenerbin Hutton ersann. Er ließ Gitarren vor der Wohnung der Umworbenen spielen, sang dazu – und wurde tatsächlich ihr Liebhaber und Ehemann. Damit erreichte er den Höhepunkt seines Liebes-Erwerbslebens und den Gipfel an Zynismus, denn er setzte seine Affäre mit der Filmschauspielerin Zsa Zsa Gabor so öffentlich fort, daß Barbara Hutton darüber in allen Zeitungen lesen konnte. Noch eine Woche vor der Hochzeit verspielte er mit Zsa Zsa tausende Dollars im Casino in Las Vegas und ließ ungerührt das Casinomanagement bei seiner zukünftigen Frau anrufen, damit diese für seine Spielschulden einstand.

Durch die keine drei Monate währende, wenn auch erst später geschiedene Ehe mit Barbara Hutton sanierte sich Rubirosa für den Rest seines Lebens. Er erhielt drei Millionen Dollar und wieder einmal einen, diesmal noch aufwendiger umgebauten Bomber; schließlich wollte Barbara Hutton ihre Millionen-Konkurrentin übertrumpfen, was Rubirosa nur recht sein konnte. Zu den üblichen Rennautos, Pferden und Juwelen wurde ihm noch eine Plantage in der Dominikanischen Republik geschenkt, wobei er deren Kaufpreis gleich um 300.000 Dollar höher angab, als er tatsächlich war, um dieses Geld in bar einzustreichen.

Was folgte, war ein Abstieg auf hohem Niveau. Noch war die nun extensiv ausgelebte Affäre mit Zsa Zsa Gabor von der Genußsucht geprägt, die Rubirosa auszeichnet, aber schleichend wechselte er in ungewohnte und unpassende Rollen. Er, der selbst jahrzehntelang der Alptraum eifersüchtiger Ehemänner war, begann plötzlich über seine Partnerin zu wachen. Zsa Zsa Gabor durfte in Liebesszenen ihre schauspielernden Partner nicht küssen. Als auch diese Affäre zu Ende war, eroberte Rubirosa noch einige Edeltrophäen des Playboy-Daseins wie Ava Gardner, Rita Hayworth und angeblich auch Prinzessin Soraya. Schließlich landete er beim Gegenteil, dem so gut wie unbekannten Photomodell Odile Bérard, das sich einen wahrhaften Künstlernamen zugelegt hatte: Odile Rodin. Obwohl selbst noch immer von gewisser Flatterhaftigkeit, wußte er als Endvierziger an einer Frau das zu schätzen, was auch biedere Männer in diesem Alter gerne in ihrer Nähe wissen: ergebene, bewundernde Jugendlichkeit.

Der Niedergang im sanften Gleitflug wurde dadurch angenehmer, aber nicht aufgehalten. Noch einmal dilettierte Rubirosa im diplomatischen Dienst, doch war nach dem Sturz von Trujillo für einen notorischen Nichtstuer auf die Dauer kein Platz mehr. Er wurde entlassen. Finanziell ging es mit ihm bergab, und schon machte das für ihn fast rufschädigende Gerücht die Runde, daß er sich als Hotelmanager verdingen wolle. Da bewahrte ihn auf fast tragische Weise letztendlich sein geliebter Polo-Sport vor dem totalen Niedergang und der öffentlichen Blamage. Nach dem Sieg seines Teams beim Coup de France gab er sich erst der Freude, dann wohl der Tristesse beim Alkohol hin. Auf der Heimfahrt verunglückte er am Steuer seines Ferraris im Bois de Boulogne tödlich. Das klingt nach standesgemäßem Abgang eines Playboys. In den Todesmeldungen war denn auch viel vom Ferrari die Rede, wenig davon, daß ein Betrunkener gegen einen Baum gefahren war. Die Legende vom ersten und letzten, vom einmaligen und uneinholbaren Playboy duldete keine Banalisierung.

Stellt man den heute als lebende Playboy-Legende geltenden Gunter Sachs daneben, so trennt schon das Alter die beiden auf markante Weise. Fast ein Vierteljahrhundert liegt zwischen der Geburt von Rubirosa und Sachs. Der eine könnte der Vater des anderen sein. Als Gunter Sachs durch seine Hochzeit mit Brigitte Bardot auf dem Höhepunkt seiner Playboy-Existenz steht, ist Rubirosa bereits ein Jahr tot. Kommt der eine noch aus einer Welt der Gigolos, der Bonvivants und Lebemänner, in der es das Wort „Playboy" noch gar nicht gab, so erlebt der andere eine Zeit, in der Playboys zu vagen Schemen der Vergangenheit geworden sind. Kein Wunder, daß ihr Leben Unterschiede aufweist, aber doch auch so viele Gemeinsamkeiten, daß der sie verbindende Typus „Playboy" sichtbar wird. Anders als Rubirosa, dem immer ein wenig Schlacke des Parvenühaften anhängt, kommt Gunter Sachs aus gutem Haus. Geboren wird er 1932 auf Schloß Mainberg bei

Schweinfurt. Mütterlicherseits stammt er aus der Familie von Opel. Väterlicherseits ist er Sohn eines Großindustriellen, der unter anderem als Waffennarr für manche Eskapade bekannt war. Nach der Scheidung der Eltern wächst Gunter bei seiner Mutter Eleonore von Opel in der Schweiz auf, während sein älterer Bruder Ernst Wilhelm beim Vater bleibt, der sich 1958 das Leben nimmt. In der Schweiz besucht Gunter Sachs einschlägige auf Millionärssöhne spezialisierte Schulen und Internate. Wie Rubirosa verfügt er über beachtliche Sprachkenntnisse, macht später sogar ein Dolmetscherdiplom. Sein Deutsch ist von dem für die Schweiz typischen getragenen Tempo und Klang, sein Französisch so perfekt, daß Brigitte Bardot später tief beeindruckt ist und dem deutschen Akzent sogar einen gewissen Reiz abgewinnen kann. In Lausanne studiert Sachs Mathematik und bleibt sein Leben lang der Welt der Zahlen verbunden, bei den Frauen, in den Geschäften und schließlich in der Astrologie.

Mit 23 Jahren heiratet er eine attraktive Algerienfranzösin, Anne-Marie Faure. Das Idyll des jungen Paares am Genfer See, bald ergänzt um Sohn Rolf, endet 1958 tragisch: Die junge Frau stirbt bei einer Operation – und läßt einen veränderten Mann zurück. Denn ab jetzt beginnt dessen Playboy-Existenz. Ohne allzu große Spekulationen über das Gefühlsleben des Gunter Sachs anzustellen, ist doch nicht zu übersehen, daß – ähnlich wie bei Rubirosas Ende seiner Ehe mit Danielle Darrieux – bei Gunter Sachs der Verlust eines geliebten Menschen seine Haltung zu Leben und Frauen grundlegend gewandelt hat.

Als wollte er nun von der Welt so viel wie möglich für den erlittenen Verlust einfordern, stürzt er sich in ein Leben der Vergnügungen – und das mit einem bei ihm immer gut getarnten Ehrgeiz, mit einer Sucht nach Perfektion und Erfolg. Seine Voraussetzungen sind geradezu ideal. Er verfügt über ein Vermögen. Mehrere 100.000 D-Mark stehen pro Jahr zur Verfügung. Außerdem besitzt Gunter Sachs eine blendende Erscheinung, die ihn schnell im internationalen Jet-Set zu einer herausragenden Figur macht, merklich deutsch und doch auch sehr international. Jahr für Jahr steigt Gunter Sachs die Leiter der Prominenz empor, wird an allen einschlägigen Orten des gehobenen Vergnügens gesichtet – mit regelmäßig wechselnden Partnerinnen. 1959 ist es die Schauspielerin Mara Lane. Das Jahr darauf ist das aus dem Rheinland stammende Starmannequin Anke Hahn seine Gefährtin. Die ehemalige technische Zeichnerin für Türrahmen und umschwärmte Schönheit im Schwabinger Nachtlokal Käfig wird 1961 von der Schweizer Wasserski-Weltmeisterin Marina Doria abgelöst. Auf sie wiederum folgt das Chanel-Mannequin Paule Rizzo. Im „Figaro" bereits etwas übertreibend als

„Deutschlands beste Partie" gehandelt, löst Gunter Sachs im Herbst 1962 ein publizistisches Beben nicht nur in den Klatschspalten aus. Die gesamte Yellow-Press wird von der „Romanze des Jahrhunderts" erschüttert: Gunter Sachs und Soraya Esfandiay Bachtiary gelten als unzertrennlich. Täglich eilt der 29jährige zum Münchner Appartement der ein Jahr älteren Geliebten – aber nur für kurze Zeit. Auf die persische Ex-Kaiserin folgt das nunmehr römische, eigentlich aus Köln-Lindenberg stammende Photomodell Brigitte Laaf. Auf der großen Party zum 28. Geburtstag von Françoise Sagan in St. Tropez wird sie als „voraussichtlich zweite Ehefrau" von Gunter Sachs gehandelt. Sie ist attraktiv, auf der Prominentenskala aber doch etwas tiefer angesiedelt. Mit der aus Winsen an der Luhe stammenden Heidi Baltzer verharrt der Playboy noch eine Zeitlang auf dieser Ebene. Es ist, als würde Gunter Sachs einen kleinen Schritt zurück tun, um dann zum ganz großen Coup auszuholen.

Im Mai 1966 erobert er Brigitte Bardot, um sie noch am beziehungsreichen 14. Juli des selben Jahres in Las Vegas zu heiraten. Diesmal beherrscht Gunter Sachs die Titelseiten, besonders der deutschen und französischen Zeitungen. Diese deutsch-französische Annäherung überstieg das von den Politikern angepeilte Maß, traf nationale Empfindlichkeiten. Schließlich war Brigitte Bardot nicht einfach eine von vielen Schauspielerinnen. Sie war die Superwaffe Frankreichs gegen all die Sexbomben von Hollywood bis Cinecitta. Sie war das Modell für die „Marianne", stand als Staatsikone in Bürgermeister- und Standesämtern.

Schon die Eroberung von Brigitte Bardot durch einen Deutschen ausgerechnet in St. Tropez konnte national empfindliche Gemüter in Frankreich treffen. Schließlich war St. Tropez im Zweiten Weltkrieg von Deutschen besetzt gewesen und im August 1944 fast völlig zerstört worden, als bei einer amerikanisch-französischen Landung Südfrankreich zurückerobert wurde. Nun aber entführte rund 20 Jahre später ein Deutscher der Grande Nation sozusagen ihr Allerheiligstes – und das am französischen Nationalfeiertag.

Die nationale Erschütterung in Frankreich war voreilig, denn Gunter Sachs holte Brigitte Bardot alles andere als „heim ins Reich", wo er sich selbst wenig aufhielt. Das Paar, sofern es überhaupt beisammen war, logierte in Frankreich, in St. Moritz, in den Wintersportgebieten Italiens, gondelte durchs Mittelmeer. Nach drei Jahren war der Spuk vorüber, wobei Gunter Sachs, wenn man Brigitte Bardot glauben darf, in dieser Zeit herzlich wenig von der Möglichkeit Gebrauch gemacht hat, mit seiner Frau zusammenzusein. Die Ehe mit Brigitte Bardot war der Höhepunkt des Playboy-Lebens von Gunter Sachs – und war auch schon fast ihr Endpunkt.

Denn noch während der Ehe lernte Sachs Mirja Larsson kennen, die später seine dritte und bislang letzte Ehefrau wurde. In etwa zur gleichen Zeit kehrte Gunter Sachs auch wieder in den Aufsichtsrat der Fichtel & Sachs AG zurück, den er 1961 verlassen hatte – dem Vernehmen nach, weil der Vorstandsvorsitzende am playboyhaften Leben des Erben Anstoß genommen hatte. Was danach kam, füllte mehr die Wirtschafts- denn die Gesellschaftsseiten der Zeitungen. Am Ende steht ein noch immer sehr gut aussehender, nun silbergrauer Multimillionär von erheblichem kaufmännischen Geschick und einigem künstlerischen Geschmack, was sich an seiner Kunstsammlung wie an seinen eigenen photographischen Arbeiten ablesen läßt. Daneben hat er sich noch den Titel eines Mäzens und Wohltäters erworben und den Ruf eines Super-Playboys behalten, obwohl er heute selbst dieser Phase seines Lebens mit eher nachsichtigem Wohlwollen gegenübersteht.

Rubirosa und Sachs vereint ihr großzügiger Lebensstil, ihr häufiger Partnerwechsel, ihre Liebe zu schnellen Autos, großen Auftritten und extremen Sportarten. Im Gegensatz zu Rubirosa war Gunter Sachs vermögend, dies aber mit Diskretion. Nie hat er zu den Verschwendern im Stil des Krupp-Erben Arndt von Bohlen und Halbach gehört. Er tat immer so, als würde er sich nicht um Arbeit kümmern, und war doch nie geschäftlich untätig. Sachs konnte es sich leisten, Frauen nach ihrer Schönheit und Prominenz auszuwählen, während Rubirosa den begehrlichen Blick nicht zufällig auf reiche Frauen lenkte, mit deren Hilfe er seinen luxuriösen Lebensstil realisieren konnte.

Bei Gunter Sachs gibt es ein Leben vor und ein Leben nach seiner Playboy-Existenz. Er spielt für einen genau festgelegten Zeitraum diese Rolle, läßt sich immer neue Szenen, neue Auftritte einfallen. Er ist Schauspieler seiner selbst, der sorgfältig und bedacht das öffentliche Interesse auf sich zieht, mit ihm spielt. Während von Rubirosa ein einziges ernsthaftes Interview existiert, ist Gunter Sachs ein beliebter Gesprächspartner der Medien. Für Rubirosa ist es seine ganze Existenz, Playboy zu sein. Er kann nicht anders und kann auch nichts anderes – er ist Playboy bis zum Ende am Alleebaum. Gunter Sachs dagegen tummelt sich in diesem Fach nur so lange wie es ihm angemessen ist und Spaß macht. Sein Playboy-Leben ist stromlinienförmiger, überlegter – und damit nachahmbarer und vorbildhafter.

Gunter Sachs ist der klassische Vertreter der zweiten Generation der Playboys, die in den prosperierenden Zeiten nach dem Zweiten Weltkrieg vorwegnahmen, was später für viele nachlebbar wurde. Er lebte vom Geld des Vaters, machte vergessen, wie es erworben worden war. Er gönnte sich Luxus und Genuß, während andere arbeiteten. Rubirosa dagegen war viel eher ein Abkömmling der zwanziger Jahre, mit ihrer vibrierenden Unruhe, dem Nebeneinander von Geld und Kriminalität, von Depression und Glitzerleben.

Was ein Playboy ist und sein kann, erschöpft sich nicht in den beiden Großen der Zunft. Zwischen ihnen bewegen sich Playboys, die andere Facetten verkörpern wie etwa Prinz Ali Khan, der schwerreiche Sohn des Aga Khan, dem Haupt der moslemischen Sekte der Ismaeliten. Ausgerechnet sein playboyhafter Lebensstil verhinderte, daß er auch Erbe der Milliarden seines Vaters wurde. Aga Khan war ein schwerreiches Faktotum der internationalen High Society, selbst nicht mit ausgeprägter Schönheit gesegnet. Er neigte zu Korpulenz und setzte diese zu wohltätigen Zwecken ein, indem er sich, einer Tradition seiner Sekte folgend, in regelmäßigen Abständen mit Gold, gelegentlich sogar mit Diamanten oder Platin aufwiegen ließ. Das wertvolle Gegengewicht, das die gläubigen Ismaeliten aufzubringen hatten, spendete er dann für die Bedürftigen seiner Glaubensgemeinschaft.

Seinem hocheleganten Sohn Ali Khan muß solches Treiben fremd bis peinlich gewesen sein. Es paßte so gar nicht zu dem gertenschlanken, vornehmen Mann, der im Cutaway mit Zylinder auf der Rennbahn ebenso gute Figur machte wie in der Kluft des schneidigen Rennfahrers. Ali Khan, der Ehe seines Vaters mit einer Italienerin entstammte, war eine durch und durch europäische Erscheinung mit Cambridge-Ausbildung. Seine Karriere als Lebemann wurde durch den Zweiten Weltkrieg unterbrochen, in dem er es bis zum Oberstleutnant brachte, später sogar zum Offizier der französischen Ehrenlegion. Nach dem Krieg widmete er sich, zwischen seinen Villen in Fankreich, der Schweiz und Irland hin und herreisend, den wertvollen, von seinem Vater aufgebauten neun Pferdegestüten. Außerdem verwaltete er das über die ganze Welt verstreute Vermögen, ohne darüber das leichte Leben zu vergessen oder bei seinen Reisen die fashionablen Orte des Jet-Sets auszulassen.

Ali Khan hatte es nicht wie Rubirosa nötig, reich zu heiraten. Daß er mit der aus bester englischer Familie stammenden Joan Yard-Buller verheiratet war, die ihrerseits schon eine Ehe mit dem Biermillionär Thomas Loel Guiness hinter sich hatte, war eher eine Frage von Stil und Konvention. 1949 wurde diese Ehe nach monatelangem Widerstand Joans geschieden. Für Ali Khan war der Weg frei, um die skandalumwitterte Filmschauspielerin Rita Hayworth zu heiraten, von der er vier Jahre später wieder geschieden wurde.

Vater Aga Khan nahm an diesem glanzvollen Leben eines Playboys merkwürdigerweise Anstoß. Denn er selbst war kein Vater von Traurigkeit. Vier Mal gab es eine Begum in seinem Leben, wie die Ehefrauen der Ismaeliten-Fürsten heißen. Sohn Ali Khan verhielt sich bei seinen Affären weit weniger diskret als sein Vater und vermutlich war es dies, was den Aga Khan verärgerte und in der Ansicht bestärkte, daß sein Sohn nicht für das würdevolle Amt eines Ismaeliten-Oberhaupts taugt. Dazu beging Ali Khan die Unvorsichtigkeit, sich etwas voreilig zum Nachfolger seines Vaters zu erklären. Der alte Herr sah dies ganz anders, behielt sich die Regelung der Nachfolgefrage vor – und so wurde Ali Khans Sohn Karim der neue Aga Khan. Vater Ali fand dann fünf Jahre vor Rubirosa bei einem Autounfall den standesgemäßen Playboy-Tod. Seine Begleiterin, ein Starmannequin, kam mit leichten Blessuren davon.

Ali Khan, dieser europäisierte Märchenprinz aus dem Orient, gehört zu den elegantesten und draufgängerischsten Playboys – als Erbe eines enormen Vermögens in Stil und Aufwand uneinholbar und unnachahmbar. Das genaue Gegenteil ist der Selfmade-Playboy nach Art eines Porfirio Rubirosa und noch mehr in Gestalt des legendären Freddie McEvoy. Sein Vermögen waren körperliche Tüchtigkeit und ein robustes Draufgängertum, zu dem sich noch ein unersättlicher Appetit auf Frauen gesellte. Freddie McEvoy betätigte sich in allerlei Sportarten bis hin zum Tiefseetauchen. Auf der Bobbahn brachte er es sogar bis zum Weltmeister und erwarb sich wegen seiner Tollkühnheit den Beinamen „Selbstmord-Freddie". Besonderes Talent hatte er zum Spieler. Den 25.000-Dollar-Gewinn beim Backgammon verwendete er postwendend für den Kauf eines Maserati, mit dem er wiederum als Rennfahrer erfolgreich war. Er war in Wirtshausraufereien ebenso verwickelt wie in mancherlei Liebeshändel.

Nicht zufällig bildete er mit Errol Flynn ein unzertrennliches Paar. Was Flynn im Film darstellte, das war Freddie McEvoy in Wirklichkeit: ein schneidiger, skrupelloser Draufgänger. Sein Tod war dem eines Piraten der Meere würdig, aber doch für einen Playboy sehr ungewöhnlich. Er geriet mit seiner Yacht in einen Sturm und kenterte. Seine Leiche wurde in der Nähe von Casablanca angespült. Das standesgemäße Photo vom zerschmetterten Auto, Symbol eines raschen Todes am Ende eines schnellen Lebens, war ihm nicht vergönnt.

Verglichen mit einer solch spektakulären Existenz sind andere Playboy-Viten bescheidener, auch wenn sie ihr Leben mit mancherlei Auffälligkeiten würzten. Der Krupp-Erbe Arndt von Bohlen und Halbach gehört zweifellos zu den markanten Playboys – und doch lastet über seinem Leben Müdigkeit und Langeweile, die er um so hektischer unter einer dicken Schminke der Exaltiertheit zu verbergen versuchte. Alfonso Prinz zu Hohenlohe wieder repräsentiert den fröhlichen Kumpel, den vor allem seine feine Herkunft davor bewahrte, ein munterer Nobody im Gesellschaftszirkus zu sein. Der Prinz, immer auch Geschäftsmann, wurde zum Hotelier. Mit der ihm geschäftlich sicher zugute kommenden Bonhommie symbolisiert er ein sanftes Ausklingen wildbewegter Playboy-Zeiten, die einst mit John Edward Johnston-Noad so bewegt begonnen hatten.

Neun Jahre älter als Rubirosa war dieser schon äußerlich eine auffällige Erscheinung, die sich als Erbe der Dandys zu erkennen gab. Er war von stattlicher Figur, dunkel, mit Schnurrbart, trug stets ein Monokel und dazu eine Basken- oder Wollmütze mit Bommel. Er stammte aus reichem Haus, erfand sich aber seine eigene Familiengeschichte. Danach war sein Vater in politische Intrigen auf dem Balkan verwickelt, wurde vom König von Montenegro geadelt und mit dessen Tochter vermählt, die aber von Feinden der Krone ermordet wurde. So fühlte sich denn auch Johnston-Noad ständig von montenegrinischen Häschern bedroht. Für die Gefahr schien zu sprechen, daß er auf einer Überfahrt von den USA nach England von einem Fremden ins Wasser gestoßen wurde. Vor dem Ertrinken gerettet, fühlte er sich dennoch so verfolgt, daß er seinen ursprünglichen Namen Howard-Johnson in Johnston-Noad umwandelte, um seine vermuteten oder tatsächlichen Feinde in die Irre zu führen.

Er, der sich auch gerne „Graf von Montenegro" nannte, wurde ein begeisterter Auto- und Motorbootfahrer – und ein ebenso leidenschaftlicher Liebhaber, wobei Sex und Motorisierung für ihn aufs engste verbunden waren: „Ich habe jedes Auto wie eine Geliebte behandelt." Er besaß mehrere Bentleys, tapezierte die Wände seines Hauses mit 52 Strafzetteln wegen zu schnellen Fahrens und stattete den nach seinen Plänen umgebauten Rolls-Royce mit einer „Lustbank" aus. Seine Geliebten hatten sich bis hin zu diskreten textilen Details seinen Wünschen zu unterwerfen: Kamen sie zu seinen waghalsigen Motorbootrennen, so hatten sie Unterwäsche in seinen Farben zu tragen: Blau und Schwarz.

Der Börsenkrach von 1929 machte dieser pittoresken Playboy-Karriere ein Ende und aus dem vorgeblichen „Grafen von Montenegro" einen Kriminellen. 1952, ungefähr zu der Zeit, da Rubirosa Barbara Hutton kennenlernte und dem materiellen Höhepunkt seines Lebens zustrebte, stand Johnston-Noad wegen eines Banküberfalls vor Gericht. Wer weiß, welche Entwicklung die Geschichte der Playboys genommen hätte, wäre sie nicht durch Wirtschaftskrise und Weltkrieg so brutal unterbrochen worden.

Da nun einmal die Zäsur des Weltkriegs erfolgte, selbst ein Ali Khan zum Uniformträger wurde, war es der Nachkriegszeit vorbehalten, auch in Sachen Playboy einen Neuanfang zu machen. Dabei konnte an einige markante Gestalten der Vor- und Frühzeit des Playboytums angeknüpft werden. Aber es war keine einfache Kopie des schon Dagewesenen. Ein eigenes, etwas stromlinienförmigeres Erscheinungsbild wurde entwickelt. Vor allem aber gab diese neue Zeit dem sich den teuren Spielen hingebenden Kind den treffenden Namen: Playboy.

Porfirio Rubirosa mit seinem B-25-Bomber,
dem Hochzeitsgeschenk von Barbara Hutton

Gunter Sachs mit seiner Ehefrau
Brigitte Bardot, 1968

Freddie McEvoy

EIN MANN – EIN WORT

Künstlerparty 1947, 48 Stockwerke über der 5th Avenue in New York. Zufallsgast in der für ihn durch und durch ungewohnt kulturellen Umgebung: Porfirio Rubirosa. Nach reichlich geflossenem Whisky dürstet es den Genießer nach Champagner. Der Gastgeber muß passen, da flüstert eine Schauspielschülerin, sehr jung und sehr hübsch, dem Lebemann ins Ohr: „Für den größten Playboy der Welt hole ich den Champagner aus Paris!" Worauf Rubirosa zum Telefon greift, Flugtickets erster Klasse nach Paris bestellt und dort mit der Gespielin das perlende Gesöff schlürft. Dabei entspinnt sich der folgende Dialog: „Wie hast du mich genannt?" – „Playboy, hat Dir das noch niemand gesagt?" – „Nein, aber das klingt gut." – Ein Name war gefunden, ein Mann in fast mythischer Weise damit getauft: Hier ist mein Geliebter, an dem ich Wohlgefallen habe – Playboy sei er von mir genannt.

Eine schöne Geschichte, zu schön um wahr zu sein, dafür mit allen Zutaten, die zu einer – freilich unheiligen – Legende gehören: genauer Ort, genaue Zeit und ein besonderes Geschehen. Kolportiert wird die Legende von Playboys der zweiten Reihe mit allen Anzeichen der Erleichterung, daß ein solch spezifisches Wort für ihre Lebensweise sie von mancher sprachlichen Verlegenheit erlöst. Wurden sie doch sonst mit so betulichen Bezeichnungen wie „Herzensbrecher", „Lebemann" belegt oder gar in einem Akt journalistischer Verlegenheit als „Salonkauz" tituliert. Da stört es dann auch nicht, daß es etwas mirakulös ist, wie ein in intimer Zweisamkeit gesprochenes Wort zu einem internationalen Inbegriff für einen bestimmten Männertypus geworden sein soll.

Realistischer ist deshalb, was ein Playboy der ersten Garde zu erzählen weiß. 1953 anläßlich der Verlobung Rubirosas mit Barbara Hutton hat ein kalifornischer Journalist die verflossenen Lieben, die Autos, Freunde und Polosiege aufgezählt und resümiert: „Well – he is a playboy." Diese von Gunter Sachs kolportierte Version hat einige Wahrscheinlichkeit für sich, da es Journalistenbrauch ist ab- und nachzuschreiben – und erst das, was schwarz auf weiß in die Welt gesetzt ist, gute Chancen hat, getrost in die Öffentlichkeit getragen zu werden.

Aber selbst diese Version ist nicht ganz stimmig, denn zur gleichen Zeit gründete Hugh Hefner in Chicago sein „Playboy"-Magazin. Er betont noch heute, daß der Begriff „Playboy" schon vorher existierte, er ihm aber eine neue Bedeutung gab, indem er die Freude am Sex propagierte. In jedem Fall hat sich zur rechten Zeit das rechte Wort eingestellt, auch wenn damit kaum ein klarer Begriff verbunden ist. Die Playboys selbst sind dabei wahrscheinlich die letzten, die davon eine Ahnung haben. Höhere Abstraktion und tiefere Einsicht gehören nicht zu den Primäreigenschaften des echten Playboys.

Etwas hilf- und ratlos muß Edel-Playboy Alfonso Prinz zu Hohenlohe nach 100seitigem Geplauder über sich und seine Freunde eingestehen: „Ich habe nie ganz verstanden, was ein Playboy eigentlich ist." Ein Unverständnis, das nicht schändet, wo doch auch Rubirosa vor dem Wort kapituliert. In seinem, in jedem Fall letzten, vermutlich sogar einzigen Interview räsoniert der bereits über 50jährige: „Ach dieser Unsinn mit dem Playboy. Irgendwer hat einmal diese Formel erfunden ‚Playboy-Diplomat'. Seither verfolgt man mich damit. Playboy! Was heißt denn das, Playboy? Es heißt: Einer, der sich mit Spielen amüsiert. Natürlich amüsiere ich mich. Das ist die einzige Art, auf der Welt zu sein: spielen und sich amüsieren. Aber das heißt noch lange nicht, daß ich ein Playboy bin, ein leichtfertiger Mensch."

Das nur auf den ersten Blick schlichte Wort ist durchaus hintergründig, mußte beileibe nicht extra für Rubirosa erfunden werden – und schon gar nicht vor dem Zweiten Weltkrieg, wie Boulevardzeitungen behaupten. In einem Text von 1828 haben es die Wortklauber vom voluminösen Oxford English Dictionary zum ersten Mal und dann auch bei Edelfedern der englischsprachigen Literatur wie James Joyce und Eugene O'Neill ausgemacht – mit freilich schwankender Bedeutung. Nicht auf alles trifft die Lexikondefinition zu. Nach ihr ist ein Playboy „ein Mensch, besonders ein wohlhabender Mensch, der darauf aus ist, sich zu erfreuen". Kurz und bündig: „ein selbstsüchtiger Genußsucher".

Das Wort läßt sich allerdings noch negativer besetzen. Um die Jahrhundertwende wird es in einem Text schlicht für den Teufel verwendet. Weniger diabolisch, aber auch nicht ganz freundlich ist die Verwendung im „Playboy of the Western World". Der irische Dichter John Millington Synge kreierte liebevoll-kritisch eine Bühnenfigur, die sich durch Aufschneiderei und allerlei Leichtfertigkeit auszeichnet. Eine weit angemessenere Übersetzung als die vom "Helden der westlichen Welt", wie sie an deutschen Theatern üblich ist, wäre „Schlingel". Genau so charakterisierte auch einmal ein Journalist Rubirosa. Eine treffende Übersetzung böte das Süddeutsche mit dem Wort „Hallodri", das der Duden streng als „leichtfertigen jungen Menschen" definiert. Erst recht passend wäre der Wiener „Strizzi", in dem ein Hauch von Gauner- und Zuhältertum mitschwingt. Auch das romantische Wort „Taugenichts" wäre nicht die schlechteste, wenn auch etwas exklusive Übersetzung.

Kein Nachschlagewerk versäumt es, den Playboy durch seine Vergnügungssucht zu charakterisieren und seine wirtschaftliche Unabhängigkeit zu unterstreichen. Am vernichtendsten fiel das Urteil im real existierenden Sozialismus aus. Ein DDR-Lexikon spricht unverblümt vom „Parasitendasein in der spätbürgerlichen Gesellschaft". Damit an Verurteilung eines genießerischen Schmarotzers und Klassenfeindes nicht genug, wird dem Playboy nach strenger sozialistisch-puritanischer Lehre obendrein sein verschwenderischer Lebensstil angekreidet.

Merkwürdigerweise lassen sämtliche Lexika die erotische, ja sexuelle Komponente des Wortes sträflich unter den Schreibtisch fallen. Wird die Sprachgrenze aber unter die Gürtellinie verlegt, eröffnen sich tiefere Dimensionen. Schließlich ist „play" im Slang alles andere als ein harmloses Kinderspiel – es bezeichnet schlicht den Geschlechtsakt. „lover's playground" ist das weibliche, „plaything" das männliche Genital. Angemessenerweise heißt die Masturbation dann „play off" – wozu die geeignete Vorlage im „Playboy"-Magazin gegeben wäre, das die erotische Komponente im Wort „Playboy" nicht nur assoziiert, sondern offen zur Schau stellt. Nicht verwundern kann es, daß der Vatikan mit seinem aus Gründen der Moral besonders ausgeprägten Gespür für alles Sexuelle, die lustvolle Begierde im „Playboy" gewittert hat. „Iuvenis voluptarius" lautet die Übersetzung ins Kirchenlatein, was etwas harmlos mit „Jugendlicher Genußmensch" ins Deutsche übertragen werden könnte. Deutlicher und beichtstuhlgerechter ist wohl die Übersetzung: „der Wollust ergebener Jugendlicher".

Die Playboys von Rubirosa bis Sachs mußten keine Sprachwissenschaftler sein, mußten nichts von einer „sexuell-pejorativen Semantik" des Worts wissen, um zu erkennen und zu fühlen, daß sie mit einem Begriff belegt werden, der mindestens so sehr Beschimpfung ist wie Ehrentitel. Es ist daher ebenso verwirrend wie plausibel, wenn ein Playboy dem anderen das Reizwort an den Kopf wirft. Rubirosa, der 1962 selbst überall stereotyp nur noch als „alternder Playboy" tituliert wurde, benutzte das ihm inzwischen peinliche Wort zur Charakterisierung eines der Söhne des Diktators Trujillo: „Rafael ist ein völliger Idiot und Playboy." Angesichts der Grausamkeiten dieses Karibik-Potentaten war es fast noch eine schmeichelhafte Beschreibung, die Rafael Trujillo nicht weiter kommentierte. Bürgerlichere Playboys wurden jedoch nicht müde, sich gegen den schlechten Ruf zu verteidigen, der dem Wort anhaftet.

Solange Leugnen noch half und ihm die Klatschreporter nicht zu dicht auf den Fersen waren, beteuerte der Krupp-Erbe Arndt von Bohlen und Halbach: „Ich bin kein Playboy-Mitglied des internationalen Jet-Sets, als das die Boulevard-Zeitungen mich beschreiben. Ich gebe zu, daß ich in meiner Freizeit das Leben genieße, aber in Brasilien bin ich ein hart arbeitender, ernstzunehmender Mensch." Fast überflüssig zu sagen, daß Arndt von Bohlen und Halbach in Wahrheit nicht arbeitete, geschweige denn hart – und schon gar nicht in Brasilien. Gerade dort war er unbeobachtet und weit genug weg vom Schuß, den im Adenauer-Deutschland Spießer und Anti-Kapitalisten in seltener Eintracht doppelläufig gegen den Nichtstuer abfeuerten.

Zumindest das Wort wollte fast jeder los sein, dem es angeheftet wurde, hing ihm doch immer ein zu starker Hauch von Sünde an. Gerade dadurch wurde es allerdings wieder für Außenstehende, Beobachter und Adepten besonders verlockend. Die einzigen, die locker mit dem Wort umgingen, es als Ehrentitel trugen, waren die Playboys der zweiten und erst recht der dritten Reihe: Barbesitzer, Tanzclubbetreiber, Schnorrer und Angeber. Sie trugen nicht nur reichlich ungeniert den Titel eines Playboys, sondern verstanden es, despektierliche Bezeichnung geschäfts- und imagefördernd für sich einzusetzen. „Wir leben außerhalb der normalen Gesellschaft, wir sind schon eine eigene Gilde, wir Playboys", verlautete ein Münchner Gesellschaftslöwe und hieß sich selbst in einem Club willkommen, dessen bessere Mitglieder wußten, daß man sich den Playboy-Titel nicht selbst verleiht, sondern ihn von den klatschspaltenden Herolden der Gesellschaft verliehen bekommt – um ihn natürlich heftig abzulehnen.

Inzwischen ist das Wort zu einer Allerweltsbezeichnung herabgesunken, angewandt auf jeden, der sich mit einigem Geld ein leichtes Leben mit wechselnden Partnerinnen macht. Wer immer auf Sylt oder in St. Tropez im offenen Cabrio mit einer Blondine aufkreuzt, wird schnell als Playboy charakterisiert. Durch solche Inflationierung ist das Wort so entwertet wie die Lebensart. Als mit Emad „Dodi" al-Fayed ein später Vertreter der wahren Playboy-Spezies auftrat, mußten selbst wortgewandte Magazin-Journalisten nach treffenden Worten suchen. Im „stern" wurden Begriffe wie „Bonvivant", „Lebemann" und „Schwerenöter" hervorgekramt, und Alice Schwarzer bemühte gar den „Ladykiller" – diesmal aber nicht, weil das Wort „Playboy" unbekannt, sondern weil es schon zu verbraucht war.

Die Literatur hielt sich von den Playboys in vornehmem Abstand. Das war bei den Ahnen des Playboys anders. Die haben geschrieben, wurden beschrieben – und sind geblieben. Casanova ist nicht zuletzt durch die von ihm selbst verfaßten zwölf Bände seiner „Geschichte meines Lebens" unsterblich geworden. Daneben verfaßte er Theaterstücke und Romane. Don Juan lebte überhaupt nur in der Literatur, ist nur in ihr zur Hölle gefahren. Der Dandy wurde von Literaten wie Oscar Wilde verkörpert und von einem Schriftsteller wie Marcel Proust verewigt. „Der Snob" gab immerhin einem zu seiner Zeit erfolgreichen Theaterstück Hauptfigur und Titel. Fehlanzeige aber beim Playboy. Zwar gibt es einen Roman „Die Playboys" – aber der heißt im amerikanischen Original „The Adventurers" und handelt eigentlich nur von einem einzigen Playboy, von Porfirio Rubirosa. Autor Harold Robbins war ein erfolgreicher Vielschreiber, der seine Sujets vor allem in der Welt der ganz Reichen fand. „Die Playboys" sind nicht unbedingt ein Schlüsselroman, aber in ihm sind viele Bekannte unter falschem Namen wiederzufinden. Rubirosa heißt Diogenes Alejandro Xenos, kurz Dax. Über weite Strecken ist der 600-Seiten-Roman eine Mischung aus Vicki Baum und überraschend viel Karl May. Letztlich ist es nur eine gewaltige Räuberpistole mit einem sehr edlen, aber auch sehr brutalen Dax-Rubi, der am Ende nicht bei einem Autounfall ums Leben kommt, sondern mit einer abgesägten Doppellaufflinte erschossen wird vom „häßlichsten Menschen mit geschwärzten Stahlzähnen im Mund".

Als der Verfasser dieses Blut-und-Hoden-Epos Anfang 1998 im gesegneten Alter von 81 Jahren starb, ordneten ihn Nachrufer dann selbst unter die Playboys ein. Tatsächlich hatte er ein Vermögen, hatte mehrere attraktive Gemahlinnen und führte auf diversen feudalen Wohnsitzen ein luxuriöses Leben, war aber deswegen noch lange kein richtiger Playboy. Dafür hatte er einfach zu viel und zu offenkundig gearbeitet, wovon die stattliche Anzahl von 200 Millionen verkauften Büchern unübersehbar Zeugnis ablegt.

Mit Françoise Sagan hat die französische Literatur eine Autorin, die immerhin in Ansätzen dem Playboy ihr Interesse geschenkt und eine der besten Beschreibungen seines Lebensgefühls gefunden hat. In „Bonjour Tristesse" ist der Vater der Heldin kein lupenreiner Playboy. Er lebt von seiner Arbeit als Werbemann, aber nicht nur mit dem Feriensitz an der Côte d'Azur rückt er in die Nähe der Playboys. In seiner Lebensweise ist er einer von ihnen: „Er gab sich seinem Vergnügen hin, war unbeständig und leichtfertig. Er dachte nicht nach. Er versuchte für alle Dinge eine physiologische Erklärung zu finden, die er dann als vernünftig bezeichnete. Wenn er hie und da ein heftiges Verlangen nach einer Frau empfand, machte er es genauso; er dachte weder daran, es zu unterdrücken, noch redete er sich in ein verwickeltes Gefühl hinein. Er war ein Materialist, aber war zartfühlend, verständnisvoll und im Grunde sehr gut ... Wirklich treffen, zerrütten konnte ihn nur die Gewohnheit und das ewige Einerlei."

Nichts von solcher treffend beschriebenen Nonchalance in der deutschen Literatur, obwohl sie einen Roman mit einer Hauptfigur vorweisen kann, die alle Voraussetzungen eines Playboys erfüllt. Der Sohn eines kleinen Krupp, eines Braunkohlemillionärs im Wirtschaftswunderdeutschland, klinkt sich aus der Arbeitswelt aus, kehrt der Spießergesellschaft den Rücken.

Aber in den „Ansichten eines Clowns" von Heinrich Böll siegt Edelmut über den rheinischen Frohsinn. Der unglückliche Held Hans Schnier, von Geliebter und Eltern enttäuscht, entscheidet sich nicht für leichtlebige Revanche an seiner ziemlich korrupten Umwelt. Statt des Don Juan spielt er den Don Quijote, sagt Klüngel und Kirche den völlig vergeblichen Kampf an – und endet als bettelnder Clown auf den Bahnhofsstufen.

Obwohl der Playboy eine durchaus typische Figur der Nachkriegszeit war, konnte er in der deutschen Literatur keinen Chronisten finden, so fremd war das leichte Leben Schriftstellern, die wie Heinrich Böll die Redlichkeit bis in die abgeschabte Baskenmütze verkörperten und stilisierten oder wie Günter Grass hinter einem gewaltigen Schnauzbart ihre aufgeplusterte Kleinbürgerlichkeit verbargen. Bei dem unter richtigen Literaten gar nicht für satisfaktionsfähig gehaltenen Johannes Mario Simmel mußte es zwar auch nicht immer Kaviar sein, aber da hatte das leichte Leben doch einen Chronisten gefunden, auch wenn er sich lieber den Lebenskünstlern und situativen Hochstaplern als den Playboys zuwandte und damit wenigstens im Sujet mit Thomas Mann gleichzieht. Dessen „Felix Krull" muß auch eine gewisse Playboy-Nähe bescheinigt werden. Krull schlägt die Sohnschaft eines Sektfabrikanten aus, und macht sich als Marquis de Venosta ein leichtes und lustiges Leben. Aber es ist primär eine Hochstaplergeschichte, geschrieben 1954 zu einer Zeit wachsenden Playboy-Ruhms, aber schon 1910 begonnen und durch die Erinnerungen des realen Hochstaplers Georgiu Manolescu angeregt.

Ausgerechnet einem Autor, dessen Erfolgsbuch eine Geschichte von Blut, Schweiß, Tränen, Dreck und Tod ist, bleibt es unter den deutschen Schriftstellern vorbehalten, zumindest den verständlichen Irrtum aufkommen zu lassen, er könnte ein Playboy gewesen sein und hätte davon auch etwas in sein Werk einfließen lassen. Erich Maria Remarque, der Verfasser des klassischen Kriegsromans „Im Westen nichts Neues", gemahnt schon äußerlich an die Früh- und Vorläufergeneration der Playboys. In seinem eleganten Outfit, mit den auf gentlemanweise glatt ans schmale Haupt gekämmten Haaren wirkt er wie ein intellektuell-europäisches Pendant zu Rubirosa.

Der Reigen der Frauen in Remarques Leben könnte bunter und prominenter nicht sein, umfaßt die Glamour-Stars Marlene Dietrich, Greta Garbo und schließlich Paulette Goddard, Ex-Ehefrau von Charlie Chaplin. Zu den heute nicht mehr so bekannten Gefährtinnen zählten vorwiegend Künstlerinnen, Tänzerinnen, Schönheiten aller Art, kapriziös und elegant, eine davon eine echte Romanow. Zu den Frauen kam die obligate Leidenschaft für schnelle, schöne und teure Autos. Die Spezialanfertigung eines Lancia Dilambdalets hat nicht nur ihrer Eleganz wegen bis heute einen Platz im Automuseum. Das Acht-Zylinder Cabriolet war auch Transportmittel für ihn und Marlene Dietrich auf der Flucht vor den Nazis. Auch an dem für eine Playboy-Existenz notwendigen Groß- und Kleingeld fehlte es nicht. Als Erfolgsschriftsteller mit Ausnahmecharakter hatte er es zum Millionär gebracht – aber doch nicht zum Playboy. Weniger deutsche Schriftsteller-Intellektualität stand dem entgegen, sondern seine Herkunft aus kleinbürgerlich-katholischem Milieu deutscher Provinz. Er versuchte sich in partnerschaftlicher Libertinage – und litt entsetzlich unter der Untreue seiner Partnerinnen. Er spielte den souveränen Gent und war doch den Frauen bis zur ruinösen Abhängigkeit ergeben. Literarisch verarbeitet hat Remarque dieses eines Playboys würdige Leben nur in dem Frühwerk „Station am Horizont", wo er leichtfüßig in eine Welt von Frauen, Autorennen und Spielcasinos, Cafés und Nachtbars eintaucht.

Die richtigen Playboys, von den Schriftstellern weitgehend übersehen oder negiert, taten allerdings selbst wenig, um die Leerstelle in der Literatur zu schließen. Autobiographien oder von ihnen angeregte, autorisierte Biographien sind eine Seltenheit. Porfirio Rubirosa kündigte mehrfach an, daß er die Geschichte seines Lebens schreiben werde. „Memoiren des letzten Playboys" wurden angekündigt, dann wieder „Erinnerungen eines verwöhnten Herren". Spekulationen wurden angestellt, warum das Buch auf sich warten läßt. Fürchtet der Clan des dominikanischen Diktators Trujillo Enthüllungen des einstigen Diktatoren-Schwiegersohns? Fühlt sich Rubirosa bedroht, falls er allzusehr auspackt?

Bei all dem Gerede von einem selbstverfaßten Rückblick auf das eigene Leben, dürfte es sich nur um Luftnummern gehandelt haben. Rubirosa war zwar wie Casanova ein homme à femmes, war aber nie wie dieser auch ein homme de lettres. Die englische Schriftstellerin Edith Sitwell, selbst eine Exzentrikerin von hohem Grad, urteilte lapidar: Er ist ungebildet, aber charmant. Auch war von den Plänen für die Autobiographie, von Verhandlungen mit einer Münchner Illustrierten erst die Rede, als Rubirosa finanziell schon in Bedrängnis geraten war und wenig Chancen auf neue Einkünfte hatte. Vermutlich hat Rubirosa nie eine Zeile über sich geschrieben oder schreiben lassen, obwohl sich über seinen Tod hinaus die Nachricht am Leben erhielt, seine Erinnerungen würden veröffentlicht werden. Auch aus der Verfilmung von Rubirosas Leben ist nichts geworden.

Immerhin hat Rubirosa eine intelligente, essayistische, biographische Würdigung durch den Münchner Publizisten Andreas Zielcke erfahren. Auch Arndt von Bohlen und Halbach fand zehn Jahre nach seinem Tod mit Hans Brono Kammertöns einen recherchierfreudigen Biographen. Solche sachkundigen Lebensbeschreibungen sind wahrscheinlich weitaus besser, als es die Selbstbeschreibungen der Playboys je hätten sein können. Playboy-Erinnerungen, bei denen meist Hilfsschreiber ihre Hand im Spiel haben, wirken eher abschreckend: „Rubi schob mir eine Vase von Whiskyglas herüber. Ein Ventilator über mir schnitt die Luft in Scheiben und draußen röhrte ein einsamer Maserati. Durch die offene Tür zur Hafenmole schob sich ein Stück Vollmond, und die Palme auf der anderen Straßenseite wedelte mit dem Hund um die Wette, der sich mit seinem linken Hinterbein an ihr festzuhalten versucht. Keine Frage, ich war besoffen." Wer hier Erfahrungen in St. Tropez wiedergibt, sich im Hemingway-Chandler-Verschnitt versucht und doch nur bei Jerry Cotton landet, ist der Münchner Gastro-Playboy James Graser.

Gunter Sachs hätte das richtige Alter und sicher genug Erinnerungen, um Memoiren zu schreiben. Aber davon ist vorerst nichts zu hören. Seine Buchproduktionen beschränken sich auf Bände mit Photos blonder, hübscher Frauen, was bei Sachs nicht verwundert. Erstaunlicher schon sein 1997 erschienenes Buch „Die Akte Astrologie" mit dem an eine Dissertation gemahnenden Untertitel „Wissenschaftlicher Nachweis eines Zusammenhangs zwischen den Sternzeichen und dem menschlichen Verhalten". Das Buch wartet mit einer Fülle von Diagrammen und Tabellen auf. „Aber auch Playboys müssen rechnen können, da doch schöne Frauen noch unberechenbarer sind als die kühnsten Statistiken", wie der studierte Mathematiker Gunter Sachs betont. Auch dieses Buch wurde, zur Überraschung des Ex-Playboys, Teil seiner Erfolgsstory; es schaffte den Sprung in die Bestseller-Listen.

Es ist bedauerlich, daß die Playboys ihr spezifisches Lebensgefühl kaum in Worte gefaßt haben und außer den Ansätzen bei Françoise Sagan kaum etwas dazu bei Schriftstellern von Format zu finden ist. Damit droht eine Lebensform in ihrer Buntheit dem Vergessen anheimzufallen und nur noch als leerer, längst mißverstandener Begriff weiterzuleben. Aber der weiße Fleck, den die Playboys in der Literatur zurücklasssen, ist nicht ganz zufällig. Er verweist auf die Flüchtigkeit ihrer Existenz, auf das Vorübergehende dieses Typus. Verdächtig ist jedoch, daß sich nicht einmal eine namhafte Zahl von plastischen und anschaulichen Anekdoten von ihnen erhalten hat, wie es beim Dandy Beau Brummel der Fall ist, der auch keine Memoiren hinterließ. Obwohl Playboys beneidet und nachgeahmt wurden, waren sie ihrer Mit-, und erst recht ihrer Nachwelt zu leichtgewichtig, als daß sie dauerhaft Gesprächs- und Erzählgegenstand geworden wären.

Noch leben etliche Playboys, noch könnte von ihnen einiges Schriftliche auftauchen. Aber möglicherweise sind dies dann nur Rechnungen über Autos, Kleider und Reisen, Einladungen zu Festen. Damit hätten die Playboys bei allen nicht zu übersehenden Unterschieden etwas mit den Dandys gemein. Etliche von ihnen haben auch keine Memoiren zurückgelassen, dafür aber umfangreiche Garderobenverzeichnisse oder ein „Journal de Toilette", in dem genau festgelegt war, welches Jacket mit welcher Krawatte und welcher Schlipsnadel zu kombinieren ist.

Prinz Ali Khan mit seiner Ehefrau, dem Hollywoodstar Rita Hayworth, 1951

Porfirio Rubirosa zwischen Odile Rodin (rechts) und der Frau des cubanischen Botschafters (links) bei einem Wohltätigkeitsbankett in New York, 1958

CASANOVAS ERBEN

Als ewige Knaben in einer permanenten, nicht endenden Pubertät geben sich die Playboys nicht nur mit fast kindhafter Freude ihren Späßen und Spielen hin, auch ihr Denken ist von jener vorkopernikanischen Schlichtheit, in der der Erdkreis nur dazu da zu sein scheint, sich um sie zu drehen. Es gibt kein Vorher, kein Nachher, sondern nur das Heute. Was sie tun, tun sie mit der Unbefangenheit dessen, der davon überzeugt ist, daß sein Treiben erst- und einmalig ist. Die Fragen nach dem „Woher?" und „Wohin?" beziehen sich bei ihnen nur auf Orte ihrer Vergnügung, forschen nur danach, von welchem Strand einer kommt, in welchen Club man gehen könnte.

Ohne sich dessen bewußt zu sein, stehen aber die Playboys inmitten einer Geschichte, die dann anklingt, wenn sie einmal als Casanova oder Don Juan bezeichnet werden, wenn einer Snob oder Dandy genannt wird. Solche Vorläufer bedeuten nicht, daß es nie Neues an Lebensstil unter der Sonne gibt, alles, auch der Playboy schon dagewesen ist, aber ein Blick auf ihre Ahnen läßt durch Ähnlichkeiten und Unterschiede die Eigenart der Playboys um so deutlicher hervortreten.

Da sich der Mensch weniger verändert, als er im Selbstbewußtsein eigener Fortschrittlichkeit glaubt, fördert der Griff in die Grabbelkiste der Geschichte, egal, wie tief er ansetzt, immer wieder Jugendliche zutage, deren lockeres Treiben den Älteren nicht gefällt. Der reiche Jüngling im Neuen Testament denkt gar nicht daran, Gut und Geld für irgendwelche höheren Werte aufzugeben. Je länger das römische Kaiserreich währte, desto häufiger wird über den Müßiggang der Jugend geklagt, die nichts mehr von Sitte, Anstand und Arbeitsamkeit wissen will. Tacitus hält der Lotterjugend seiner Zeit den Tugendspiegel vor, in dem idealisierte wackere Germanen zu sehen sind. Aber wahrscheinlich hätten die alten Germanen auch ihre Klagen über allzu ausgiebig auf dem Bärenfell herumlungernde Söhne aufgeschrieben, hätten sie schreiben gekonnt.

Wer darf in diesem sich durch die Jahrtausende ziehenden Strom jugendlicher Nichtstuer und Leichtfüße für sich in Anspruch nehmen, Vorfahre der Playboys zu sein? War es in Deutschland Jung-Siegfried? Er lebt von fremdem Geld aus dem Nibelungenschatz. Er heiratet eine reiche Frau. Er sieht gut aus, entzückt die Frauen. Er ist von beachtlicher sexueller Potenz, so daß er sich schon mal stellvertretend für seinen Schwager in dessen Hochzeitsnacht der Angetrauten annimmt. Bei Richard Wagner hat er nicht schlechte Lust, die Rheintöchter zu vergewaltigen. Rastlos ist er natürlich auch, muß sich zwar mit einer Pferdestärke begnügen, jagt mit dem Roß aber um so wilder durch die Gegend: „Zum engen Tal wird ihm die Welt ..."

Siegfried, eine Figur der Mythen und Dichter, ist sicher mit Schwert und Schild kein Vorkämpfer des Playboytums, aber in ihm sind Grundelemente erfaßt, die auch im Playboy anzutreffen sind. Als konkreter Vorläufer taugt er wenig, ebenso wie die Troubadours und Minnesänger. Die besangen ununterbrochen eine Vielzahl „hoher Frauen", aber das geschah professionell, war Gelderwerb. Reich waren sie als fahrendes Volk auch nicht. Wenn es um seinen Wohlstand geht, sind die Lieder Walthers von der Vogelweide eine Abfolge von Jammergesängen. Geliebt wurde nicht auf sehr hohem Niveau, sondern unter der Linden – Tandaradei!

Die Adelsgesellschaft überhaupt, erbliches Kaiser- und Königtum produzierten an großen und kleinen Höfen einen Typus, der dem Playboy nicht unähnlich war. Es sind wohlhabende Nachfahren, keinem Beruf verpflichtet, den jugendlichen Vergnügungen zugetan. Shakespeare hat diesen Typus im Prinzen Heinrich, dem späteren König Heinrich V., trefflich verewigt. Der Prinz treibt zusammen mit seinen Kumpanen, allen voran dem dicken Sir John Falstaff, allerlei Allotria. Sie überfallen Reisende im Wald, machen sich über die Mädchen her, hängen in der Kneipe herum, sind geradezu süchtig nach Unterhaltung. Heinrich ist der Typus des Cliquen-Playboys, der allerdings dann, zum König geworden, dem Lotterleben samt Kumpanen sehr entschieden Adieu sagt.

Die Kunstfigur des Don Juan, des von der Liebe besessenen Liebhabers, bedeutet den Höhepunkt dieser höfisch-jugendlichen Tollerei. Buch um Buch wurde über das Wesen Don Juans geschrieben, ohne das Geheimnis letztlich zu lüften. Was ist der Motor, der ihn unersättlich ständig aufs Neue nach Liebe verlangen läßt? Was treibt ihn ohne Ansehen von Alter, Stand und Aussehen scheinbar wahllos von Frau zu Frau? Ist er das fleischgewordene menschlich-männliche Prinzip, das in jedem schlummert, aber sonst gebändigt wird? Oder ist er einfach der Decadent, der sich mangels Arbeit und sinnvoller Aufgaben der Liebessucht hingibt? Bei Mozart und seinem Textdichter da Ponte ist er Vertreter einer ziemlich heruntergekommenen Feudalschicht – und alternd obendrein. Keine Eroberung will ihm mehr gelingen. Da muß er einen Vater ermorden, um die Attacke auf dessen Tochter zu verschleiern. Dort muß er sich fast mit Bauern prügeln, weil er einer ländlichen Schönheit zu nahe tritt. Nicht einmal bei Dienstboten kann er noch ständchensingend einen Erfolg verbuchen – und obendrein wird er von seiner Ehefrau verfolgt, die er im Stich gelassen hat. So gesehen ist Don Juan bestenfalls ein alternder Playboy, der nicht wahrhaben will, daß seine Zeit abgelaufen ist. Mit Giacomo Casanova bahnt sich ein neuer Typus des leidenschaftlichen Liebhabers und Lebemanns an – jetzt dem Zeitenwandel entsprechend von bürgerlicher, fast etwas anrüchiger Herkunft. Ohne eigenen Besitz, ohne rechten Brotberuf, lebt er vom Geld anderer auf großem Fuß. Alles ist recht, was Geld bringt. Nur eines nicht: heiraten. Casanova ist ein Schwarmgeist der Liebe, mit einer legendären Leidenschaft den Frauen ergeben.

Der Name Casanova ist zum Begriff verkommen, mit dem heute jeder beliebige Schürzenjäger, jeder notorische Frauenheld belegt wird. Der wirkliche Casanova war vielfältiger, war ein umfassender Genußmensch, ein Literat und Wissenschaftler obendrein. Insofern ist er ein Vorläufer der Playboys, weil die Nachwelt die ganze Vielfalt auf den kleinsten Nenner gebracht hat, und der lautet Sex. Emsig wird gezählt, wieviele Geliebte Casanova hatte. Waren es 136? Oder doch 140? Ein historisches Abwägen nach Metzgerart: Darf es ein bißchen mehr oder weniger sein? Der wirkliche Casanova war weitaus komplexer als das heute kolportierte Klischee – und die Vielfalt ging in Richtungen, die wieder deutliche Unterschiede zu den Playboys markieren.

Mit dem Dandy vollzieht sich in der Vorgeschichte des Playboys der Wandel vom einzelnen zum Typus. Don Juan war eine mythische, Casanova eine exzeptionelle historische Gestalt. Der Dandy ist aber eine Figur, die nicht mehr an einem einzelnen Vertreter festzumachen ist. Es gibt prominente Dandys von George Beau Brummel bis Oscar Wilde. Aber „der" Dandy ist nicht konkret, sondern Wille und Vorstellung der Adepten des Dandyismus. Der Dichter Charles Baudelaire hat in seinem Essay über den Dandy diese Vision formuliert. „Der reiche, müßige Mensch, der keine andere Beschäftigung hat, als der Spur des Glücks nachzulaufen, der Mensch, der in Luxus großgezogen und von Jugend auf an den Gehorsam der anderen Menschen gewöhnt ist, kurzum der Mensch, dessen einziger Beruf die Eleganz ist, wird sich stets zu allen Zeiten, einer besonderen, durchaus eigenen Physiognomie erfreuen." Damit nicht genug, hat der Dandy auch noch „Leichtigkeit der Allüren, Sicherheit der Manieren, Einfachheit und Selbstverständlichkeit der Herrschermiene" sowie eine besondere Art „einen Anzug zu tragen, ein Pferd zu lenken und diese stets ruhigen Gesten, die noch solche Kraft verraten".

Verglichen mit dem arroganten Herrenmenschentum solcher Dandys ist der Playboy eine recht anspruchslose Figur, die es nicht einmal zu einer spezifischen Physiognomie gebracht hat, von ruhigen Gesten und anderem snobistischen Schnickschnack ganz zu schweigen. Der Dandy ist an Äußerlichkeiten erkennbar, die doch im gelungenen Fall nur Präsentation einer inneren Haltung sind. Teure Kleidung, der rein dekorative Spazierstock, das unpraktische Monokel, die Blume im Knopfloch – all das signalisiert Exklusivität und Haltung. Die stilisierte Extravaganz ist so korrekt, daß sie vor Haltlosigkeit bewahrt. Einen Baudelaire rettet sein Dandytum vor dem Absturz in eine irrlichternde Existenz eines Bohemiens. Ein Oscar Wilde kann seine homoerotischen Neigungen damit auf eine in den Salons akzeptiere Weise modifizieren.

Anders als der Playboy, ist der Dandy ein Isolationist und hemmungsloser Individualist – und kein großer Freund der Frauen, weil in ihnen zu viel Kreatürlichkeit, zu viel Natürlichkeit lauert. Oscar Wildes Salome ist die perfekte Projektion aller Dandy-Ängste vor Frauen. Das wildwütende Weib, das sich den Kopf des begehrten Mannes abschneiden läßt, ihm ein solch edlen Körperteil abtrennt – ein solches Geschöpf ist die schiere Bedrohung. Als Ausweg bleibt nur das eigene Geschlecht oder die Sublimierung. So ist der Dandy, bei aller Äußerlichkeit seiner Erscheinung, nicht einfach eine Figur der Mode und Etikette, sondern auch ein intellektuelles Phänomen. Der berühmteste Dandy, George Beau Brummel, der Mann mit den tausend Krawatten, bestach einen Beobachter durch seine Schönheit – und die Zeitgenossen unterstreichen, daß es eine geistige Schönheit war, die so beeindruckte.

Obwohl durch diesen geistigen Zuschnitt vom Playboy meilenweit entfernt, bestehen doch Ähnlichkeiten. Auch der Playboy verdient kein Geld, verachtet nach außen den Ehrgeiz und pflegt den Genuß. Noch offenkundiger als der Playboy stellt sich der Dandy in Gegensatz zu den ihn eigentlich tragenden Schichten. Er provoziert den Adel und auch den neuen Gründerzeit-Bürger, der mit Fleiß und Schweiß zum Fortschritt drängt. Er rebelliert gegen die Ordnung, aber nichtsdestoweniger liebt er sie. Er ist durch Gesetze nicht zu binden und unterwirft sich doch eigenen, strengen Regeln – vor allem solchen der Ästhetik. Dem Dandy ist die Welt wirklich Bühne, und damit der Auftritt den richtigen Effekt macht, schafft er für sich und seine Umwelt eine wohlüberlegte Inszenierung.

Die Anfänge der Entwicklung zum Playboy wurden von der Umwelt zunächst nur als eine Fortsetzung des Dandytums mit etwas gröberen Mitteln betrachtet. Als sich nach dem Ersten Weltkrieg junge, wohlhabende Menschen einem lockeren Leben des Genusses verschrieben, da schienen dies etwas reduzierte Dandys zu sein, denen Grauen und Brutalität des Krieges zwar alle Fin de Siècle-Dekadenz ausgetrieben hatten, die nicht mehr Cape, Monokel und Spazierstock trugen, aber durch andere Extravaganzen ihre genußsüchtige Eigenart unterstrichen. Nun mischten sich die Bohemiens, die ihrer freischweifenden Existenz durch ästhetisiertes Gehabe etwas Aristokratisches gaben, mit verunsicherten Adeligen, die ihre Lebensgier ungehemmt austobten. Zu ihnen gesellten sich Vertreter des neuen Geldadels, vor allem aus Amerika, die in dieser Gesellschaft der legendär tosenden zwanziger Jahre die Genüsse erleben konnten, die sich jene, die das Geld angesammelt hatten, nicht gegönnt hatten.

Diese Lawine des Hedonismus riß dann alle Schranken hinweg – und ein englischer Kronprätendent verfiel einer zwei Mal geschiedenen Amerikanerin. Edward aus dem Haus der Windors und Wallis Warfield Simpson wurden zu archetypischen Vertretern dieser leichtherzigen Lebensfreude, die später an all den Orten aufkreuzten, die auch von den Playboys heimgesucht wurden. Hätte sich der Herzog von Windsor nicht so ganz und gar der energischen Frau mit der etwas zu derb geratenen Nase verschrieben, hätte er nicht allzusehr die noble englische Art zelebriert, er wäre ein idealer Playboy gewesen.

So war er nur ein Vorläufer in einer turbulenten Epoche neben anderen Bonvivants, Snobs, Spät-Dandys und spleenigen Erben von Titeln oder Vermögen. Wirtschaftskrisen, der heraufziehende Zweite Weltkrieg hinderte diese Gesellschaft daran, sich ungehemmt weiterzuentwickeln. Aber es reichte dafür aus, daß spätere Playboys hier ihre ersten Erfahrungen machen konnten – und ihre erfahrenen Lehrmeister fanden. Des unsicheren, aber lebenslustigen 18jährigen Ali Khans nahm sich ein noch mit den Wassern des klassischen Lebemanns gewaschener Veteran des leichten Lebens an. Der 60jährige Joe Coyne war ein Schmieren- und Operettenkomödiant, der hinter der Bühne noch geschickter agierte als auf ihr. Er galt als witziger Bonvivant und exzentrischer Snob. Er brachte Ali bei, wie man Schauspielerinnen durch Blumenpräsente für sich gewinnt, wie man kühle Engländerinnen mit feurigen Blicken zum Auftauen bringt und wie ein Fest gestaltet sein muß, damit es ungewöhnlich und doch einladend ist. Auch Porfirio Rubirosa erhielt in dieser Zeit und in ähnlicher Gesellschaft seinen spezifischen Schliff, schaffte hier die Synthese von machistischem Latino-Liebhaber und europäischem Lebemann.

Nach dem Zweiten Weltkrieg trug dieses Erbe neue Früchte, als sich der Typus des Playboys herausbildete. Kein Wunder, daß auch er zunächst vor allem als eine Variante des Dandys betrachtet wurde. Mitte der fünziger Jahre hatte die Generation der Playboys mit Ali Khan bereits einen so signifikanten Vertreter gefunden, daß „Der Spiegel" ihm eine Titelgeschichte widmete. Ganz Trend-Magazin, witterten die Blattmacher in Hamburg, daß sie es hier mit dem Vertreter einer sehr eigenen und typischen neuen Lebensform zu tun hatten, weigerten sich aber strikt, ihm den Rang einer „typischen Zeiterscheinung" zu gewähren. Die besserwisserische Attitüde des „Alles schon dagewesen" hinderte sie daran, die wahre Eigenständigkeit des Playboys zu erkennen – und das Wort hatten sie auch noch nicht dafür gefunden. So postulierten sie eine der damals so beliebten Ahnenreihen in der Art „Von Luther bis Hitler". Hier standen Byron, Baudelaire und Wilde am Anfang und der Herzog von Windsor, Orson Welles und Rubirosa am Ende, alle geeint durch das Schlagwort von der „Ästhetik des raffinierten Müßigganges".

Der Bogen von vornehmen Vertretern der Geistes- und Literaturgeschichte hin zu Menschen, die eigentlich bloß Gesellschaftsgeschichte geschrieben haben, war etwas zu weit gezogen. Selbst der unter die Playboys gerutschte Orson Welles schlägt aus der Art, auch wenn er ein Künstler von bleibendem Rang ist. Sein Lebensstil war extravagant, von schönen Frauen begleitet, aber eher derb als verfeinert. Etwas Schwitzendes umgibt ihn – von den Mühen des Gelderwerbs bis hin zu seiner von großem Körpereinsatz getragenen Schauspielkunst.

Mit Rubirosa und Ali Khan hatten allerdings schon die Lebemänner des neuen Stils die gesellschaftliche Bühne betreten, lebten das Leben eines Playboys, während ihre Umwelt noch dabei war, für sie einen Namen zu finden und sich bemühte, sie in eine vorhandene Schublade zu stecken. Noch waren sie exotische Figuren, die den Kleinbürgertraum vorlebten, wie er schon in den Unterhaltungsromanen der zwanziger Jahre beschworen wurde: Reiche Männer, schöne Frauen, schnelle Autos, Casinos, Bars und viel, viel Süden mit weißen Stränden und eleganten Yachten. Das alles schien einer aus den Ruinen des Zweiten Weltkriegs hervorkriechenden Gesellschaft unerreichbar. Um nicht in Frust zu vergehen, wurden diese süßen Genüsse gehörig versauert, die Vertreter dieses Lebensstils als „plutokratische Nichtstuer, Kaste der Müßiggänger" beschimpft.

40 bis 50 Jahre später sind diese Freuden in etwas kleinerer Münze allgegenwärtig. Ehe aber Manta-Fahrer, Mallorca-Urlauber und Las-Vegas-Gambler zur Massenerscheinung geworden sind, mußten privilegierte Vorreiter auf hohem Niveau vorführen, daß ein solches Leben möglich ist. Der Preis, den diese Avantgarde des Hedonismus dafür zahlte, war Neid, Spott und Verachtung, gemischt mit massiver, oft genug unter Herablassung versteckter Bewunderung.

LIEBLING DER FRAUEN

Rubirosa ist da! Als sich in einem Schweizer Ort diese Nachricht verbreitete, setzte ein Sturm auf das Hotel mit dem berühmten Gast ein. Frauen strömten in die Hotelhalle, hinterlegten Briefe, nervten die Telephonistin. Schließlich wußte sich der Empfangschef nicht anders zu helfen, als die Hoteltore zu schließen, um nicht unter dem Ansturm der begehrlichen Frauen zusammenzubrechen. Der Clou: Es war ein Rubirosa, der hier Logis genommen hatte, aber es war nicht „der" Rubirosa, sondern sein Bruder. Eine banale Verwechslung, die aber zeigt, welchen Ruf Porfirio Rubirosa bei Frauen hatte. Es war ein Ruf, der nach herkömmlichen Maßstäben denkbar schlecht war, aber die Attraktivität – zum Unverständnis biederer Bürger – noch mehr erhöhte.

Frauen, Lieben, Genießen waren die drei Elemente, die den Playboy auszeichneten und es waren jene, welche die Bewunderer, Neider und Nachahmer am meisten beschäftigten, am meisten nach Erklärungen verlangten. Denn in der Liebe schien der Playboy von Geburt nicht anders ausgestattet zu sein, als jeder andere Mann auch. Oder doch mit mehr? Muß sich nicht hinter einem solchen Womanizer ein Sexualathlet mit entsprechendem Körperbau verbergen? Immer spielen solche Fragen in den Vulgärinterpretationen für Rubirosas Erfolg bei den Frauen eine Rolle und oft werden sie mit einem anerkennenden „Ja" beantwortet.

„Monsieur Toujour Prêt" nannte die französische Presse Rubirosa und gewann damit der Pfadfinderparole „Allzeit bereit" eine pikante Dimension ab. In Pariser Restaurants hießen große Pfeffermühlen „Rubirosa". Die Qualitäten des Erz-Playboys wurden auf jene körperliche Potenz zurückgeführt, die auch Pornodarsteller ihr eigen nennen. Es half nichts, wenn eine Geliebte von Rubirosa beteuerte, daß seine sexuelle Leistungskraft eher eine Folge seines Verlangens, seiner Wärme und seiner Sensibilität als seiner Anatomie war. Rubirosa wurde zu einem jener sexuellen Monstres sacrés, deren Geschlechtsorgane zumindest in der Phantasie ihrer Umwelt wegen Größe und Bedeutung extra bestattet werden müssen.

Außerordentliche Genialität oder Genitalität werden zu allen Zeiten gerne auf die reine Körperlichkeit zurückgeführt, um das Unerklärliche erklären zu können. So wird bei Geistesgrößen oben im Gehirn nach Auffälligkeiten und Abnormitäten gesucht – und bei großen Liebhabern weiter unten. Der Erfolg des Fürsten Potemkin bei Katharina der Großen etwa wurde mit besonderen physischen Fähigkeiten erklärt, unter anderem mit der Gabe, Geschlechtsverkehr besonders ausgedehnt zelebrieren zu können.

Auch ein Ali Khan soll solche Fähigkeiten besessen haben, doch waren sie gewiß weder bei Potemkin noch bei ihm das letzte Geheimnis seines Erfolgs bei Frauen.

Es darf als selbstverständlich unterstellt werden, daß die Playboys über die nötigen körperlichen Voraussetzungen verfügten, um eine größere Zahl von Partnerinnen zufriedenzustellen. Schlappschwänze waren sie ebensowenig wie lendenlahm. Aber die Fragen unter Kegelbrüdern „Was macht der anders?", „Was hat der mehr?" gehen in die Irre. Auch sind keine Zeugnisse vorhanden, daß auf solche Fragen von Playboys allzuviele Antworten zu bekommen wären. Weder hatte es einer von ihnen für nötig befunden, einen Eintrag in einem Guiness-Buch der Sexrekorde zu ergattern, noch haben sich die Geliebten dazu herausgefordert gefühlt, allzu Intimes preiszugeben. Auch Ladies wissen zu genießen und zu schweigen. „Er war aufregend, leidenschaftlich, sinnlich, primitiv und doch unglaublich sophisticated." Das ist schon das Äußerste, was eine Frau über Rubirosa verriet, nachdem sie mit ihm den bis dahin von ihr durchaus geliebten Ehemann hintergangen hatte.

Es ist müßig, darüber zu spekulieren, wie diese oder jene Bemerkung von Brigitte Bardot über Gunter Sachs zu deuten ist. Spielt die auch sonst bei ihr anklingende Enttäuschung über Sachs mit, wenn sie von den erotischen Begegnungen mit ihm wenig und nicht mit der Leidenschaft spricht, die ihr bei anderen Männern sehr wohl erinnernswert ist? Kein Bericht davon, daß sie tagelang mit ihm nicht aus dem Bett gekommen sei, wie später bei dem Gigolo Patrick. Ganz klein wird der „grand Sachs" im Vergleich zu Serge Gainsbourg: „Er war meine Liebe, er gab mir das Leben zurück, er machte mich schön ... Gunter dagegen, als Ehemann wertlos, Marionette des Showbusiness.„ Festgehalten wird aber die Hochzeitsreise mit dem später geschmähten Ehemann, die so pannenreich und anstrengend war, daß kaum eine Braut mit der berühmten Filmschauspielerin hätte tauschen wollen, schon gar nicht bei der unromantischen Hochzeitsnacht in Las Vegas: „Seit mehr als achtundvierzig Stunden hatte ich kein Bett gesehen. Um vier Uhr morgens schliefen Gunter und ich eng umschlungen, berauscht vom Glück, aber erschöpft, in dem Zimmer ein, das der Standesbeamte uns zur Verfügung gestellt hatte."

Das alles heißt nicht, daß der Liebhaber Sachs und seine Wirkung auf Frauen nur ein Phantom waren. Wie ein coup de foudre aus heiterem Nachthimmel trifft in einem Restaurant in St.Tropez die Ausstrahlung von Gunter Sachs auf Brigitte Bardot. „Gunter schaute immer zu mir herüber. Ich fand ihn wunderbar. Er setzte sich zu uns, das Whiskyglas in der Hand, den stahlblauen Blick unverwandt auf mich gerichtet. Eine seltsame, faszinierende

Kraft ging von ihm aus. Ein echter Seigneur! Seine graumelierten Schläfen, seine tollen, widerspenstigen und etwas zu langen Haare, sein energisches, gebräuntes Gesicht, seine riesige Statur ..."

Es sind nicht allein die Äußerlichkeiten, die Wirkung erzeugen. Da ist die „faszinierende Kraft", nichts anderes als das immer etwas klischeehaft bemühte „gewisse Etwas", das dort aushelfen muß, wo es nicht möglich ist, die Wirkung eines Menschen auf einen konkreten Begriff zu bringen. Giacomo Casanova sagte von sich selbst, daß er nicht das war, was man einen „schönen Mann" nennt, aber: „Ich besaß etwas, das mehr wert ist, ein gewisses Fluidum, das sich das Wohlwollen erzwingt ..." Auch im Umfeld von Rubirosa behelfen sich Frauen immer wieder mit Worten wie „magisch", „magnetisch", „mysteriös". Solche Attribute sind keine Ausflucht ins Numinose, um eine Erklärung oder Entschuldigung für etwas Ungewolltes zu finden, denn diese Frauen haben sich dem Zauber des Liebhabers voll hingegeben. Nicht ohne Stolz bekennen sie sich dazu, jener schwer zu definierenden Kraft erlegen zu sein, die noch immer mit dem Wort „Charme" am besten benannt ist.

Alle Versuche, diesen Charme zu beschreiben, zu charakterisieren, ihn begrifflich zu erfassen, fallen kläglich aus. Es klingt banal, was die Gefährtinnen von Ali Khan, dem „prince charmant" der Pariser Gesellschaft zu berichten wissen. „Well, a nice boy!" war der ganze Kommentar, den Rita Hayworth nach ihrer ersten Begegnung über Ali zu sagen hatte. Andere Hollywood-Schauspielerinnen wußten auch nur zu berichten, er sei höflich, charmant und sehr aufmerksam: „He is a delightful person." Solche Allerweltsbeschreibungen wie „netter Kerl" und „entzückende Person" mögen auch im sprachlichen Unvermögen der Urheberinnen begründet sein, aber auch die wortgewaltige Klatschreporterin Elsa Maxwell konnte nur das Phänomen beschreiben, jedoch keine schlüssige Erklärung liefern: „Alis bloßer Anblick bringt die Frauen in Verwirrung ... Wenn ein 44jähriger Mann zur legendären Gestalt wird, so hat das natürlich seinen Grund."

Es wäre von der Oberflächengesellschaft, in der der Playboy sich bewegte, zuviel verlangt, die Antwort auf das Geheimnis erotisch-emotionaler Attraktivität zu finden. „Den unerforschlich tief geheimnisvollen Grund, wer macht der Welt ihn kund?" Der Playboy und seine Gefährtinnen waren sicher nicht die richtigen, um die Antwort auf die Tristan-Frage zu finden. Wie sollten sie beantworten, was auch fünf Stunden Wagner-Musik nicht zu einem schlüssigen Ende bringen, sondern nur beschreiben? Liebeszauber nennen es die einen, Charme die anderen.

Fehlt das „gewisse Etwas", dann kann ein Mann ein erfolgreicher Verführer sein, aber kaum ein großer Liebhaber – und damit auch kein rechter

Playboy. Es kennzeichnet eine mit dem Abstand zur Zeit der großen Playboys immer größer werdende Begriffsverwirrung, wenn heute ein Alain Delon als Playboy gehandelt wird. Nicht nur, daß er im Grunde nichts als ein Schauspieler ist und ihm die Leichtigkeit eines hedonistischen Geldverschwenders abgeht, hat er zwar Vorzüge, aber auch ein von Brigitte Bardot schonungslos beschriebenes Defizit: „Alain ist ein schöner Mann! Gewiß. Aber auch die Louis-Seize-Kommode in meinem Salon ist schön. Es ist nichts in diesem Gesicht, in diesen Augen, was einen anrühren, einen anziehen oder doch irgendwie an Wahrhaftigkeit, an Gefühl, an Leidenschaft glauben lassen könne. Alain ist kalt, äußerst egozentrisch, um sich zu erwärmen, ist ihm nichts Besseres eingefallen, als Werbespots für Pelze zu machen."

Der Charme des Eroberers vom Playboy-Typ ist so umwerfend, weil kein Intellekt das Begehren bremst, kein Berg von Gedanken zwischen dem Wunsch nach Eroberung und seiner Ausführung steht wie beim Philosophen Sören Kierkegaard. Der schrieb ein umfangreiches „Tagebuch eines Verführers", in dem eine Frau mit aller gedanklichen Raffinesse dazu gebracht wird, sich in den Tagebuchschreiber zu verlieben. Es versteht sich von selbst, daß kein Playboy von Rang dieses Werk erwähnt. Ein Buch war so ziemlich das letzte, dem sie ihre Aufmerksamkeit schenkten. Die gedanklichen Klimm- und Winkelzüge Kierkegaards nehmen sich neben den unzähligen, von keiner Reflexion getrübten Affären der Playboys merkwürdig abstrakt aus – und stehen in ihrer Weitschweifigkeit auch in auffälligem Kontrast zu dem äußerst überschaubaren Liebesleben des Philosophen. An den Leistungen eines multilateralen Liebhabers nach Art eines Playboys gehen sie grundsätzlich vorbei.

Denn die Verführung durch den Playboy spielt sich nicht im Kopf ab, seine Wirkung ist nicht Ergebnis irgendeines Nachdenkens, sondern ist Zuwendung. Weil er sich im Moment der Verführung der Frau ganz und gar hingibt und ihr das Gefühl vermittelt, daß nur sie für ihn und er nur für sie da sei, ist sein Bemühen von Erfolg gekrönt. Das viel gesuchte Geheimnis der Männer vom Schlag eines Playboys liegt darin, diesen in der Liebe eher selbstverständlichen Umstand immer wieder neu herbeizaubern zu können. Der alltägliche Mann kann, will oder darf diese Kraft der Verführung nur begrenzt aufbringen. Der „geborene" Liebhaber besitzt immerfort aufs Neue die Energie zur Verführung, gibt ihr immer wieder nach und läßt sich von ihr hinreißen. In diesem Punkt ist der Playboy ein wahrer Nachfahre Giacomo Casanovas, der sich dieser nicht im Biologischen begründeten Liebes- und Zuwendungsfähigkeit rühmt und sich ihrer, den Berichten der von ihm verführten Frauen zufolge, auch wirklich rühmen darf. Was den notorischen

Liebhaber dazu treibt, was ihn befähigt, immer wieder das gleiche Spiel zu spielen, ist damit noch nicht erklärt und wohl auch nicht erklärbar. Die Mediziner und Biologen mögen Drüsen, Hormone und Gene dafür verantwortlich machen. Die Verhaltensforscher mögen die Ursachen in nicht domestizierten atavistischen Verhaltensformen finden. Die Psychologen mögen mangelnde Zuwendung in Kindertagen als Auslöser für die nicht endende Sucht nach Liebe ausmachen. Keiner trifft den Punkt, von dem aus die Liebeswelt der Playboys zu erklären, geschweige denn aus den Angeln zu heben ist.

Was nicht erklärt werden kann, verfällt der Ablehnung – und so ist ein unstetes Liebesleben nach Art der Playboys immer der Verachtung und Verurteilung ausgesetzt – oder der Bewunderung. Denn der Playboy als erfolgreicher Liebhaber scheint all die Taktiken gegenüber Frauen zu besitzen, um die das Denken der amourösen Stammtischstrategen kreist. Gibt es den tollen Trick? Draufhalten oder Zurückhalten? Bewundern oder verachten? Der wahre Playboy stellt sich diese Fragen wohl kaum, verhält sich intuitiv, so wie ein Genie nicht überlegt, wie es besonders originell sein kann.

Es hätte dem „Spiegel" daher 1963 auffallen können, daß er mit der folgenden Meldung einer Ente freien Lauf läßt: „Die Playboys Porfirio Rubirosa und Gunter Sachs schreiben gemeinsam einen Ratgeber ‚Wie verführt man eine Frau?'" Postwendend traf das erzürnte Dementi von Gunter Sachs ein, das drei Nummern später im Nachrichtenmagazin veröffentlicht wurde: „Es würde mir niemals einfallen unter einem so anmaßenden Titel ein derart geschmackloses Buch zu schreiben. – gez. Gunter Sachs"

Von Rubirosa fehlt ein Dementi. Aber auch er ist als Autor eines solchen Ratgebers schwer vorstellbar. Etwas apokryph muten die „Liebesregeln nach Rubirosa" an, die der bayerische Lokalplayboy James Graser vom Meister mitbekommen haben will: „Nimm nie ein Mädchen vom Lande. Sie sind am Anfang die dankbarsten, weil sie in dir die große Welt sehen. Aber sie wollen dann die große Welt nie wieder loslassen. Es gibt süße Mädchen, die arm sind. Und es gibt süße Mädchen, die reich sind. Die Reichen können sich nachher besser trösten. Beim Rennen und in der Liebe wird der Sieg in den Kurven entschieden. Wenn du gerade glaubst, daß du die Kurve jetzt vor dir hast, mußt du das Gas wegnehmen. Sag ihr nie, daß sie die Einzige ist. Das macht sie unausstehlich. Protze nie mit deinem Geld – sonst wollen sie es haben. Spiele lieber den Armen, dann geben sie dir ihres."

Die Systematik irritiert und paßt gar nicht zu einem Rubirosa, der seine Triebe eher frei schweifen ließ, denn sie einem Regelwerk zu unterwerfen. Einiges klingt allerdings recht stimmig, vor allem, wenn es um die finanziellen

Aspekte geht, denn im Grunde war Rubirosas Liebesvermögen sein gesamter Besitz. Geld machte ihn mangels Masse gewiß nicht sinnlich. Er war ein Habenichts, bei dem die Frauen glücklich waren, ihm Geld nachwerfen zu können. Es blieb den traurigen Epigonen der Playboys überlassen, den Schlüssel ihres Porsches als Köder baumeln zu lassen oder mit anderen Signalen der Wohlhabenheit und des Luxus aufzutrumpfen.

Der Playboy kümmerte sich nur wenig um Kierkegaards komplizierte Gedankengänge über die „rechte" Verführung. Noch weniger scherte er sich um das vom dänischen Philosophen und Moralisten ebenso gründlich durchdachte Problem, wie der Verführer die Verführte wieder loswerden kann, ohne dabei als Schuldiger dazustehen. Nichts scheint Playboys ferner zu liegen, als solche Skrupel eines Tugendhaften. Sie stricken kräftig an der Legende, bei ihnen gäbe es kein unerfreuliches „Danach". Wenn von der Entsorgung amouröser Altlasten die Rede ist, dann meist in der chevaleresken Wendung, man habe sich als gute Freunde getrennt. Kein Wort von Tränen, von nicht endender und lästig werdender Anhänglichkeit. Es darf nur geahnt werden, was alles hinter der lapidaren Festellung steht: Wir haben gemerkt, daß wir doch auf Dauer kein Paar sein können.

Etliches deutet darauf hin, daß auch bei den Playboys danach nicht alles lustig war und sie und ihre Partnerinnen oft genug nach der Liebe das übliche animal triste gaben. Alfonso zu Hohenlohe müht sich etwa in seinen Erinnerungen sichtlich, der gescheiterten Ehe mit Ira von Fürstenberg mit souveräner Abgeklärtheit nachzusinnen und muß doch einräumen: „Es kamen Mißverständnisse, es gab Stunden der Vorwürfe, von Verzweiflung." Gunter Sachs sieht sich am Ende seiner Beziehung mit Brigitte Bardot gar in der lächerlichsten Rolle, die das Leben für einen berühmten Liebhaber bereit hält, in der des Hahnrei. Gestützt auf Zeugenaussagen eines Dienstmädchens, klagt er darüber, daß er es nicht länger hinnehmen könne, in seinem eigenen Haus vor seinen Freunden, Mitarbeitern und Dienstboten betrogen, lächerlich gemacht zu werden. Überliefert hat dies die Bardot mit dem fast rührenden Hinweis, daß sie Gunter Sachs sehr wohl betrogen habe, aber „diesmal stimmte es nicht!" Außerdem habe ihr Gunter das alles 100fach heimgezahlt. Von solchem Hickhack zwischen Playboys und ihren Partnerinnen ist sonst wenig zu hören und zu lesen. Schließlich wird auch die Geschichte der Playboys von den Siegern geschrieben.

Teilweise schweigt die Chronik dieser Partnerkriege auch deshalb von weiblichem Leiden, weil sich die Partnerinnen gar nicht als leidende, mißbrauchte oder gedemütigte Opfer empfanden, selbst wenn die Beziehung nach landläufigen Begriffen für sie desaströs endete. Sie wußten, mit wem sie es zu tun hatten, konnten daher nicht nachträglich verwundert darüber sein. Noch mehr: Sie ließen sich mit einem Playboy zumeist ein, weil er einer war und nicht obwohl. Die zudringliche Schar der Frauen im Hotel, in dem ein Rubirosa abgestiegen ist, die notorische Meute blonder Schönheiten um Gunter Sachs – sie kommen und bleiben höchst freiwillig.

Nicht ohne Stolz berichtet eine Geliebte von Rubirosa: „Er besaß die seltene Fähigkeit, Qualität zu erkennen und zu schätzen, sei es bei einem Edelstein, einem Pferd oder einer Frau." Solchermaßen vom Kenner „erkannt" zu werden, gibt nicht nur dieser biblischen Redewendung für den Geschlechtsverkehr eine reizvolle weitere Bedeutung. Einmal mehr wird auch deutlich, daß der Ruf, ein Playboy zu sein, nicht schadet, sondern den Erfolg bei Frauen erst richtig ermöglicht. Gerade weil er auf eine bekannt große Zahl von Amouren, von Affären zurückblicken kann und schon eine fulminante Kollektion besitzt, ist jede weitere Erwerbung unweigerlich von besonderer Qualität. Warum sonst sollte sie der Kenner seiner Sammlung hinzufügen?

Wie anders doch dagegen ein solider Ehemann, der plötzlich von der Liebe zu einer anderen erfaßt wird. Ein solcher Liebender sieht schnell Helenen in jedem Weibe, vor allem wenn sie jünger als die Angetraute ist. Wenn er dann seine ganze Liebe und Zuneigung auf diese Frau wirft, macht er auch nichts anderes als ein Playboy, der ebenfalls jeder von ihm begehrten Frau das Gefühl gibt, nur sie zu wollen und ganz für sie da zu sein. Aber für den Playboy ist es nur eine intensive Form des Spiels. Seine Kunst oder Gabe besteht darin, an dieses Spiel in dem Moment, in dem er es spielt, ganz und gar zu glauben und zugleich immer zu wissen, daß er nur Spieler ist – und dennoch nicht in Zynismus zu verfallen.

Das Liebesleben des Playboys war nicht einfach eine rasche Folge von Geschlechtsverkehr mit sehr häufig wechselnden Partnerinnen, so wenig wie jedes amouröse Erleben ein Lehrstück der hohen Liebesschule war. Gerade Rubirosa mag durchaus Züge des Sex-Maniacs besessen haben. Ein Biograph spricht gar von der „archaischen Hemmungslosigkeit seines Frauenverschleißes". Schon während seiner Schulzeit in Paris ist Rubirosa wegen erotischer Eskapaden mehrmals von der Schule verwiesen woden. Das Klatschmagazin „Palm Beacher" berichtete später über seine Partnerwahl: „Ob Herzogin oder Callgirl, Prominente, Schauspielerin, Model, Kellnerin, Angestellte, Maniküre oder was immer – solange sie gut aussahen und gut im Bett waren."

Bei einem Mann, dem die Frauen so leicht erliegen, werden die Fälle einer Triebabfuhr am ziemlich beliebigen Objekt kaum Ausnahmen geblieben sein. Affären, Kurzzeitbegegnungen mit austauschbaren Partnerinnen – auch das gehört zum Playboy, aber nie in der Form wie bei einem Georges Simenon. Der belgische Krimi-Autor war von einer manischen Sucht nach Sex befallen, bei der ihm auch das Angebot zweifelhaftester Bordelle noch genügte. Zum Playboy taugte er schon wegen dieser grundsätzlichen Wahllosigkeit nicht – und erst recht nicht wegen seiner nicht minder ausgeprägten Schreib- und Arbeitssucht.

Playboys dagegen waren aus ähnlichem, aber nicht aus dem gleichen Holz wie Giacomo Casanova geschnitzt. Der dürfte zu jener raren Spezies gehört haben, bei dem sich Intellekt und Charme ergänzten, sich Geist und Lust verbanden, sexueller Anspruch vom ästhetischen nicht zu trennen war. Er war das Gegenteil des k.u.k. Playboy-Vorläufers, des „jungen Herren" von Arthur Schnitzler, der auf den Einwand, daß seine neue Freundin kein besonders attraktives Gesicht besitzt, zynisch bemerkt: „Ach was! Gesicht ..." Casanova dagegen war am meisten vom Gesicht hingerissen, sah in ihm den wahren Ausdruck des „Geschöpfes Mensch". Aber nicht nur im Äußeren war Casanova ausgesprochen am Kopf orientiert. Als ihm in London der Verkehr mit einer prominenten Kokotte anempfohlen wurde, lehnte er ab. Sie sprach kein Französisch, kein Italienisch – und er kein Englisch. Also verzichtete er auf das Vergnügen, weil es mangels Konversation für ihn keines gewesen wäre. Die „Sache an sich" war für ihn nicht alles. Vielleicht erklärt dies die nach Playboy-Standard nicht überwältigende Zahl von vermutlich etwas weniger als 150 Frauen in Casanovas Leben.

Wie anders dagegen der Playboy, bei dem es die „grandes affaires" gibt, dessen Leben einige herausgehobene Frauen besonders bestimmen, der aber doch der Versuchung der großen Zahl nicht widerstehen kann. Man ist kein Skilehrer mit einer Unzahl von Betthasen, wie Alfonso Prinz zu Hohenlohe bemerkt. Aber solche Distanzierung mag dem Prinzen gelingen, weil er sein Bedürfnis nach der großen Zahl bei der ganz normalen Jagd abreagiert hat. Die Erinnerung an 2.300 erlegte Hühner auf dem Jagdgrund des Herzogs von Arion in einem Wettschießen zwischen Spaniern und Ausländern versetzt ihn mindestens so sehr in Euphorie wie der Gedanke an diese oder jene Liaison.

Der Playboy von Format macht über seine Affären mit Frauen keine Zahlenangaben. Es bleibt einem Selfmade-Playboy wie Hugh Hefner überlassen, damit zu prahlen, er habe mehr als 1.000 Frauen geliebt. Nur einem Gastro-Playboy wie Teddy Stauffer kann der Lapsus unterlaufen, seiner Autobiographie eine Liste von 100 Frauennamen von Alberta bis Zita voranzustellen. Dagegen gibt sich selbst ein Julio Iglesias, der heute für einen Playboy gehalten wird, ohne doch einer zu sein, ganz lässig. Neugierigen gibt er die Auskunft: 1.000 oder 2.000 – was weiß ich. Mit den Frauen ist es für den Playboy mit Stil wie mit dem Geld. Er hat es oder vermeidet zumindest jeden Eindruck, etwas für dessen Erwerb tun zu müssen. Wie groß sein Vermögen sei, das könne er nicht sagen, meinte Johannes von Thurn und Taxis – und das war nicht einmal Snobismus, sondern die Wahrheit. Witwe Gloria hatte ziemliche Mühe, Ordnung in die Buchhaltung des Verflossenen zu bringen.

Zählen ist kleinlich und stillos. So weiß denn Gunter Sachs auch nicht, wieviele Rosen es letztlich waren, die er in einem Massenabwurf auf die umworbene Brigitte Bardot aus dem Hubschrauber regnen ließ. Waren es 1.000 oder doch 10.000? „Auf die Menge kam es nicht an", meint heute der fliegende Rosenkavalier von einst. Solche Zählerei überläßt er denen, die wissen, daß eine Rose auf dem Blumenmarkt mit zwei Mark fünfzig günstig eingekauft ist, und staunend multiplizieren, wieviel Geld einem richtigen Playboy der Erwerb einer exklusiven Schönheit wert ist.

Auch Don Juan zählt seine Eroberungen nicht selbst, sondern überläßt dies seinem Domestiken. Der Herr zieht alle Register der Verführung – und der Diener Leporello das Register der Verführten, um die Eroberungen korrekt zu verbuchen. Der Ahnherr der Playboys ist dabei im Kutschenzeitalter nicht weniger international als seine Jet-Set-Nachfahren: In Italien 640, in Deutschland 230, in Frankreich 90, aber in Spanien, aber in Spanien? Heimspiel ist Heimspiel – in Spanien: 1.003.

Das Register führt Leporello möglicherweise nur für sich selbst, um das Unfaßbare faßbar zu machen. Wer soll auch glauben, daß der Männertraum vom virilen, frauenverschlingenden Platzhirsch, der die unerfüllten Nächte pubertärer Jünglinge wie biederer Ehemänner gleichermaßen beherrscht, derart übertroffen werden kann? Zwischen dem buchführenden Diener Leporello und dem über der nächsten Eroberung alle anderen schon wieder vergessenden Don Juan steht der Playboy. Er liebt nicht wie Don Juan die Dicken und Dünnen, Großen und Kleinen, Schönen und Häßlichen, Jungen und – von Leporello mit mollgestimmter Mißmutigkeit vorgetragen – sogar die Alten. Der Playboy lebt nicht nach der Grundregel der Mengenlehre des Erotomanen: Alle Frauen müssen es sein. Er will nicht alle, sondern die Schönen, Attraktiven und möglichst noch die Berühmten, denn er ist ein Mensch, der auch in der Liebe die Öffentlichkeit braucht und sucht. Nicht zufällig sind etliche Playboys vom Stierkampf angezogen und suchen die Gesellschaft von Toreros. Der Stierkämpfer tötet den Stier nicht, um dem Schlachter die Arbeit abzunehmen, sondern just for show. Er vollführt ein balzartiges Ritual, das vollendete In-die-Knie-Zwingen – und der Playboy macht es ihm bei den Frauen nach. Erst die Eroberung auf offener Bühne und die mediale Verbreitung dieser Tat krönen die Bemühung um eine Frau. Prominente Frauen garantierten solche öffentliche Aufmerksamkeit, daher sind mit den Playboys große Namen der Frauenwelt verbunden. Und einige der bekannten Damen waren mehr als nur einem einzigen Playboy eng verbunden. Soraya, Ex-Kaiserin von Persien war nach allem, was von ihr zu hören und zu sehen ist, weder eine ausgesprochene Schönheit, noch ein ausgewiesenes Temperament und schon gar nicht eine Frau von Esprit. Aber notorisch taucht sie in den Lebensläufen diverser Playboys auf. Soraya war nichts als berühmt – und das ohne Leistung, oder, wie der Spötter Gregor von Rezzori in seinem „Idiotenführer durch die deutsche Gesellschaft" zu der anhaltend kinderlosen Ex-Kaiserin anmerkte: Ihre Leistung besteht im Ertragen der Nichtleistung. Sie ist eine mater dolorosa der versagenden Gynäkologie.

Soraya ist das vornehmste Beispiel dafür, daß die Attraktivität einer Frau durch einen berühmten Ex-Partner ganz außerordentlich erhöht werden kann. Wer mit ihr das Liebeslager teilte, der tauchte in die Welt eines großen Herrschers ein, so wie es wesentlich prominenter bei der Ex-Gattin Napoleons, Marie-Louise, der Fall war. Als alternde Herzogin von Parma verlor sie an äußerem Reiz, doch nicht an Ruf. „Ich habe die Nachfolge Napoleons angetreten!", jubilierte ein durchreisender Tenor nach einer Nacht mit der Herzogin. Auch für Playboys war es gewiß nicht ohne Reiz, dort zu herrschen, wo einmal der Schah privatim das Zepter geschwungen hatte.

Mit Argwohn verfolgte daher der Kaiserhof in Teheran alle Schritte der Ex-Kaiserin. Als Gerüchte von einer Verheiratung Sorayas mit Gunter Sachs durch die Weltpresse geisterten, beeilten sich die Hofschranzen zu beteuern, daß dies nicht in Frage käme, weil der deutsche Playboy Sorayas nicht würdig sei. Dies wiederum verletzte die Gemüter in der Heimat von Gunter Sachs; Illustrierte und Nachrichtenmagazine versicherten, daß der noch keine 30 Jahre alte Industriellenerbe „ein unbescholtener Playboy" sei. Ja, noch mehr: „Er hat vermutlich weniger Abenteuer hinter sich als die meisten seiner Altersgenossen."

Da die Zahl der Kaiser und Könige und der von ihnen abgelegten Frauen zu Playboy-Zeiten sehr im Rückgang begriffen war, wurde auch mit niedriger angesiedelter Prominenz der Ex-Partner vorlieb genommen. Kurioserweise erhöhte dabei eine frühere Liaison mit einem Playboy die Attraktivität der Frauen auf andere Playboys. Ob dies in auf- oder absteigender Folge geschah, ist schwer abzuschätzen, aber bestimmte, heute so gut wie vergessene Frauen tauchen in mehr als einer Playboy-Biographie auf, ob es sich um ein Photomodell wie Cilvia Casablanca oder ein Filmsternchen wie Mara Lane handelt. Die Playboys gemahnen an Bergsteiger, die sich jede freie Minute im Gebirge tummeln, aber doch erst glücklich sind, wenn sie die legendären Gipfel erklommen haben, auch einmal auf dem Mount Everest oder dem Mount McKinley ihren Pickel ins Eis gerammt haben. Einer jener gerne bestiegenen Gipfel prominenter Weiblichkeit trug den Namen Ava Gardner. Alfonso Prinz zu Hohenlohe versäumt es nicht, zur Steigerung des eigenen Ruhms etliche ihrer namhaften Gatten und Gefährten aufzuzählen, ehe er seine eigene Affäre beschreibt. Dieses Aufeinandertreffen von Filmstar und Playboy erreicht in der Erinnerung das Format eines B-Pictures: „Es war eine lange schaurige Bar an der amerikanisch-mexikanischen Grenze ... Nur eine Gestalt am anderen Ende des Tresens. Es war Ava Gardner, die sicher einen guten Grund hatte, ihre Sinne mit Bacardi-Cocktails einzunebeln ... Was wir in jener Nacht redeten, hatte nur die Bedeutung des Augenblicks. Irgendwann gegen Morgen fuhren wir an den Strand. Ava riß sich die Kleider vom Leib. Sie ließ sich in den Sand gleiten, und ich war bei ihr. Wir blieben ein paar Tage zusammen, nur wir beide. Niemand hätte uns stören können."

Das ist genau der Stoff, aus dem die Playboyträume gemacht sind: höchster Genuß bei kürzester Dauer – weil anderswo schon die nächste Blüte darauf wartet, gepflückt zu werden. Auf das Heer der namenlosen Gefährtinnen trifft dies zu, für sie gilt: Triebabfuhr und Rufsteigerung. Bei den prominenten Partnerinnen war mehr im Spiel. Despektierlich könnten diese Beziehungen als „celebrity fucking" abgetan werden, so wie es der etwas kryptische, angebliche Playboy Jorgino Guinle betrieben haben möchte. Von einer Wochenzeitung in Brasilien ausgemacht, rühmt er sich, Rita Hayworth, Marilyn Monroe und Jayne Mansfield erobert zu haben. Wenn dem so war – die Biographen der besagten Damen nehmen von ihm keine Notiz – dann wäre er dennoch kein guter Vertreter des wahren Playboy-Stils. Mit überzogenen Geschenken an die Umworbenen hat er sich nämlich bei diesem teuren Hobby fast ruiniert.

Solche – die Öffentlichkeit nie beschäftigenden – Amouren, wenn sie denn stattgefunden haben, sind nicht das, was den Playboy auszeichnet. Sein Leben und erst recht sein Lieben verlangen Öffentlichkeit. Wer zur absoluten Spitzenklasse der Playboys gehören wollte, mußte zumindest eine Affäre, wenn nicht gar Ehe mit einem Filmstar aufzuweisen haben. Das leuchtendste Beispiel dafür ist der brasilianische Millionär Francisco Pignatari. Mit 41 Jahren konnte der noch immer „Baby" genannte Playboy 1959 schon auf Ehen mit einer römischen Gesellschafts-Schönheit und einer eleganten brasilianischen Erbin zurückblicken. Natürlich hatte er auch eine Unmenge von Affären mit Frauen des einschlägigen Playboy-Schönheitsideals „jung, kühl, blond und schlank" gehabt, beispielsweise mit dem obligat hochbeinigen 23jährigen Mannequin Barbara Cailleux. Für einen Spitzenplatz in der Weltliga der Playboys fehlte dem großen, schlanken und gutaussehenden „Baby" aber eine Hollywoodschönheit.

Seine Wahl fiel auf die von Tyron Powers geschiedene, heute etwas in Vergessenheit geratene Linda Christian. Wie sich „Baby" Pignatari und die Schauspielerin kennenlernten, gehört zu den typischen Playboy-Legenden. Auf einer Party in Rom gerieten die Schöne und der Reiche in ein scherzhaftes Handgemenge, bei dem Linda Christian ein Ohrring aus chinesischer Jade verlorenging. Der Playboy-Trost ins plötzlich schmucklose Ohr lautete: „Ach was, ich bringe dich nach Hongkong und besorge dir einen neuen." Ehe das Versprechen eingelöst werden konnte, gab es noch einige Umwege, denn die Hollywood-Schöne ging nicht gleich auf das Angebot ein, entzog sich dem Playboy. Der blieb auf ihren Spuren, erneuerte in Düsseldorf und Paris seine Offerte – und schließlich folgte eine Reise über Rom, Athen, Kairo, Bangkok nach Hongkong und dann weiter über Tokio, Honolulu, Hollywood, Mexico City und Panama nach Brasilien. Nachdem „Baby" die Trophäe in seiner Heimat ausreichend vorgezeigt hatte, schien ihm der Zeitpunkt für die Trennung gekommen zu sein. Linda Christian sah dies anders, so daß „Baby" 20 Taxis, eine Kapelle und 30 Tagelöhner engagierte. Die ließ er vor dem Hotel, in dem seine ihm langweilig gewordene Geliebte abgestiegen war, mit Knallfröschen und „Linda go home"-Plakaten demonstrieren. Linda Christian kapitulierte gedemütigt, und Pignatari hatte seinen Spaß: „Es war sehr komisch. Der Verkehr staute sich sieben Blocks weit in jede Richtung."

Der spektakuläre Scherz kann nur schlecht verbergen, daß ein solcher von konkreter Prominentengeilheit erfaßter Mann kein sehr würdiger Playboy ist. Er gleicht eher dem Panzerfahrer, der sein Rohr mit weißen Ringen für jeden abgeschossenen Gegner schmückt. Er ist nichts als ein Trophäenjäger. Aber die Beziehungen zu prominenten Frauen hatten für den wahren Playboy einen besonderen Stellenwert, sie waren Marksteine und endeten oft genug an einem für einen Playboy ungewöhnlichen Ankerplatz: im Hafen der Ehe. Ali Khan heiratete – unter skandalerregenden Umständen – Rita Hayworth, Gunter Sachs ehelichte Brigitte Bardot und Rubirosas Gattinnen trugen bis auf die letzte herausragende Namen von Flor de Oro Trujillo über Danielle Darrieux und Doris Duke bis hin zu Barbara Hutton.

LEBEMANN UND EHEMANN

Der Playboy als Ehemann ist ein Widerspruch in sich – und doch Wirklichkeit. Porfirio Rubirosas Leben ist beispielsweise deutlich durch die Stationen seiner Ehen markiert. Aber, wie kann ein so ruheloser Typ wie der Playboy eine Verbindung eingehen, die dauern soll, bis daß der Tod sie scheidet? Er kann, ja er muß, weil auch er gesellschaftlichen Konventionen seiner Zeit und seiner Umgebung unterworfen ist. Rubirosas erste Ehefrau war die Tochter des Diktators Trujillo. Es bedeutete schon eine Ungeheuerlichkeit, ja konkrete Lebensgefahr, es überhaupt zu wagen, nach der 17jährigen Flor de Oro die Hand auszustrecken. Unvorstellbar aber bei Ansehen und Alter der Braut, es bei einer einfachen „Affäre" mit ihr zu belassen. Nur eine Ehe konnte das Ansehen der Familie bewahren. Die Sitten in einem latino-machistischen Staat sind streng. Als sich nach der Scheidung von Rubirosa die Affären von Flor de Oro häuften, half es gar nichts, daß diese sechs Mal durch eine Heirat abgesegnet waren. Vater Trujillo verstieß sie, verhängte über sie „Inselarrest". Sie durfte die Dominikanische Republik nicht mehr verlassen, um keine neuen Affären zu beginnen.

Auch die erste und für längere Zeit einzige Ehe von Alfonso zu Hohenlohe entsprang mindestens so sehr der Liebe wie der gesellschaftlichen Räson. Die Braut, Ira von Fürstenberg, war 15 Jahre alt. Als Liebhaber hätte sich der Prinz als Verführer einer Minderjährigen strafbar gemacht, als Ehemann nach einer Traumhochzeit mit Gondelkorso auf den Kanälen von Venedig bildete er zusammen mit seiner Jung-Frau ein international bestauntes Glamour-Paar, unbeanstandet selbst in den USA – und das zu Zeiten meinungsbeherrschender prüder Frauenverbände.

Heute, im Zeitalter von Singles, Ehen ohne Trauschein, alleinerziehenden Müttern und Vätern ist es fast unvorstellbar, mit welcher Selbstverständlichkeit und Zwanghaftigkeit in den großen Zeiten der Playboys eine Beziehung in einer Ehe zu enden hatte und durch sie erst gesellschaftliche Anerkennung fand. Der Zweite Weltkrieg hatte das Verhältnis der Geschlechter gewaltig durcheinander gebracht. Die Frauen waren selbständiger geworden – und als Folge des millionenfachen Todes auf den Schlachtfeldern alleinstehender als ihnen lieb war. Ungeklärte Schicksale von Ehemännern führten zu Onkel-Ehen ohne Trauschein; militärisches Personal produzierte Soldatenkinder und Lucky-Strike-Beziehungen. Aber um so mehr versuchten Staat und Kirche, die alte Ordnung aufrechtzuerhalten und entsprachen dem restaurativ belebten Wunsch nach geordneten Verhältnissen. In den bunten Blättern war bei den Geschichten über prominente Affären nicht so sehr die Frage „Wer mit wem?" entscheidend, sondern „Werden sie heiraten?" Prinzessin Margret von England hielt jahrelang die Leserschaft der Illustrierten allein durch die Frage in Atem, ob sie einen geschiedenen Bürgerlichen heiraten dürfe oder nicht. Die vom Schah verstoßene Soraya, von Millionen Illustrierten-Leserinnen darob bedauert, provozierte laufend die Frage, ob sie den momentanen Gefährten ehelichen würde. Als Maximilian Schell ihr bevorzugter Liebhaber war, entdeckten Reporter, daß ein Pater Morelli häufig das Haus von Soraya besucht. Banges Rätseln: Hat er sie schon getauft? Wird er sie taufen? Denn: „Noch sind Schell und Soraya nicht fürs Leben verbunden. Was sie trennt, ist der Glaube." In Wirklichkeit gab es bei Soraya immer ein viel höheres Ehehindernis: Ihre üppige Apanage als Ex-Kaiserin, nach vorsichtigen Schätzungen mindestens eine Million heutige D-Mark im Jahr, war an strenge Auflagen gebunden, die eine Wiederverheiratung praktisch unmöglich machten.

Solche Banalitäten wollte gerade die weibliche Leserschaft der Regenbogenpresse nicht wahr haben – und sie wollte auch nichts von einem Glück jenseits der Ehe wissen. Die Themen der Illustriertenromane lauteten: Wie Ehen zustandekommen – und wie sie scheitern. „Bis daß das Geld euch scheidet" lautete der zeitgemäße Titel einer Wirtschaftswunderschnulze. Ein „Tatsachenbericht" malte das Scheidungselend in allen Regionen der Bundesrepublik in den schwärzesten Farben aus: „Unter den Schloten und Fördertürmen zwischen Rhein und Ruhr lebt eine erotisch verlorene Generation: Die Generation der Zwanzigjährigen. Wahllos finden sie zueinander, leichtfertig lassen sie sich wieder scheiden."

Indem sie sich zum Genuß und zur Leichtlebigkeit bekannten, setzen die Playboys sich über viele Konventionen hinweg, doch waren sie Revolutionäre im Smoking, akzeptierten die Formen ihrer Zeit. Bei Gunter Sachs darf sogar vermutet werden, daß ihn erst das durch den Tod seiner ersten Frau verursachte Scheitern des Traums vom bürgerlichen Familienglück zum Playboy machte. Auch die jetzige, schon über die Silberhochzeit hinaus gediehene Ehe mit Mirja Larsson deutet auf eine Grundtendenz zu geordneten Eheverhältnissen.

Das gilt auch für eine seiner größten Affären, die kurzzeitige Liaison mit Ex-Kaiserin Soraya. Jahrelang hatte er sie gekannt, aber nicht weiter wahrgenommen. Für eine Nobelparty schien sie ihm 1962 gerade die rechte Begleitung. Schlagartig richtete sich alle Aufmerksamkeit auf das etwas ungleiche Paar – Soraya reichte Gunter Sachs kaum bis zur Schulter und wirkte neben dem fast gleichaltrigen, jungenhaften Charme ausstrahlenden

Playboy bieder und altbacken. Gunter Sachs, nun von den Illustrierten vom Playboy zum „Play-Gentleman" erhoben, war von so viel Aufmkerksamkeit förmlich überrumpelt, rettete sich in ein Dementi: „Wir sind weder verlobt noch verheiratet." Aber dann machte er eine folgenreiche Konzession an die Konvention: „Natürlich haben wir über Heirat gesprochen!" Nun brodelte es erst recht in der Gerüchteküche, wurde von 8,5 Millionen D-Mark „Abfindung" gemunkelt, die Sorayas Vater von dem Industriellen-Sproß gefordert haben soll. Schließlich endete alles folgenlos. „Das Traumschiff der deutschen Seele bleibt unbemannt", beschrieb „Der Spiegel" Sorayas fortgesetzte Solo-Partie.

Die Ehe gehörte, heute nicht mehr ganz leicht vorstellbar, „natürlich" in das Weltbild des Playboys. Und schon gar nicht war ein Sachs oder einer der anderen Playboys wahllos, wenn es darum ging, sich auf eine Ehe einzulassen. Brigitte Bardot unterstellt Gunter Sachs sogar höchst absichtsvolles Handeln. Nach ihrer Darstellung hatte er mit Freunden darum gewettet, ob es ihm gelingt, Brigitte Bardot zu seiner Frau zu machen. In ihren Jahre später geschriebenen Erinnerungen empört sich noch immer alles in ihr bei dem Gedanken, daß die Ehe mit ihr „Gewinn einer dümmlichen und unbedachten Wette" gewesen sei. Gunter Sachs reiht die Wett-Geschichte – wie auch manch andere Anekdote – unter die „Flunkereien" ein, die er in der Bardot-Biographie ausgemacht haben will. Aber alle möglichen Umstände der Hochzeit deuten darauf hin, daß Brigitte Bardot für ihn eine Trophäe war – entrissen der stolzen „grande nation".

Allein die Akzentuierung des Französischen rund um die Eheschließung ist auffällig. Erst schenkt Sachs der Bardot Eheringe in den Farben der Trikolore mit Saphiren, Diamanten und Rubinen – natürlich von Cartier. Dann legt er den Hochzeitstermin auf den 14. Juli fest, obwohl die Bardot diesen französischen Nationalfeiertag nicht ausstehen kann. Heiraten auf Deutsch duldet keine Widersprüche: „Ich kam aus dem Staunen nicht mehr heraus, als ich sah, wie rigoros diese deutsche Organisation funktionierte, die nichts dem Zufall überließ. Alles war bis ins kleinste geregelt und terminiert."

Auch die persönliche Entourage wurde genau festgelegt. Die unvermeidlichen Freunde des Bräutigams hatten mitzureisen und jeder hatte dabei eine genau festgelegte, Brigitte Bardot ernüchternde Rolle: „Serge Marquand sollte filmen, Philippe alle Photos machen, Peter Notz den Trauzeugen geben, Gérard inszenieren und Gunter heiraten. Plötzlich erschien mir die deutsche Romantik weit weg, sehr fern. Vorübergehend hatte ich den schrecklichen Eindruck, erneut in die unerbittlichen Zwänge einer Superproduktion geraten zu sein." Aber es ist dem Playboy Gunter Sachs nur schwer ein Vorwurf zu machen, daß er den im Prinzip intimen Vorgang der dauerhaften Verbindung zweier Liebender vorsätzlich dem öffentlichen Interesse aussetzt. Er steigert nur, was jeder Hochzeit inhärent, was in gewisser Weise ihr Sinn ist. „Vor Gott und der hier versammelten Gemeinde" geloben sich die Eheleute die Ehe. Gott ließen die Playboys eher aus dem Spiel, aber die Gemeinde konnte ihnen gar nicht groß genug sein. Hochzeit bedeutete Öffentlichkeit, die im Fall Bardot-Sachs auf Titel wie „Time", „Life", „Newsweek" und „Der Spiegel" hörte. Die deutsch-französische Ehe-Alliance ließ nicht nur die nationalen, sondern auch die internationalen Wogen hochgehen. Gunter Sachs gelang mit der unauffälligen Eheschließung in Las Vegas und einer einigermaßen intimen, wenn auch von zahlreichen Pannen begleiteten Hochzeitsreise das Kunststück der perfekten Verbindung größtmöglicher Öffentlichkeit mit relativer Privatheit.

Das extreme Gegenteil dazu ist die Hochzeit von Alfonso Prinz zu Hohenlohe mit Ira von Fürstenberg. Dies war ein Schauspiel von opulenten Ausmaßen, organisiert nicht vom Bräutigam, sondern von der Brautmutter, die alles an die große Glocke hing, was der Schwiegersohn mit leichter Indigniertheit hinnimmt, im Grunde seines Herzens aber sehr zu schätzen weiß. Der Playboy, eigentlich in seiner Freizügigkeit Vorbote eines kommenden Zeitalters, ist dabei Mitwirkender des letzten Aufbäumens einer untergehenden Pracht. Der italienische Adel marschiert auf, die Habsburger kommen, der europäische Geldadel. Nach der kirchlichen Hochzeit folgt ein Defilee auf dem Canal Grande mit Pagen und Blumenmädchen in den Gondeln. Aus den Palazzi regnen Blüten auf das Brautpaar hernieder. Am Abend dann noch ein Hochzeitsball in Kostümen des Rokoko, der Renaissance. Der inzwischen längst geschiedene und mehrfach wiederverheiratete Bräutigam von damals kann dies heute nur noch resignativ als eine Strophe im großen Abgesang auf eine untergegangene Epoche besingen.

Fast rührend, wie Prinz Alfonso zu Hohenlohe, dieser gepflegte Bonvivant unter den Playboys, gerade im Fall der Ehe seinen Frieden mit den Konventionen zu schließen versucht. Er kennt den raschen und flüchtigen Genuß so wie bei dem wildromantischen one-night-stand am Strand mit einem Star wie Ava Gardner. Aber wenn die Affäre zur Liebe wird, dann läuten im Hintergrund leicht die Hochzeitsglocken, auch wenn der Anfang der Beziehung zu der nicht weniger prominenten, von Playboys als Trophäe sehr geschätzten Filmschauspielerin Kim Novak noch fern vom Traualtar spielt: „Sie lief mir entgegen und als wir uns umarmten, wußten wir wahrscheinlich beide, daß soeben eine große Lovestory begonnen hatte ... Im

Haus auf der Halbinsel von Monterey lagen wir in Kims Salon auf einem Bärenfell und beobachteten die Gischt, die wie Fontänen über die Felsen spritzte; wir tranken ein paar Gläschen Dom Perignon, blickten uns an und wußten daß wir uns gefunden hatten. Dem längsten Tag folgte eine noch längere Nacht ..."

Die Liebe findet damit kein Ende – und schon gar nicht die Show des Playboys, die bei einer romantischen Nacht unter freiem Himmel samt Doppelschlafsack ihren Höhepunkt erreicht, die so wohlinszeniert ist, daß selbst dem Inszenator Anflüge von Gewissensbissen bechleichen. „Was ich hier anstellte, das war wie Hollywood – wunderschön, aber nur eine Illusion; Romantik aus zweiter Hand. Trotzdem habe ich kein schlechtes Gewissen verspürt. Ich habe nur ein wenig nachgeholfen, um Schneewittchen eine Nacht zu schenken, von der sie träumen kann." So weit, so romantisch, aber im Hintergrund auch so bieder: „Wir sprachen über Zukunft, wir standen kurz vor der Verlobung." Das Bild des bei den Eltern mit Blumenstrauß um die Tochter anhaltenden Playboys bleibt uns dann doch erspart, denn „wir haben uns getrennt, weil unsere Leben zu unterschiedliche Ziele hatten".

Eine Geschichte von so braver Erfülltheit und so ordentlicher Zweisamkeit, daß an ihr auch strenge Gesellschaftsdamen ihre Freude haben können. Hatte doch der Liebhaber die allerredlichsten Absichten. Playboys waren eben Aussteiger mit Samthandschuhen, die ihre Freiheiten mit den Konventionen zu vereinbaren wußten, aber trotzdem auch ein Lieben ohne Ehe sehr zu schätzen wußten, diese gutbürgerliche Institution jedoch nie in Frage stellten.

Eine etwas bittere Schlußpointe in der Geschichte seiner ersten Ehe mit Ira von Fürstenberg bereitet dem Prinzen ausgerechnet ein anderer, wenig rücksichtsvoller Playboy. Ira fühlte sich vom Leben an der Seite des wesentlich älteren Prinzen zunehmend gelangweilt. Es füllte sie nicht aus, anderen Playboys wie Ali Khan oder Porfirio Rubirosa brave Gastgeberin in Mexico City zu sein. Die Jagden des Gemahls langweilten sie „tödlich". 1960 erreichte den leidenschaftlich seinen Hobbys nachgehenden Ehemann beim Skifahren die Nachricht: „Ira ist gerade abgereist." Ihr Reisepartner: ein Playboy der ganz speziellen Art, der Brasilianer Francisco „Baby" Pignatari. Es war in Playboy-Kreisen keineswegs unüblich, Frauen weiterzureichen. Alfonso Prinz zu Hohenlohe selbst hatte eine Affäre samt daraus entspringender Tochter mit der zuvor mit Gunter Sachs liierten Heidi Balzer. Aber Francisco Pignatari war dafür berüchtigt, sich mit prominenten Frauen zu schmücken. Daß die frustrierte Ira ausgerechnet zur Trophäe dieses, den Prinzen mit seinem Vermögen weit übertreffenden Playboys wurde, bedeutete gewiß über das Scheitern der Ehe hinaus eine Demütigung. Immerhin entriß Alfonso Prinz zu Hohenlohe seinem Nachfolger die Kinder Hubertus und Christoph, die nach Brasilien gebracht werden sollten. Es gelang ihm, die Kinder, immer verfolgt von Detektiven Pignataris, nach Europa zu bringen. Ira wurde die Ehefrau von Pignatari – freilich nach Art von „Baby" nur für begrenzte Zeit.

Das zumindest hatten die Ehefrauen der Playboys mit ihren Ehemännern gemein: die Gier nach Leben. Selbst die trauerumflorte Millionenerbin Barbara Hutton zerbrach nicht völlig an der für sie katastrophalen Ehe mit Porfirio Rubirosa. Wenn auch angeschlagen und fragiler denn je, stürzte sie sich noch in zwei weitere Ehen und etliche Affären – mit immer jüngeren Männern. Sechs Jahre nach der Scheidung von Porfirio Rubirosa trat die nunmehr 46jährige, die aber weit älter aussah, eine Skandinavienreise in Gesellschaft eines nur durch seine Begleiterrolle bekannten 24jährigen James Douglas an.

Barbara Huttons Vorgängerin als Rubirosa-Ehefrau, Doris Duke, war seelisch stabiler. Sie gewann durch die Ehe mit dem Playboy an Souveränität, machte sich von ihrer reichen Familie unabhängiger und gewann gegenüber der Umwelt überhaupt eine erstaunliche Überlegenheit. Sie kreuzte vor der Küste Waikikis, sammelte Seeleute und attraktive Einheimische und feierte mit ihnen rauschende Parties, bei denen Alkohol, Drogen und Sex nicht fehlten. Auch Brigitte Bardot war nach der Ehe mit Gunter Sachs nicht gerade wählerisch. Sie hängte sich an Second-Hand-Playboys, Gigolos, bei denen sie selbst das Gefühl hatte, daß sie ihrer nicht wert seien. Erst das Alter und die obsessiv werdende Zuwendung zu tierischen Geschöpfen ließen sie zuletzt zu dem ausschweifenden Leben mit rasch wechselnden Liebhabern Abstand gewinnen.

Einem Playboy-Sonderling blieb es vorbehalten, mit seiner Hochzeit ein Satyrspiel auf diese großen Feste zu inszenieren und damit den Niedergang seines Standes öffentlich vorzuführen. Ein Jahr nach der Scheidung der Ehe Bardot-Sachs schlossen Arndt von Bohlen und Halbach und Henriette von Auersperg 1969 den Bund fürs Leben. Es war nicht die spektakulärste Playboy-Hochzeit, aber die, über die am meisten spekuliert wurde. Warum, wozu heiratet der für seine Zuneigung zu Männern berüchtigte Arndt eine Frau? Die Antwort „Weil sie ein echter Kumpel ist!" und andere Hinweise auf allgemeinmenschliche Qualitäten wie Verläßlichkeit konnten die öffentliche Neugier nicht befriedigen. Als Antwort auf die Sinnfrage der Ehe Arndt-Hetty blieb nur Klatschig-Tratschiges, was Arndt mit seiner unentschiedenen Stellungnahme nicht entkräften konnte: „Ich glaube, man erwartet einfach von mir, daß ich heirate. Außerdem habe ich nichts gegen Kinder."

Für eigene Kinder tat er allerdings wenig, wahrscheinlich gar nichts. Eine Frauenzeitschrift wußte sogar von den Bemühungen um einen Ehevertrag zu berichten, der die Partner von „einigen Pflichten" hätte befreien sollen. Da dies die von der Braut gewünschte katholische Hochzeit von vornherein hinfällig gemacht hätte, wurde auf die vertragliche Fixierung verzichtet, in der Praxis wohl aber entsprechend zurückhaltend gelebt. Bei den späteren Ehestreitigkeiten spielte mancherlei eine Rolle, aber nicht Sex. Keiner von beiden hat das eingefordert, was das vernunftfixierte Zeitalter der Aufklärung als Inhalt des Ehevertrags ansah: den wechselseitigen Gebrauch der Geschlechtswerkzeuge. Selbst der Gastgeber der Verlobungsparty, der US-Millionär Paul Mellon, kommentierte mit nahezu britischem Understatement: „Etwas merkwürdig ist die Sache schon." Schließlich hatte Arndt bereits eine „Eheschließung" hinter sich: Ein Jahr zuvor hatte er einen als Braut verkleideten Brasilianer durch ein Spalier von Fackeln auf seinem Schloß Blühnbach zur Schloßkapelle geleitet – und weil das noch nicht Spaß genug war, wurde eine Doppel-Hochzeit organisiert. Arndts Sekretär Schmollinger gesellte sich dazu mit einem zur Braut mutierten Verkäufer aus einem Düsseldorfer Herrenbekleidungshaus.

Nicht auszuschließen, daß die im bürgerlichen Sinn „richtige" Hochzeit mit Hetty von Auersperg in den Augen von Arndt von Bohlen und Halbach ein viel verdrehteres Spektakel war. Mit einer Frau kniete er vor einem 81jährigen Dorfpfarrer, der die Eheschließung nach katholischem Ritus zelebrierte, was im traditionell protestantischen Hause Krupp schon Aufsehen genug bedeutete. Dazu reiche Rentner und alter Adel als Publikum. Trauzeuge von Hetty war Ski-Olympiasieger Toni Sailer, einer jener in Playboykreisen als Dekoration geschätzten „Naturburschen", der vermutlich zu Arndts Freude besonders burschig war, denn wie der Hochzeiter war Toni Sailer für mancherlei, aber nicht für ernsthafte Frauenaffären bekannt. Auf der Hochzeitsreise wurde Arndt nicht nur von seiner Frau begleitet. Prinz Ruppi zu Hohenlohe-Langenburg reiste mit, spielte den Kammerherren und strickte auch noch Pullover.

Die von Anfang an skurrile Ehe endete dann so banal, als wollte Arndt von Bohlen und Halbach mit dem Unternehmen nur beweisen, wie lächerlich das ganze Institut „Ehe" ist. Sechs Jahre nach der Hochzeit wurde ein Trennungsvertrag geschlossen. Vom Bett war da nicht viel zu scheiden, aber doch von dem bei Hetty nach Arndts Meinung viel zu reichlich gedeckten Tisch. Er warf ihr Verschwendung vor. Zehn Flaschen Champagner brauche sie pro Tag und trinke sie nicht einmal zur Neige. Der Krupp-Erbe gewährte immerhin seiner Noch-Frau eine Apanage von 12.500 D-Mark im Monat, was reichen sollte, aber nicht konnte. Schließlich wurden pro Monat allein 10.000 D-Mark für Kleidung ausgegeben. Aber genau dieser Verschwendung wollte der Ehemann, der selbst Großgeld ausgab, als wäre es Kleingeld, nicht länger Vorschub leisten. Schluß damit, daß Hetty nebenbei für 14.700 D-Mark 48 Wein- und Wassergläser mit Gravur kaufte. Hetty von Auersperg schießt in diesen Ehekriegsspielen munter zurück, jammert über den Schmuckfimmel von Arndt. Sogar eine Krone habe er sich anfertigen lassen. Das bestreitet Arndt gar nicht, weist allerdings die Unterstellung weit zurück, daß er damit durch München zu gehen gedenke.

Vermutlich unbeabsichtigt, führte Arndt von Bohlen und Halbach vor, daß die Ehe nichts für einen Playboy ist – solange er wirklich ein Playboy ist. Wenn aber die Ehen zu Ehen werden, dann ist das Ende der Playboys nicht mehr weit. Porfirio Rubirosa im Schürzchen am häuslichen Herd und daneben eine liebe junge Frau aus dem Heer durchschnittlicher Photomodelle – das ist nicht einmal mehr ein alternder Playboy, sondern ein Biedermann. Dann ist er endlich solider Teil einer Ehe, die nur noch der Tod – in seinem Fall im Maserati – scheidet. Nicht weniger befremdlich, wenn Alfonso Prinz zu Hohenlohe mit beachtlichem Embonpoint am Arm seiner über alles geliebten und aus seinem Leben nicht mehr wegzudenkenden vierten Ehefrau ins nicht mehr lange währende Leben strahlt.

Solche Bilder zeigen, daß für den richtigen Playboy die Ehe nur eine pittoreske Station in seiner umherschweifenden Existenz sein kann. Wenn sie zur Endstation wird, wenn er in die Rolle des Philemon zu schlüpfen beginnt, spätestens dann heißt es Abschied nehmen vom Playboy.

FREUNDE STATT FRAUEN

„In ihrem Leben fungierten Frauen nur als Schachfiguren, als Gegenstände, als Trophäen." – Brigitte Bardots Urteil über die Playboys ist hart, überspitzt, damit sicher ungerecht, trifft aber nicht ganz daneben. Wenn die Frauen nur Nebenfiguren sind, wer waren dann die Hauptfiguren? Naheliegende und doch überraschende Antwort: Männer. Ausgerechnet der Playboy, der nicht nur wegen des einschlägigen Busen-Magazins stereotyp mit Frauen in Verbindung gebracht wird, ist ein Meister der Männerfreundschaft. Auch wenn tiefenpsychologisch orientierte Interpreten auf den Spuren Sigmund Freuds hier sofort einen Hinweis auf die latent homoerotische Orientierung des Playboys wittern, so muß die freundschaftliche Pflege von Männerbeziehungen doch primär fernab einer sexuellen Komponente gesehen werden.

Selbst bei dem notorisch als Duo auftretenden Paar Errol Flynn und Freddie McEvoy kann von manifester Homoerotik keine Rede sein. Errol Flynn war ein in seinen sexuellen Vorlieben weitschweifendes Irrlicht, das möglicherweise zu Unrecht, aber sicher nicht ganz zufällig, einmal wegen Vergewaltigung Minderjähriger vor Gericht stand. Aber seine homosexuellen Anwandlungen lebte er nicht mit seinem Playboyfreund aus. In sexuellen Dingen gingen die beiden getrennte Wege, wie sich Schriftsteller Truman Capote erinnert: An einem Abend tauchte Errol Flynn auf einer Party von Gloria Vanderbilt auf, „mit seinem Alter ego, einem Angeber und Playboy namens Freddie McEvoy". McEvoy war von den vielen anwesenden Mädchen angezogen, während Capote und Flynn gemeinsam weiterzogen. Schließlich landeten sie im Appartement des Schriftstellers, wobei es Flynn gar nicht leichtfiel, von Mann zu Mann seinen Mann zu stehen. „Er brauchte unheimlich lang, um zum Orgasmus zu kommen. Ich hatte überhaupt keinen", erinnert sich Capote und bemerkt, daß er die Geschichte längst vergessen hätte, wenn es nicht eben Errol Flynn gewesen wäre. Flynn, ohnedies als Film um Film drehender Schauspieler kein rechter Playboy, war es auch in sexuellen Dingen nicht. Er war ein notorischer „Querbeet-Geher", wie Marilyn Monroe einmal anmerkte und über den besser aussehenden als schauspielenden Filmstar tratschte, daß er es auch mit Tyron Powers getrieben habe, was sie ganz genau wisse. Schließlich hatte sie den gleichen Masseur wie Tyron Powers, und dieser habe ihr das alles erzählt.

Die Freundschaften unter Playboys waren tratschresistent, weil sie sich auf einer ganz anderen Ebene abspielten und öffentlich waren. Die Freundschaften konnten sich in der Clique abspielen, im temporär ziemlich festgefügten Männerbund, in dem das Schulknabenmodell der „Bande" in verfeinerter Form weiterlebte. Freundschaft wurde aber auch als Netzwerk von verstreut lebenden Playboys gepflegt, die sich immer wieder an verschiedenen Orten trafen, zu fröhlichem Tun zusammenkamen und die Gemeinsamkeit genossen.

Ein notorischer Beschwörer der Männerfreundschaft unter Playboys, unter dem Jet-Set überhaupt, ein klassischer Vertreter einer hedonistischen Netzwerkidee ist Alfonso Prinz zu Hohenlohe. Seine Memoiren sind ein unermüdliches Beteuern freundschaftlicher Beziehungen zu allen, die Geld und Namen hatten. Ob Waffenhändler Kashoggi oder König Juan Carlos, ob Männer des großen Geldes wie Heiny Thyssen oder Jimmy Goldsmith, ob Playboys wie Rubirosa oder Sachs – alle, alle waren seine Freunde. Das ist zu Teilen in der Persönlichkeit des Prinzen begründet, der hinter allem weltläufigen Gebaren doch ein unverbesserlicher Gastwirt war. Als Chef des Marbella Clubs stellte er dies auch öffentlich unter Beweis, indem er eine Luxus-Ausgabe des schulterklopfenden Restaurant- und Hotelbesitzers verkörperte. Auch Teddy Stauffer repräsentierte in Acapulco als Hotel- und Club-Betreiber den gleichen Typus. Das Talent des Playboys zu Geselligkeit und Freundschaft wurde geschickt professionalisiert.

Alfonso Prinz zu Hohenlohe ist es auch, der der Freundschaft unter Playboys eine grundsätzliche Bedeutung beimißt und sie thematisiert. Noch 30 Jahre später ist die Sorge über die Gefährdung der Männerfreundschaft unüberhörbar: „Als mein Freund Gunter Sachs völlig überraschend Brigitte Bardot heiratete, fürchteten wir Freunde, daß wir ihn verlieren könnten. Brigitte war eifersüchtig auf Gunters Freunde." Das wußte der Prinz ganz genau, denn als er mit Sean Connery, natürlich auch ein Freund, und Brigitte Bardot im Restaurant saß, da spürte er die Abneigung der Schauspielerin gegen die männliche Entourage von Gunter Sachs. „Das waren Bande, die ihr unheimlich waren und die sie nicht akzeptieren konnte." Das Wort „Bande" hat Brigitte Bardot freilich ganz anders verstanden. Fast unflätig wird sie, wenn sie an die Männer um ihren Ehemann denkt. „Diese verdammten Seelen Gunters: Serge Marquand, Gérard Leclery, Jean-Jaques Manigaud, Samir Sibai, Michel Faure, Peter Notz, Christian Janvill und so weiter ... Diese blasierten Nichtstuer, diese Kumpel ..." Darob etwas indigniert, spricht der Prinz zu Hohenlohe von den „nicht immer geschmackssicheren Memoiren" der Bardot.

Aber es ist zu verstehen, daß eine Frau etwas die Contenance verliert, wenn sie nach der Hochzeit feststellen muß: „Ich habe nicht einen, sondern sechs Männer geheiratet, nämlich Gunter und seine Freunde." Sie verzeiht es Sachs bis heute nicht, daß sie ihre Hochzeitsreise in Gesellschaft der gesamten Clique antreten mußte, daß Sachs hier ungerührt eine Welt bewahrte und pflegte, zu der sie keinen Zugang hatte.

Als kleines Trostpflaster blieb ihr, daß die Freunde wenigstens auf der Hochzeitsreise in den Spielkasinos in Las Vegas ziemlich viel Geld verloren. Solche Genugtuung wurde gleich darauf wieder durch eine zusätzliche Männerfreundschaft zunichte gemacht. Auf dem Tahiti-Atoll Bora-Bora ist der Hotelbesitzer ausgerechnet ein Deutsch-Bora-Boraner. Da die Anreise mißglückte, grollten die Brautleute dem Gastgeber, die Bardot nachhaltiger als Gunter Sachs. Danach spielten Playboy und Hotelier Schach, tranken Whisky und – was noch schlimmer war: „Sie redeten laut in dieser gutturalen, wilden und keinen Widerspruch duldenden Sprache, von der ich nie etwas verstanden habe." Bei dem in den Ohren der Tochter Galliens so barbarisch klingenden Idiom handelt es sich um die „Sprache von Gunters Vorfahren": Man sprach Deutsch – und zu allem Überdruß gab es Bier auf Tahiti, womit die Männerfreundschaft begossen werden konnte.

In den Augen eines Playboys ist eine Frau, die dafür kein Verständnis hat, deplaziert. Schließlich gilt für den Prinzen zu Hohenlohe der Grundsatz: „Freunde werden immer da sein, sie werden jeden Sturm überleben, der eine Ehe zerstören kann." Hoch klingt denn auch das Lied auf Ehefrau Mirja, die die Freunde von Gunter Sachs in der Ehe willkommen geheißen hat: „Sie ist eine weise und eine sehr großzügige Frau. Sie weiß, daß diese Freunde zur Persönlichkeit ihres Mannes gehören."

Brigitte Bardot hätte gewarnt sein können, als sie sich in Gunter Sachs verliebte und damit die Enttäuschung heraufbeschwor, mit einer Männerclique konkurrieren zu müssen. Denn an keinem anderen Ort ist die Zusammenrottung von erlebnishungrigen Männern so fester Bestandteil der Gesellschaft wie in St. Tropez. Ganz selbstverständlich schart jeder der Reichen einen männlichen Hofstaat um sich mit genau verteilten Rollen – wie es eben auch bei Gunter Sachs der Fall ist. Ein gehobenes Schmarotzertum kann sich hier ausbreiten. Finanzielle Abhängigkeiten schaffen zeitlich begrenzte Loyalitäten. In den Kreisen von ihresgleichen können sich die Playboys bei den rauheren Sportarten und derberen Späßen austoben, die nun einmal zu ihrem Stil gehören – und Frauen tendenziell schrecklich langweilen. Erstaunt stellt der Prinz zu Hohenlohe fest, daß seine junge Ehefrau Ira von Fürstenberg zu seinem sich hektisch in Hobbies erschöpfenden Leben nur den Kommentar hat: „Ich langweilte mich." Diese wenig partnerfreundliche Agglomeration unternehmungslustiger junger Männer war dem Playboyleben, solange es frei schweifend war, alles andere als abträglich, sondern zog junge Frauen eher an. Schließlich erhöhte eine Gruppe von Männern die Chance der Frau, im mindesten Fall einen davon abzubekommen, im besseren, unter ihnen die Wahl treffen zu können. Brigitte Bardot ist eines Sommers, als die Beziehung zu Gunter Sachs schon in die Krise gekommen ist, durch gehäuftes Auftreten junger Männer gleich mehrfach in Verlegenheit gekommen. Auf ihrem Maskenfest in St. Tropez erschien eine „Gruppe von Männern mit sonnengebräunter Haut und Glut in den Augen", die sie und ihre Freundinnen „nicht gleichgültig" ließen, denn: „Sie sahen umwerfend aus, diese Burschen, und kannten sich mit Frauen offensichtlich aus." Das Geheimnis der als Tuaregs verkleideten Jungentruppe wird gelüftet: „Sie waren Italiener, professionelle Playboys, die den Sommer in einer Villa genau gegenüber der meinen verbrachten; sie lag ebenfalls direkt am Wasser und trug den verheißungsvollen Namen ‚La Brigantine'."

Alle zusammen keine Kinder von Traurigkeit, lassen sie das Zusammentreffen nicht ungenutzt verstreichen. Beppe, Gigi, Rodolfo, Enzo, Franco und Cesare sind schnell bei der Sache mit Sveeva, Carole, Gloria, Monique, Mijanou und Brigitte: „Mit unseren Armen, unseren Lippen und unseren Herzen leiteten wir eine franko-italienische Entente cordial ein." Zunächst versucht einer von ihnen, der Gastgeberin die Wahl leicht zu machen, legt sich nackt in ihr Bett. Aber er schnarchte und war überhaupt nicht der richtige, flog also hinaus. Sie entscheidet sich für Gigi als Liebhaber und nun kamen Frauen wie Männer voll auf ihre Kosten: „‚La Brigantine' wurde zu einer Art Dependance von ‚La Madrague'. Wir gaben uns Lichtsignale, bevor wir uns mitten auf dem Golf in Motorbooten trafen. Ein fröhliches Treiben, wir waren immer zusammen."

Die Vorzüge der Playboy-Clique, für Mann wie Frau, sind unübersehbar. Das geballte Auftreten erhöht die Attraktivität, gibt den Gruppenmitgliedern mehr Sicherheit, was wiederum ihre Anziehungskraft erhöht. Selbst Brigitte Bardot nimmt für sich ganz selbstverständlich in Anspruch, ihr ergebene Freundinnen um sich zu sammeln, und kann gar nicht genug davon schwärmen, welches Aufsehen sie und ihre „Amazonen" erregen – und wie wichtig ihr der emotionale Halt ist, den ihr diese unfeministische Frauengruppe gibt. Ob Gunter Sachs seinerseits von diesen „Amazonen" ge- und entnervt war – darüber schweigt der Gentleman-Playboy.

Dem Playboy selbst wird der Freundeskreis nie zum Problem. Denn ihm ist die Bedeutung der Freunde ganz selbstverständlich, ebenso wie ihm auch der Stellenwert der Frauen keine Frage ist. Ein Konflikt entsteht nur, wenn die Frau sich mit dieser Positionierung neben oder gar unter der männlichen Umgebung ihres Playboy-Liebhabers nicht bescheiden will. Brigitte Bardot muß sich schließlich damit abfinden, weder die Wichtigste noch die Einzige zu sein, wobei es nur schwer in ihren Kopf hinein will, daß ihr nicht nur irgendwelche blonden Mädchen den Platz streitig machen, sondern ein halbes Dutzend Männer.

Als Gunter Sachs wieder mit seinen Freunden zusammentrifft, „da konnte er seine endlich wiedergefundenen verlorenen Seelen gar nicht genug umarmen und herzen." So kommt die Bardot um die Erkenntnis nicht herum: „Ich hatte nicht einen Mann allein geheiratet, sondern eine Sippschaft herumscharwenzelnder Playboys, die durch ihre Komplizenschaft enger zusammengeschmiedet waren, als eine Ehe es je vermöchte. In ihren Leben fungierten die Frauen gewiß nicht als ‚Frau' im positivsten Sinne. Sie suchten sich schöne, junge und vorzugsweise dumme Gefährtinnen. Pech für Gunter! Da ich die letzgenannte Qualifikation nicht besaß, fiel ich ihm zunehmend lästig. Er playboyte rundum, und ich stand ihm dabei im Wege."

Nicht nur mit der Abneigung, sich ausschließlich auf eine Frau einzulassen, entspricht der Playboy einem heute als chauvinistisch abqualifizierten Männlichkeitsbild, das doch zu seiner Zeit in den Köpfen vieler Männer herumspukte und akzeptiert wurde. Noch war der „Softy" nicht erfunden. Ein patriarchalisches Leitbild bestimmte die Gesellschaft, das Männerbündische hatte völlig unproblematisiert Konjunktur. Der Playboy lebte in etwas ungehemmter und unbefangener Weise aus, was in der bürgerlichen Gesellschaft um ihn als Skat- und Kegelbruderschaft domestiziert war. Auch die Rotarier- und Lions-Clubs sind von einer Playboy-Clique nicht allzuweit entfernt. In dem von Gunter Sachs ins Leben gerufenen Dracula-Club berührt sich der Playboy sogar mit dem Freimaurer und es ist gar nicht leicht zu entscheiden, für wen solche Nähe peinlicher ist.

Dieser Dracula-Club mutet wie die pure Parodie auf das Treiben von Geheimlogen an, ist aber auch fast eine Karikatur des Männerfreundschaftskults der Playboys. Es kann nicht nur am Chronisten Alfonso Prinz zu Hohenlohe liegen, wenn sich beim Beobachter nicht ganz der Ernst einstellen will, der offensichtlich bei diesem Club im Spiel war. „Wir waren zwölf Gründungsmitglieder, die sich in St. Moritz ein Clubheim schaffen wollten, in dem man wußte, wen man traf: Die Freunde, deren Freunde und ein paar andere, die zu uns paßten. Gunter Sachs war der Pate dieser Idee; er war es auch, der ihr den Namen gab, Draculas Ghostriders." Freunde und deren Freunde waren etwa Heinrich Erbprinz zu Fürstenberg, Constantin von Liechtenstein, der britische Lebenskünstler Norman Barclay oder Cha Cha Theler, der sich durch die Einführung des Cha-Cha-Cha in der Schweiz einen Spitznamen gemacht hatte. Um dazuzugehören, mußte ein Ritual absolviert werden, das bis heute Bestand hat. Jedes Clubmitglied hütete eine schwarze und eine weiße Kugel. Nach Verlesung des Namens des Antragstellers, wirft jedes Mitglied bei Einverständnis eine weiße, bei Ablehnung eine schwarze Kugel in die Wahlurne, die passenderweise die Gestalt eines Sargs hat. Liegt nur eine einzige schwarze Kugel darin, so kann der Kandidat alle Hoffnungen begraben. Dann hatte es keine positive Antwort auf die Frage aller Fragen des Clubs gegeben, die da lautet: „Wollen wir mit ihm die wertvollsten Momente unseres Lebens teilen, nämlich Momente in unserem Freundeskreis?"

Der Club ist eine „Bruderschaft der Freunde" – und damit das auch jeder sieht, treiben sie alberne Dinge, von denen selbst der Prinz zu Hohenlohe bemerkt, daß sie damit an Studenten erinnern, die ihre Schulkrawatten bis ins Greisenalter tragen. „Wir kleben unser Logo, schwarze Fledermaus-Flügel über rotem Grund, auf unsere Skier und Stiefel, wir montieren Plaketten an unsere Autos ..."

Das Rudel mit dem Leitwolf, die Herde mit dem Leithammel – atavistische Bilder stellen sich beim Blick auf die Playboy-Cliquen ein – und offensichtlich entsprechen sie einem durch alle Zeiten gehenden Verhalten und immer wiederkehrenden Geselligkeitsformen, die einen fatalen Hang zur Spießigkeit haben, nicht nur bei Salamander reibenden Studentenverbindungen, sondern auch bei den sich so ungezwungen gebenden Playboys. Es kennzeichnet den namhaften Playboy, daß er seine Männerfreundschaften pflegt, aber nicht in ihnen seine Individualität verliert. Sein Freundeskreis ist dem Playboy die Wagenburg, von der er zur Eroberung auszieht, in die er zurückkehrt. Wie in allen Männerbünden, herrscht auch hier eine latente Frauenfeindlichkeit. Frauen sind die Objekte „draußen", die erobert, gejagt und erlegt werden, aber die Freundschaft unter Männern nie wirklich tangieren. Das grundsätzliche Einverständnis „unter Männern" ermöglicht es denn auch, daß sich Playboys die Frauen nicht förmlich „teilen", aber sich doch in der Freundschaft zu ihnen mit einiger Selbstverständlichkeit ablösen.

Der Playboy von Format wird sich auch nie auf die Freundschaften in der Clique beschränken, sondern wird mit Geschick ein Netz von Beziehungen über den Globus werfen. Das mag im Sinne eines „networking" auch den geschäftlichen Beziehungen und Erfolgen zugute kommen, aber es ist dem Prinzen zu Hohenlohe abzunehmen, wenn er beteuert: „Große Namen, dicke Millionen und Riesenerfolge bedeuten mir nichts, wenn dies die einzigen Pluspunkte von Menschen sind. Ich kenne genug Leute, denen es gelungen ist, ihr Vermögen auf Null zu bringen; wer das mit Charme und Stil geschaffen hat, wird immer mein Freund bleiben." Noch leichter fällt die Freundschaft mit jenen, die mit Charme und Stil ein Vermögen erworben haben, wobei mit steigenden Zahlen auf dem Konto dann doch die Ansprüche an Umgänglichkeit und Umgangsformen etwas sinken. Selbst ein rettungslos uncharmanter Kaufhauskönig wird dann akzeptiert. Ab einer gewissen Größenordnung der Prominenz sind die persönlichen Eigenschaften des Trägers eines großen Namens wohl nicht mehr so entscheidend. Es sind Freundschaften nicht ohne gegenseitigen Nutzen. Der Playboy erhöht seinen Ruhm und gibt dafür dem „Freund" etwas von seiner Leichtlebigkeit ab, die dieser im Drang wirtschaftlicher oder politischer Geschäfte nicht ausleben kann. So ist denn ein Ted Kennedy einem Gunter Sachs so verbunden, daß er ihm seinen Privatjet zur Verfügung stellt, und Bruder John Fitzgerald freut sich, einen Porfirio Rubirosa bei sich im Weißen Haus zu Gast zu haben.

Rubirosa ist nie im Männerbündischen und Cliquehaften versunken. Als Mannschaftssportler im Polo aber war er ein den Ball schlagender Beweis, daß auch er es zu schätzen wußte, unter Männern zu sein. Der Sieg seines Polo-Clubs war ihm ein derart großes Besäufnis wert, daß er es bei seinem anschließenden Autounfall mit dem Leben bezahlte. Aber nie standen ihm die Männerfreundschaften bei den Frauen im Wege, eher zurückliegende und parallele Beziehungen zu Frauen. Er beherrschte in einem hohen Maße die Kunst, andere einflußreiche Männer zu seinen Freunden zu machen, sich ihnen als Gesellschafter, aber auch bei der Erledigung im Dunkeln bleibender Geschäfte zu empfehlen. Noch in seinen späten Tagen taucht er im Umkreis prominenter Herren aus Politik, Wirtschaft und Showgeschäft auf, aber solche Kontakte haben etwas Beiläufiges, Selbstverständliches. Wenn dagegen Teddy Stauffer oder Alfonso Prinz zu Hohenlohe alle ihre „Freunde" aufzählen, dann gemahnt dies an das Vorzeigen des Gästebuches durch einen Prominentenwirt. Auch unter den Playboys gibt es Klassenunterschiede, selbst da noch, wo es nicht um die Eroberung attraktiver Frauen geht, sondern nur um Beziehungen zu Vertretern des eigenen Geschlechts.

Eine sehr spezielle Art freundschaftlicher Beziehungen erinnnert daran, daß der wahre Playboy Reste einer adelig-herrschaftlichen Existenz verkörpert. In seiner Beziehung zu Domestiken und in seiner „fürstlichen" Führungsrolle inmitten seiner Entourage ist er von altmodischem, fast aristokratischen Zuschnitt. Die von Brigitte Bardot so verteufelten Männer rund um Gunter Sachs waren nicht einfach Freunde, sondern hatten jeweils wechselnde Rollen einzunehmen, allen voran der ehemalige Studienkollege Samir Sibai, der als Sekretär fungierte und schlicht ein allseits einsetzbares Faktotum war.

Auch der Playboy darf sich sein Herr-Diener-Gefälle leisten – wie Don Juan gegenüber Leporello. Hier darf er gönnerhaft zwischen Zuwendung und Zurückweisung oszillieren. Es sind „Freundschaften" auf Zeit und für einen bestimmten Zweck mit einem klaren Oben und Unten, wie es Alfonso Prinz zu Hohenlohe am Verhältnis zu seinem Lader exemplifiziert. Der Lader ist der dienstbare Geist, der bei der Vogeljagd ununterbrochen die Gewehre nachlädt, damit sein Jagdherr rasch genug feuern und seine Strecke erhöhen kann. Es sind nicht einfach Handlanger. „Die meisten von uns sind mit ihren Ladern richtig befreundet", notiert der Prinz und erzählt, daß er seinen nach einer durchzechten Nacht zwecks Disziplinierung „besonders hart rannahm" – und damit etwas von dem in jedem Playboy schlummernden Herrenreiter- und Junkertum demonstrierte.

SÖHNE UND VÄTER

Auch Playboys sind Söhne – und das nicht nur als Erbe eines erheblichen, ihren Lebensstil ermöglichenden Vermögens. Sie sind auch Söhne sehr konkreter Väter und Mütter – und meist nicht irgendwelcher. Eine alternde Walküre, die leibhaftige Verkörperung der dominanten Sängerin Bianca Castafiore aus der Comic-Serie „Tim und Struppi" – es sind massive Vergleiche, die Brigitte Bardot einfallen, um die Mutter von Gunter Sachs zu beschreiben. Das Urteil mag überpointiert sein, aber es erinnert daran, daß auch ein Playboy, der kein Gestern und kein Morgen zu kennen scheint, eine Herkunft hat, die ihn prägte. „Gunter im Rock" sagt die Bardot über ihre eindrucksvolle Schwiegermutter und macht auch sonst sehr deutlich, wie sehr ihr weltgewandter Bräutigam deren Kind ist: „Ich registrierte, daß Gunter in Gegenwart dieser imposanten, autoritären Mutter plötzlich wieder zum kleinen Jungen wurde, der, wie bei einem Fehler ertappt, zu stammeln anfing."

Solche stotternd hingenommenen Zurechtweisungen durch die Frau Mama bleiben besser en famille, soll das Image nicht nachhaltig Schaden nehmen. Die Souveränität, der kultivierte Machismo eines Playboys verträgt sich schwer mit der Rolle des Kindes, gar des Muttersöhnchens. Aber erst vor dem Hintergrund ihrer Familie werden Besonderheiten ihrer Existenz, Gründe für ihre Lebensform und die Individualität ihres Treibens deutlich.

Arndt von Bohlen und Halbach, diese verkitschte Ausgabe eines Hanno Buddenbrook, war als Playboy ein wenig Außenseiter in seiner, eine feminine Dekadenz zelebrierenden Art. Aber das Schicksal dieses Erben hat eine geradezu exemplarische Bedeutung. Ohne seine Familie wäre Arndt von Bohlen und Halbach wohl nie geworden, was er war – und das keineswegs nur wegen des auf ihn gekommenen Vermögens.

Schon zwei Mal vor ihm hätte die Krupp-Dynastie einen Playboy hervorbringen können, aber erst bei ihm erlaubten die Umstände diese Lebensform. Ein etwas verbummeltes Studium in München, Vorliebe für schnelle Sportarten, Reisen zu den vornehmen Badeorten Südeuropas, Auftritte in den mondänen Nachtclubs von Paris und Estoril – das kann eigentlich nur ein Playboy sein. Aber der junge Herr von 1935 wurde kein Playboy, sondern Herr über ein gigantisches Industrieunternehmen. Alfried Krupp, der Vater von Arndt von Bohlen und Halbach, führte in jungen Jahren ein Leben, das sich von dem späteren seines Sohnes nur unwesentlich unterschied, allerdings in diesem Stil nur wenige Jahre währte. Letztlich siegte die gnaden- und geistlose Pedanterie eines Vaters, zu dessen Marotten es gehörte, den planmäßigen Eisenbahnverkehr mit der Stoppuhr zu kontrollieren und seine Gäste auf die Minute genau in der Villa Hügel vorfahren zu lassen. Der leichtlebige Sohn wurde zur Ordnung gerufen – und gehorchte.

Die Heirat mit einer geschiedenen Frau war ein letztes Aufbäumen Alfrieds gegen den Familienterror. Er ehelichte eine von der Ruhraristokratie geschnittene Frau, die hinter vorgehaltener Hand in Verballhornung ihres früheren Namens Bahr anspielungsreich als Bardame verspottet wurde. Da der sich sonst dem Familiendruck immer beugende Alfried von dieser Heirat nicht lassen wollte, bemühten sich Mutter Berta und Konsorten, das Eheleben wenigstens so schwer wie möglich zu machen. Eine Million D-Mark soll der jungen Frau für eine Abtreibung geboten worden sein, als sie mit dem späteren Playboy Arndt schwanger ging. Schließlich wurde nach vier Jahren die Scheidung erzwungen.

Noch ein Mal gab sich Vater Alfried seinem Hang zum leichten Leben hin. Nach dem Zweiten Weltkrieg, aus der Haft der Alliierten entlassen und die Zerschlagung seines Firmenimperiums überwindend, heiratet er wieder. Diesmal gleich eine Frau, die vorher schon drei Mal verheiratet war. Die Ehe mit der mondänen Schönheit Vera war für Stiefsohn Arndt folgenreicher als für den Ehemann. Arndt lernte sie bei seiner Konfirmation kennen, zu der er ohne seine Mutter nach Essen angereist kam. Vera führte ihm jenen Lebensstil vor, dem er sich ergeben sollte. Sie war eine Frau, die nicht verstand, wie ihr Mann tagaus, tagein schwer arbeitete, wo er doch über Geld in Hülle und Fülle verfügte. Schließlich riß ihr die Geduld für ihren schwermütig-ernsthaft der Arbeit hingegebenen Mann: Sie verschwand in die USA, wurde in der New Yorker Society gesichtet, in den Spielkasinos von Las Vegas und an den Stränden Kaliforniens.

Es war nicht nur diese angeheiratete Leichtlebigkeit, die in der Krupp-Familie beim letzten Erben Arndt von Bohlen und Halbach Folgen zeitigte. Nicht erst Vater Alfried hatte den Hang zum süßen Leben verspürt und mühsam gebändigt. Die familiär bedingte Disposition reicht weiter zurück. Schon Urgroßvater Friedrich (Fritz) Krupp pendelte nahezu exzessiv zwischen der Existenz eines Industriegiganten und dem Dasein eines vergnügungssüchtigen Lebemanns.

Er war nicht nur Fabrikherr in Essen, sondern pflegte auch seine marinebiologischen Interessen, die er auf ingeniöse Weise mit einer anderen, privateren Neigung zu verbinden wußte. Er reiste mit seinem Schiff Maja auf zoologische Exkursionen vor Neapel, Salerno und Capri, wo er 33 neue Arten von „freischwimmenden tierischen Erscheinungsformen" gesammelt hatte und nachwies, daß auch Scopelus crocodilus und Nyctiphanes norwegica sars im Mittelmeer vorhanden sind. Doch sein Interesse galt auch dem homo sapiens in seiner speziellen Ausformung als piscator iuvenilis. Friedrich Krupp hatte eine Vorliebe für Fischerknaben, war praktizierender Päderast. Das war im fernen Capri ohne allzu große Auffälligkeit möglich, wo Friedrich Krupp mit Spenden für die örtlichen Wohlfahrtseinrichtungen manches Auge zudrückte. Auch ließ er eine Straße quer über die Insel bauen und verteilte an die ihm begegnenden Einheimischen Geschenke.

Nicht so sehr diese homoerotischen Neigungen lassen an den Urenkel denken, sondern der Stil, in dem Friedrich Krupp seine zweite Existenz auf Capri lebte. Er war „dem Scherz und dem Ulk" zugetan, wie Besucher berichteten. Konkret sah dies so aus: Eine Grotte wurde in einen duftgetränkten Tempel der Lust umgebaut. Gespielen erhielten massive goldene Anstecknadeln in Gestalt von Artilleriegranaten, von Friedrich Krupp selbst entworfen. Den Wächter für die bei der ortsansässigen Bevölkerung für heilig gehaltenen Grotte kleidete er ausgerechnet in eine Franziskaner-Kutte, was die örtliche Geistlichkeit verärgerte. Friedrich Krupp konnte auch nicht darauf verzichten, seinem besser geheimgehaltenen Treiben eine gewisse Öffentlichkeit zu bescheren. Orgasmen wurden mit dem Abschießen von Feuerwerksraketen gefeiert, und der Industrielle aus dem Ruhrgebiet ließ von seinen Lustbarkeiten Photos machen, die sich bald auch im Angebot eines örtlichen Anbieters pornographischer Bilder fanden.

Das Treiben kam an die Öffentlichkeit – erst an die italienische, dann an die deutsche – und die war damals noch strenger als später zu Playboy-Zeiten. Antikapitalistischer Furor und proletarisch-kleinstbürgerliche Spießigkeit bliesen im sozialdemokratischen „Vorwärts" zur Attacke, forderten ein Einschreiten der Staatsanwaltschaft gegen die „perversen Gewohnheiten". Aber ehe Friedrich Krupp noch so richtig zum Oscar Wilde des Deutschen Kaiserreichs werden konnte, setzte er sich eine Pistole an die Schläfe und damit seinem Leben ein Ende. Das ist ein stilvoller Tod eines Mannes, der zwischen privater Neigung und öffentlichem Ansehen hin und her gerissen war, der aber etwas honoriger aussähe, hätte er nicht zuvor seine Frau in eine Irrenanstalt einweisen lassen, um ihren anklagenden Vorstellungen gegen den Ehemann beim Kaiser ein Ende zu bereiten.

Der Vergleich von Friedrich und Arndt wirft nicht nur die reizvolle, aber doch allgemeine Frage auf, bis ins wievielte Glied sich Eigenschaften und Neigungen in einer Familie fortsetzen. Spannender ist die Gegenüberstellung im Blick auf das so radikal andere Verhalten Arndts bei ähnlicher, wenn auch nicht gleicher Voraussetzung. Arndt pfiff sozusagen auf alle öffentliche Reputation, scherte sich nicht um den Familienbesitz, ja verweigerte überhaupt jede Form produktiver Arbeit. Nicht nur einer Familientradition, sondern einer ganzen Gesellschaftsordnung wurde damit eine Absage erteilt, allerdings nicht ganz selbstverständlich und geräuschlos. Lange genug hielt Vater Alfried an Wunsch und Fiktion fest, aus seinem Sohn könnte sein Nachfolger werden. Erste Anzeichen von Leistungsverweigerung konnten noch als Abklatsch väterlicher Jugendtorheiten gedeutet werden. Was macht es schon, daß Arndt im Lyceum Alpinum bei Zuoz in der Schweiz beim Abschluß der Jahrgangsälteste war? Zum Ende der Schulzeit gab es trotz alledem einen teuren Sportwagen. Wen sollte es groß stören, daß sich der Junge auf Schulen unwohl fühlte, sie häufig wechselte und das Studium ohne jeden Anflug von Strebsamkeit betrieb? Das konnte sich noch so wie einst bei Vater Alfried auswachsen.

Alfried konnte dies nur glauben, weil er seinen Sohn kaum kannte, ihn mit 15 Jahren zum ersten Mal nach dem Krieg wiedergesehen hatte und die Distanz zwischen beiden nie überwunden wurde. Lange genug machte Arndt auch bei dem Spiel mit, er könnte tatsächlich die Firmenleitung übernehmen. Er faselte von ernsthaften Studien, schwerer Arbeit. Er machte mit seinem Vater eine Geschäftsreise ins ferne Japan – beide in getrennten Maschinen, schließlich sei es auch im englischen Königshaus so, daß Herrscher und Thronfolger getrennt reisen.

Aber langsam wurden alle dieses Spiels müde. Niemand machte sich mehr große Mühe, Arndts ewige Auslandsaufenthalte als Studienreisen zu kaschieren. Man war froh im Hause Krupp, daß er so oft in Brasilien war, weil Arndt dann wenigstens nicht im Blickpunkt des öffentlichen Interesses stand. So konnte er als „nett" und „sympathisch" beschrieben und sogar von Interessen des jungen Mannes gesprochen werden: Er beschäftige sich mit Heraldik.

Schließlich mußte der Vater einsehen, daß er in seinem Sohn nicht mit einem Nachfolger rechnen, daß er ihn nicht disziplinieren konnte. Arndt war ihm nicht einmal richtig entglitten: Er hatte ihn nie in seiner Gewalt, so wie er selbst noch unter der Knute seines Vaters gestanden hatte. Arndt war bei seiner Mutter groß geworden, hatte von ihr eine tiefe Abneigung gegen das Haus Krupp mitbekommen und einen Hang zum leichten Leben. Mit der Filmschauspielerin Mady Rahl, einem in die Jahre gekommenen UFA-Vamp, verordnete sie ihrem Sohn sogar eine spezielle Lehrmeisterin unbeschwerter Lebensart. „Durch Mady lernte der Junge, daß großer Reichtum ungeahnte Freuden verschaffen kann", wie ein Chronist der Krupp-Dynastie formuliert. Arndt camouflierte eine Zeitlang sein Leben als Playboy oder verlegte es in entferntere Regionen. Er tauchte beim Karneval in Rio auf und auf dem

Landgut in Brasilien unter. Am Arm seiner Mutter oder von Mady Rahl zeigte er sich bei den Bayreuther Festspielen. Er ließ sich da und dort mit einem Filmstar blicken – aber so gut wie nie am Firmensitz in Essen, wo er nur zu Jubiläen eintraf. Mit dem Vater traf er sich vor der Küste von Sylt auf seiner Yacht, die er nach dem Lieblingsknaben von Kaiser Hadrian Antinous getauft hatte. Erst zu seinem 30. Geburtstag outete sich Arndt 1968 als Playboy, feierte ein von Klatschreporter „Hunter" in der Münchner „Abendzeitung" genüßlich geschildertes Fest. „Der Spiegel" brachte süffisant-deutlich auf den Punkt, was nicht mehr zu übersehen war: „Arndt, der schon lange erwachsen ist, hat demonstriert, daß er nicht geneigt und kaum fähig ist, jemals an die Spitze des Konzerns zu treten. Er hat sich für die Laufbahn eines Playboys entschieden. Seit einiger Zeit tummelt er sich mit seinem Rolls Royce an den Plätzen der internationalen Snobiety."

Als Erbe, wenn auch nicht mehr Träger eines großen Namens, ist Arndt von Bohlen und Halbach ein besonders herausragendes Beispiel unter den Playboys. Ein größerer Gegensatz als der zwischen dem durch Jahrzehnte höchste Solidität ausstrahlenden Namen Krupp und dem landläufig als unsolide betrachteten Lebenswandel Arndts ist kaum denkbar. Selten dürfte es eine sanftere Abkehr von der Welt der Väter gegeben haben. Kein Protest, keine Anklagen, keine Abrechnungen – höchstens ein wenig Jammern, wie lieblos doch Vater und Familie mit der Mutter umgegangen seien.

Ist es bloß ein Zufall, daß auch Gunter Sachs der Sohn eines „Wehrwirtschaftsführers" war und durch Scheidung schon früh von seinem Vater getrennt wurde? Das Geschick seines beim Vater gebliebenen Bruders Ernst Wilhelm gibt mehr als einen Hinweis darauf, daß auch Playboys ein Produkt der Umstände sind. Schon die Namensgebung weist die beiden Brüder in unterschiedliche Richtungen. Nomen est omen: Ernst Wilhelm übernimmt die Geschäfte des Vaters, während Bruder Friedrich Gunter in die sanfte Rolle des Playboys schlüpft. Doch während Gunter mit den Jahren der Rolle des wilden, genußsüchtigen Knaben entwächst, begibt sich Ernst Wilhelm nach den Mühen des Geschäftemachens endgültig auf die Sonnenseite des Lebens. Schon seine Heirat mit einem blonden Mannequin und eine fast manische Leidenschaft für Autos und Motorsport zeigten, daß er mehr verhinderter Playboy war denn überzeugter Nicht- oder Anti-Playboy. Frei vom geschäftlichen Druck, schafft er sich auch noch ein prächtiges Anwesen auf Ischia und erfreut sich an Sport, Spiel und Spaß. Bei näherem Hinsehen entpuppen sich die Playboys als Kinder der „vaterlosen Generation" – und das international. Auch ein Alfonso Prinz zu Hohenlohe spricht freundlich von seinem feudalen Vater, aber je mehr das väterliche Geschick in den Strudel des Zweiten Weltkriegs gerät, desto diffuser und unverbindlicher werden Bericht und Urteil. Über den Verlust des väterlichen Stammschlosses in Böhmen wird chevaleresk hinweggeplaudert, aber es ist nicht zu übersehen, wie der Sohn hier eine Heimat verliert und daraufhin die ganze Welt zu seinem Spielplatz erwählt.

Es ist ein spezifisches Problem der deutscher Playboys, sich mit Schuld und Versagen der Väter herumzuschlagen – oder ihm durch Flucht zu entkommen. Darin sind sie ganz und gar typische Vertreter einer Epoche, die sich über alles zurückliegende Elend durch Verdrängen, Vertuschen und Negieren hinwegretten will. Keine Spur von einer schuldbewußten Attitüde, daß die Väter Waffen für den großen Krieg geliefert und sich daran bereichert haben. Keine Rede davon, daß die Väter auf diese oder jene Weise mit dem untergegangenen Regime verbunden waren. Statt dessen ist das große Vergessen und Vergnügen angesagt. Nationale Schande wird durch internationales Amusement überlagert. Am Ende der spielerischen Verdrängung der Vergangenheit steht die publicityträchtige Personalisierung der deutsch-französischen Aussöhnung durch die Ehe Bardot-Sachs.

Aber auch beim Blick auf die internationalen Playboys ist die problematische Beziehung zum Vater nicht zu übersehen. Für Rubirosa dürfte sein Vater nicht von allzugroßer Bedeutung gewesen sein. Plausibel skizziert Harold Robbins in den „Playboys" als Vater des Rubirosa-Pendants Dax eine Person von liebenswürdiger Belanglosigkeit, stilsiert dafür den brutalen, allgegenwärtigen Diktator zum Über-Vater. Auch Rubirosas Schicksal bleibt über lange Strecken mit dem des Landesvaters und temporären Schwiegervaters Trujillo eng verbunden.

Der tragischste Sohn unter den Playboys ist wahrscheinlich Prinz Ali Khan. Auch er war im Grunde durch einen abwesenden Vater geprägt, obwohl dieser sehr präsent war. Aber es war eine physische Präsenz, die sich mit größter mentaler und emotionaler Distanz paarte. Nicht nur auf den Kinderphotos, auf denen Klein-Ali neben einem ausladend-dominierenden Vater posiert, steht der Prinz im Schatten des Fürsten. Aga Khan war allein durch seine Rolle als Imam, als Oberhaupt der Ismaeliten, eine wortwörtlich verehrte Gestalt. Er verstand es auf eine seine Anhänger überzeugende Weise, das geistliche Amt mit seinem weltlichen Dasein zu verbinden. Da die Ismaeliten ihrem Oberhaupt qua Amt Sündenfreiheit zugestehen, mußte er sich in seinem Alltagsleben keineswegs wie ein Heiliger aufführen, aber doch eine grundsätzliche Würde wahren. Vater Aga vermißte an Sohn Ali jenes Format, das er von seinem Nachfolger erwartete, und konfrontierte den Sohn permanent mit den hohen, von ihm vorgelebten Ansprüchen. Aga

Khan war Staatsmann, Sportler, Bonvivant und Millionär von weltweitem Ansehen. Mit einem Höchstgewicht von 172 Kilo war er nicht nur eine dominierende Gestalt an den gehobenen Vergnügungsorten von Deauville bis Nizza, sondern auch Gründer der Allindischen Moslem-Liga. Wie viele große Männer, war Aga Khan als Vater eher unzulänglich und blieb seinem Sohn, der mit 15 Jahren seine Mutter verlor, alle Wärme und emotionale Zuwendung schuldig.

Das playboyeske Leben von Sohn Ali darf gleichermaßen als Aufstand gegen wie als Werben um den übermächtigen Vater verstanden werden. Da er ihn als Staatsmann und religiösen Führer schwer übertreffen konnte, wählte sich Jung-Ali die gesellschaftlich-sportliche Arena als Ort der Selbstentfaltung. Schon mit knapp 20 Jahren lieferte er sein erstes Meisterstück. Von seinem fürstlichen Jahreswechsel sparte er Geld, erwarb damit das Rennpferd Scamp und verkaufte es später mit hohem Gewinn weiter. Obwohl dem mehrfachen Gestütsbesitzer Aga Khan selbst eine wortwörtliche Pferdeschläue nachgesagt wurde, erwies sich der Sohn auf diesem Gebiet als noch geschickter und erfolgreicher. Das erkannte der Vater, nutzte es aber gleich wieder für eine kränkende Bemerkung über Ali: „Er hätte lernen sollen, seine Frauen so vernünftig auszusuchen wie seine Pferde."

Der schlanke junge Mann praktizierte darüber hinaus einen Lebensstil, der seinem behäbig-dicklichen Vater rein körperlich verwehrt war. Ali Khan schwang sich in den Sattel der Pferde, die unter der Last des Vaters zusammengebrochen wären, und gewann die vornehmsten Rennen. Er klemmte sich hinter die Steuerräder schneller Autos und Flugzeuge, und auch im gesellschaftlichen Leben liebte er es hochtouriger, als es dem Vater recht war. In London wurde er ein stadtbekannter Charmeur, der sein Haus in der Aldfort-Street zum Ort ausgelassener Gastlichkeit machte. Autoscheinwerfer beleuchteten die lukullischen Spezialitäten im Salon, und in den Fenstern strahlten elektrisch illuminierte Glasfrüchte, damit auch die Passanten ein wenig am Luxus teilhaben durften.

Derartige Stilunsicherheiten begleiteten Ali Khan sein Leben lang. Fern der Metropolen fielen sie nicht so sehr ins Gewicht. Zu voller Form lief er daher auf seinem Château de l'Horizon unweit von Cannes auf, das er für eine Million Schweizer Franken von der Schauspielerin Maxine Eliott kaufte. Auch hier wahrte er Abstand zu seinem Vater und suchte zugleich seine Nähe. Aga Khans Villa Yakimour lag ebenfalls unweit von Cannes. Inmitten der hochkarätigen Gesellschaft, die sich die französische Mittelmeerküste zum exklusiven Revier erkoren hatte, war Ali Khan eine Zeitlang die absolute Nummer eins. Auch ein Rubirosa konnte hier, schon wegen fehlender

Mittel, nicht mehr mithalten. Mit der Eroberung von Rita Hayworth schoß Ali Khan schließlich noch einen der buntesten Vögel ab, die die Menagerie von Hollywood zu bieten hatte.

Aber dieser Höhepunkt war zugleich der Tiefpunkt der Beziehung zu Vater Aga Khan. Der versuchte durch rigide Verbote, das Ansehen seines Sohns und damit das eigene zu retten. In Liebesdingen ließ sich Ali wenig hineinreden, aber er unterwarf sich etwa in seinen Rennsportambitionen dem aus Bombay fernmündlich ausgesprochenen Diktat des Vaters und verzichtete darauf, mit seinem Alfa Romeo an der Mille Miglia teilzunehmen. Nicht so sehr die Sorge um das Leben von Ali trieb seinen Vater um, sondern die Furcht vor einem die ganze Familie in den Abgrund reißenden Ansehensverlust. Eine ismaelitische Oppositonsgruppe verdammte den verschwenderischen Lebensstil ihres Oberhaupts und seiner Familie und war nicht länger gewillt, alles mit der Göttlichkeit des Imam zu entschuldigen. „Göttliche Ehren stehen allein dem wahren, allmächtigen Gott zu", wurde auf Flugblättern betont, die unter der wichtigen Ismaeliten-Gemeinde Ostafrikas kursierten. Besonders die Skandalaffären und Champagner-Exzesse von Ali wurden scharf gegeißelt. Zur Rettung der Familienehre mußte sich Ali auf eine Missionstour zu den Ismaelitengemeinden begeben, bewahrte aber selbst dabei die Playboy-Attitüde. Er trug einen maßgeschneiderten Tropenanzug, und auf das schon ziemlich gelichtete Haupt setzte er sich keck eine schräg sitzende Mütze aus dem Fell eines Karakulschafs.

Solches Gebaren konnte offensichtlich die Ismaeliten überzeugen und beruhigen, nicht aber den Vater. Der hatte nur zu deutlich die Absage aus den eigentlich wie eine Unterwerfung klingenden Worten seines Sohnes herausgehört. Ali Khan machte dies nicht mit der Radikalität eines Arndt von Bohlen und Halbach, der klipp und klar gesagt hatte, er wolle nicht wie sein Vater leben und schon gar nicht wie dieser arbeiten, sondern Ali beteuerte: „Zwischen mir und meinem Vater gibt es keine Meinungsverschiedenheiten. Wie er bin ich ein aufrichtiger Muselmane." Dann jedoch kam das große „Aber": „Ich bin allerdings nicht dazu bestimmt, das Haupt eines Priesterordens zu werden. Wichtiger ist der weltliche Teil meines Lebens."

Bis ans Lebensende von Aga Khan währte dieses Hin und Her zwischen Unterwerfung unter den Vater und Auflehnung gegen ihn, und zu ihm gehörten sogar öffentliche Demütigungen für Ali. Als er sich während einer schweren Erkrankung Aga Khans 1955 etwas voreilig als dessen Nachfolger bezeichnete, ließ der Vater noch am nächsten Tag verlauten, daß noch nicht die Stunde gekommen sei, darüber zu befinden, wer einmal Imam der Ismaeliten werde. Trotz dieser Zurückweisung glaubte Ali Khan wohl bis zum

Tod seines Vaters, dessen Erbe anzutreten oder antreten zu müssen. Um so größer war dann das Erstaunen, als 1957 im Testament Aga Khans weder Ali noch dessen Halbbruder Sadruddin zum Imam eingesetzt wurden, sondern der Sohn Alis, Karim.

Vertraute des Prinzen berichten, daß diese Nachricht für Ali weder Schock noch Enttäuschung bedeutete. Eher schien er endlich von Druck und Bevormundung durch den Übervater befreit zu sein. Auch war er nicht mehr gezwungen, geistliches und weltliches Leben zu vereinbaren. Für einen neuen Aufschwung seines Playboy-Lebens reichte es aber nicht mehr. Mit 46 Jahren war der rechte Elan dahin, das bisher gelebte Leben auch nicht mehr zu überbieten. So setzte er sein sportlich-amouröses Leben in schon etwas zu routinierter Weise fort. Klatschreporter zeigten noch ab und zu Interesse, ob er sich nun für die schmachtäugige, hochbeinige Filmschönheit Gene Tierney entscheiden werde oder für die sommersprossige Nachtclub-Sängerin Tilda Lee. Ihn selber scheint es nicht mehr sehr beschäftigt zu haben. Sein tödlicher Autounfall mit 48 Jahren rettete ihn davor, ein überalterter Playboy zu werden. Neben ihm saß Simon Bodin, die sich als Mannequin Bettina nannte. Sie überlebte und erfuhr die über den Tod hinausreichende Großzügigkeit des Playboys; sie erbte über eine Million D-Mark und ein Haus in Chantilly bei Paris.

Emad „Dodi" al-Fayed, der durch seine Todesfahrt mit Prinzessin Diana posthum zu einer Figur der Zeitgeschichte wurde, zeigt, wie auch das Vater-Sohn-Verhältnis am Ende der Playboy-Ära sein altes Spannungsverhältnis verloren hat. Viel Freude hatte der schlaue und erfolgreiche Geschäftemacher Mohammed al-Fayed nicht an seinem Sohn aus der Ehe mit der Schwester des Waffenschiebers Amnad Kashoggi. Zwar firmierte Dodi als Geschäftsführer in dem den al-Fayeds gehörenden Kaufhaus Harrod's; und er betätigte sich auch als Filmproduzent, aber Vater Mohammed durchschaute den sich vor allem im übertriebenen Playboy-Stil herumtreibenden Sohn und urteilte: „My useless son" (Mein nutzloser Sohn). Doch Dodi mußte nicht mit schweren Vorwürfen leben, mußte sich nicht gegen den Vater auflehnen. Die al-Fayeds beherrschten die nahöstliche Tugend der Geduld und des Warten-könnens. Mit 42 Jahren schlug die Stunde des Sohns. Er durfte, sollte seiner Neigung zur Ex-Frau des englischen Kronprinzen Charles nachgeben. Angefangen mit der eben erst für 90 Millionen D-Mark erstandenen 60-Meter-Yacht Jonikal wurde dem Sohn alles zur Verfügung gestellt, was benötigt wird, um eine Prinzessin zur Frau zu gewinnen: Flugzeuge, Hubschrauber, Luxushotels, Bodyguards und Geld ohne Limit. Der materielle Einsatz und die bewährten Werbekünste von Dodi erzielten ihre Wirkung – die Heirat schien beschlossene Sache zu sein. Mohammed al-Fayed durfte davon träumen, Schwiegervater der Mutter des zukünftigen Königs von England zu sein. Der Tod des inoffiziellen Brautpaars im Mercedes machte solchen Spekulationen ein Ende – und war von Dodi schuldig-unschuldig mitverursacht. Schließlich war er für die Auswahl des alkohol- und tablettensüchtigen Todesfahrers verantwortlich. Vater Mohammed dürfte sich bei aller Trauer in seinem Urteil bestätigt gesehen haben, daß sein Sohn eben nur ein Playboy, und nichts als ein Playboy war – und damit in den Augen eines geschäftemachenden Vaters eher nutzlos.

Playboys waren Söhne, aber sie konnten auch Väter sein, selbst wenn der Kinderwagen für einen Playboy weit weniger standesgemäß zu sein scheint als der Rennwagen. Nicht wenige der prominenten Playboys haben Nachkommen. Läßt sich schon die Ehe nur schwer mit dem Playboy zur Deckung bringen, so noch weniger eine Vaterschaft, da Kinder traditionellerweise Verantwortung bedeuten. Wer selbst Vater ist, darf eigentlich nicht mehr das jungenhafte Treiben eines Playboys für sich beanspruchen.

Am konsequentesten war auch in diesem Punkt Porfirio Rubirosa. Kein Bericht erwähnt irgend ein Indiz, das auf eine Vaterschaft hindeuten würde. Das darf bei einem Mann schon verwundern, der auf dreistellige Zahlen blicken kann, wenn es um seine Geliebten geht. Über solche Folgenlosigkeit eines intensiven Liebeslebens können nur Vermutungen angestellt werden. Sollte der hemmungslose Liebhaber nicht imstande gewesen sein, sich fortzupflanzen? Oder sorgte er dafür, daß die Folgen seiner Amouren diskret aus der Welt geschafft wurden? Auch wenn Rubirosas Liebhaberinnen darüber schweigen, so bedeutet dies nicht, daß es unmöglich war. Von Howard Hughes, dem millionenschweren Möchtegern-Playboy, ist solches überliefert. Als die Affäre zwischen ihm und Rita Hayworth schon beendet war, mußte der Hollywood-Vamp eine Schwangerschaft konstatieren. Mit Hilfe eines väterlichen Freundes wurde eine Abtreibung arrangiert, selbstverständlich nicht nur vor der Öffentlichkeit strengstens abgeschirmt, sondern auch vor dem Noch-Ehemann Orson Welles, der Abtreibungen streng ablehnte.

Bei Gunter Sachs könnte es scheinen, daß er vorsätzlich während seiner zehn Playboy-Jahre auf Fortpflanzung verzichtete. Einen Sohn, Rolf, zeugte er davor in seiner Ehe mit Anne-Marie Faure. Zwei weitere, Christian Gunnar und Claus Alexander, danach mit seiner dritten Frau Mirja. Was nach gezielter Geburtenregelung aussieht, war aber – folgt man ihrer Darstellung – in erster Linie auf die Verhütungsstrategie von Brigitte Bardot zurückzuführen. Denn Gunter Sachs äußerte unmißverständlich den Wunsch nach einem „Schmusepüppchen". Brigitte Bardot war allerdings für die Forderung

„Madame, ich wünsche, daß sie mir ein Kind schenken", ganz und gar unempfänglich: „Ich und brüten, kam nicht in Frage!"

Die nicht sonderlich diskrete Brigitte Bardot plaudert ausgiebig über die Details ihrer Abwehrstrategie gegen die Wünsche des Playboy-Mannes. „Verhütungsmittel gab es damals noch nicht. Nur der Dauerlauf zum Badezimmer und die Knaus-Ogino-Methode verhalfen uns zu relativer Sicherheit. Ich hatte ständig die Nase im Kalender, zählte die ersten sieben Tage ab, dann totale Abstinenz, dann die letzte Woche, freigegeben zum Lieben. Die Zeit der Liebe war mathematisch vorprogrammiert, davon hing alles ab, das Schlimmste und das Schönste, je nach Blickwinkel."

Für Brigitte Bardot, schon Mutter eines Sohnes, war es eine entsetzliche Vorstellung, wieder zur „brütenden Glucke" zu werden – und sie fand einen vornehmen Grund, den Wunsch von Gunter Sachs abzuschlagen. „Mag auch die Ehe bei einer dümmlichen und unbedachten Wette als Gewinn herausspringen, so darf das aus der Vereinigung zweier Menschen entstandene Kind doch nie und nimmer mit so einem üblen Hasardspiel in Verbindung gebracht werden." Gunter Sachs, der die ganze Wettgeschichte ohnedies bestreitet, sah das anders, fuhr nach St. Moritz und räumte seiner Frau Zeit ein, um die Konsequenzen ihrer Weigerung zu bedenken. Am Ende stand statt der Geburt die Scheidung.

Ein wenig Flunkerei oder ein schlechtes Gedächtnis machen die Geschichte um den verweigerten Kinderwunsch etwas dramatischer als sie in den konkreten Einzelheiten wohl gewesen ist. Es gab, anders als Brigitte Bardot behauptet, natürlich schon längst Verhütungsmittel. Selbst die Antibabypille war seit Jahren auf dem Markt. Noch brütete Papst Paul VI. über der Enzyklika „Humanae vitae" und deren Bannspruch gegen die Pille. Wahrscheinlich hat die Filmschauspielerin leidvolle, etwas weiter zurückliegende Erfahrungen mit Gunter Sachs in Verbindung gebracht. Zu tief scheint in ihr das Erlebnis zu sitzen, daß sich ihre Liebhaber wenig um die Folgen ihres Tuns gekümmert haben – und sich damit einmal mehr deutlich von ihrem großen Ahnherren Giacomo Casanova unterscheiden. Der wird für sein Bemühen gerühmt, seine Partnerinnen nicht zu schwängern, immer in seinen Reiseutensilien ein damals „capote Anglaise" genanntes Kondom mitgeführt zu haben.

Wie es mit Kindern so ist, hatten auch Playboys nicht nur Wohlgeratenes in ihrer Nachkommenschaft. Ausgerechnet Ali Khan, der einst von seinem Vater für nicht würdig befunden wurde, sein Erbe anzutreten, hätte heute etwas Mühe, seinen Sohn Karim mit ungetrübtem Wohlgefallen zu betrachten. In seinem Lebenswandel ist der Sohn, nunmehr Aga Khan IV., weit weniger auffällig als sein Vater. Dafür ist er geschäftlich alles andere als erfolgreich. Wo sein Vater instinktsicher vor allem als Pferdezüchter und -händler das Geld der Familie vermehrte, landet der Sohn lauter Mißerfolge. Genau das, was der Großvater an dem jungen Mann schätzte, seine ruhige und überlegte Art, wird dem Enkel zum Verhängnis. Er verstrickte sich in mancherlei wohlüberlegte wirtschaftliche Projekte, die nur den Nachteil hatten, nicht bis zur letzten Konsequenz überlegt zu sein, so daß sich ein wirtschaftlicher Mißerfolg an den anderen reihte.

Karim fehlte als Aga Khan jener Schuß Leichtlebigkeit, der wohl das eine oder andere Projekt davor bewahrt hätte, zum Verlustobjekt zu werden. So hatte er die Idee, an Sardiniens Costa Smeralda die Ferienanlage Porto Cervo für die Superreichen zu errichten, mit Hubschrauberflugplätzen, Yachthäfen, Swimmingpools und prächtigen Villen im arabischen Stil. Aber die Gäste, die bereit waren, 1.000 D-Mark aufwärts für eine Nacht zu bezahlen, blieben bald aus. Karim Aga Khan hätte einen altgedienten Gastro- und Hotelplayboy wie Alfonso Prinz zu Hohenlohe fragen sollen, der ihm gesagt hätte, daß hinter attraktiven Orten nicht nur ein berühmter Name stehen, sondern dessen Träger auch für geraume Zeit mit ihm fest verbunden sein muß. St. Tropez ist ohne Brigitte Bardot undenkbar. Kitzbühel wäre nichts ohne Toni Sailer, der Arlberg nichts ohne Hannes Schneider. Der Luxus muß personalisiert werden, was besonders für Hotellerie und Gastronomie gilt. Ohne Patron ist der beste Laden nicht attraktiv, und der darf nicht gottähnlich in der Ferne weilen, sondern muß unter seinen Gästen sein – und möglichst noch über das den Playboys gegebene Talent zum Festefeiern und Freundehaben verfügen. Hätte Karim Aga Khan etwas mehr von diesen an seinem Vater so gerügten Talenten gehabt, vielleicht hätte er sein Hotel- und Tourismusimperium nicht mit 1,4 Milliarden D-Mark Schulden einer Bank überlassen müssen.

Der trotz hoher Abkunft keineswegs immer stilsichere Alfonso Prinz zu Hohenlohe demonstrierte in der Vaterschaftsfrage die einem wahren Playboy angemessene Souveränität. Eine Begegnung mit Heidi Balzer in St. Moritz blieb für den Prinzen und das aus der Lüneburger Heide in die Playboywelt aufgestiegene Model folgenreich: Die Tochter Desirée kam zur Welt, während noch die Scheidung des Prinzen von Jacki Lane lief. „Ich habe sie selbstverständlich adoptiert", notiert der Vater und fügt mit merklicher Genugtuung hinzu, daß die Tochter heute eine Schule für Diplomatenkinder in Paris besucht. Ein bißchen merkwürdig mutet es dagegen an, wie verschämt Alfonso Prinz zu Hohenlohe davon spricht, daß sein Sohn Christoph den „Versuchungen, die Welt kennenzulernen", nachgegeben habe und nicht nach Gymnasium und Hotelfachschule dem Vater bei der Leitung des Marbella Clubs beistehen wollte. Der Hinweis auf ein Vagabundenleben zwischen Hawaii und New York läßt sich nicht vermeiden, aber Vater Alfonso erwähnt ausdrücklich, daß Sohn Christoph Teilhaber an dem Lokal Tre Merli in New York sei.

Mit Wohlgefallen blickt der Prinz auch auf seine anderen Kinder – und ist mit dieser Zufriedenheit über das Gedeihen der Sprößlinge ganz Biedermann und doch nicht untypisch für die Playboys. Stolz erzählt der Prinz davon, wie sein Sohn Hubertus ein erfolgreicher Sportler und Pop-Musiker ist. Tochter Arianna wird als vorzügliche Reiterin gepriesen und als wackere Studentin der Betriebswirtschaft beschrieben.

Als Väter sind die Playboys von überraschender Bürgerlichkeit: Alles, alles dürfen ihre Söhne sein – nur keine Playboys.

Alfonso Prinz zu Hohenlohe mit seiner 15jährigen Braut Prinzessin Ira von Fürstenberg, 1955

Porfirio Rubirosa in einem Mercedes 300 SL

DISKRETION IST NEBENSACHE

Gleich zwei Mal wurden Brigitte Bardot und Gunter Sachs in Las Vegas getraut. Nicht, weil es gar so schön war, sondern weil Gunter Sachs wollte, daß sich alle Welt ein rechtes Bild davon machen kann, bat er den Standesbeamten, die Zeremonie zu wiederholen, so daß seine unverzichtbaren Freunde Philippe und Marquand sie photographieren und filmen konnten. „Das wunderte mich ein bißchen", meint Braut Bardot. „Aber das waren erst die Anfänge ..."

Das Staunen von Brigitte Bardot verblüfft auf den ersten Blick, denn es war ihr täglich Brot, photographiert zu werden, Szenen zu wiederholen. Neu war für sie, daß ihr Privatleben an die Öffentlichkeit gebracht wurde – und das noch vom eigenen Ehemann. Immer hatte sie es als aufdringlich empfunden, wie Photographen mit allen Mitteln versuchten, Bilder, vor allem private Bilder, von ihr zu ergattern. Sie litt unter der Penetranz der Bildreporter, die Jagd auf sie machten. In dem Dokumentarfilm „Paparazzi" über die Dreharbeiten in Italien zu dem Streifen „Die Verachtung" ist zu sehen, wie die Bardot von Paparazzi verfolgt wird. Auf dem Balkon gegenüber ihrem römischen Quartier baute die lokale Presse eine Beobachtungsplattform auf. Die Szene bekam kriegerisches Format. Bardot, aber auch ihre Gäste, robbten nur noch durch die Wohnung, gingen hinter Grünpflanzen in Deckung, um von den wie Panzerfäusten auf sie gerichteten Teleobjektiven nicht „abgeschossen" zu werden. So wie Soldaten im Schützengraben den Helm hochhalten, um zu sehen, ob dies feindliches Feuer provoziert, so hielt Brigitte Bardot ihre blonde Perücke hoch und „sogleich war ein Stakkato des Klickens zu vernehmen, Blitzlichter flammten auf, die gesamte feindliche Batterie feuerte."

Der Playboy Gunter Sachs dagegen machte sich selbst vorsätzlich zur Zielscheibe solcher Angriffe. Zu Anfang der Hochzeitsreise stellte er noch selbst die Öffentlichkeit her, indem er seine Freunde photographieren ließ. „Während die Lagune abends die Färbung des orangefarbenen Dämmerlichts annahm, nahm Gunter mich in den Arm und Philippe Photos auf ..." Bei einer chaotischen Landung auf einem Tahiti-Atoll ging das Bemühen von Gunter Sachs baden, die Mitwelt über das Schicksal des Traumpaars zu informieren. „Eine der Kameras fiel ins Wasser! Ein Drama! Gunter war wild vor Wut, ich entdeckte jählings eine neue Facette meines Prinzen, der nichts Charmantes mehr an sich hatte." Schon kurz danach, der Südsee-Abgeschiedenheit überdrüssig und nach Acapulco geflohen, tobte um das junge Paar das, was sie so haßte und er so brauchte, die ganze berichterstattende Meute von Journalisten und Photographen. Die Sucht nach Öffentlichkeit ist bei Gunter Sachs keine persönliche Marotte, sondern typisch für den Playboy. Er betreibt sie nur besonders intensiv, fast obsessiv oder eben, wie es seine Art ist, sehr deutsch und gründlich. Diskretion ist nicht Sache des Playboys. Liebhaber mit einer Viel- bis Unzahl von Affären gibt es viele, aber deswegen sind sie noch keine Playboys. Erst die Öffentlichkeit ihres Treibens macht sie dazu. Porfirio Rubirosa als klassische Übergangsform vom Lebemann zum Playboy, hat noch Reste alter Gentleman-Verschwiegenheit: „Ich bin ein Caballero, und ein Caballero prahlt nicht mit den Intimitäten einer Frau." Aber auch er wäre nicht denkbar ohne öffentliches Auftreten. Seine Existenz als Playboy gewinnt im gleichen Maße Konturen, wie er in den Gesellschaftskolumnen auftaucht, wie er Gegenstand der Klatschpresse wird.

Amerika war in dieser speziellen Form des Journalismus einmal mehr dem alten Kontinent und erst recht Deutschland voraus. Staunend sieht sich der blutjunge USA-Tourist Alfonso zu Hohenlohe 1947 in New York einer Welt aus Technik, Glitzer und Vitalität gegenüber, die noch heute den Touristen beeindruckt, aber erst recht überwältigend war, wenn man aus dem gebeutelten und in Schutt und Asche versunkenen Nachkriegseuropa kam. Zu den Neuheiten, die er kennenlernte, gehörte auch das Institut des Klatschjournalisten. Konkret handelte es sich um Igor Cassini, der unter dem weniger mafios und um so britischer klingenden Pseudonym „Cholly Knickerbocker" im „New York Journal American" in seiner Kolumne über „wer mit wem", „wann und wo" berichtete.

Durch ihn, so die im Prinzip wohl zutreffende Erinnerung Alfonsos zu Hohenlohe, begann sein internationaler gesellschaftlicher Aufstieg. Cassini-Knickerbocker veröffentlichte eine Liste der gesuchtesten Junggesellen in folgender Reihenfolge: Prinz Ali Khan, Gianni Agnelli, Prinz Rainer von Monaco, Henry Ford jr., Prinz Alfonso zu Hohenlohe. Da kann zwar etwas nicht stimmen, weil Ali Khan zu diesem Zeitpunkt seit elf Jahren verheiratet war, aber es ist doch zu glauben, daß eine Nennung in solcher Gesellschaft ein Entrée-Billet in die gute Gesellschaft war und das Leben des jungen Prinzen sich so zutrug: „Das Wochenende zum Segeln nach Long Island oder Newport; Polo bei den Vanderbilts in Connecticut, ein paar Tage mit anderen Junggesellen in Havanna auf Cuba."

Der angehende Playboy aus Europa lernte nicht nur den leichtlebigen Stil der American Upperclass kennen, er witterte auch, daß Öffentlichkeit keine Schande ist und eher nutzt als schadet: „Was mir Eindruck machte, war die naive Selbstverständlichkeit der Amerikaner, mit ihrem Geld, mit Macht und großen Namen umzugehen. In Europa galt es damals als vulgär, über sein Geld zu sprechen ..." Auch der Playboy sprach nicht über sein Geld, aber sein ganzer Lebensstil war darauf ausgerichtet zu zeigen, daß man es hat – und er zeigte auch, was er sonst hatte: Lebensart und Frauen.

Von Prinz Ali Khan heißt es, er sei nur durch die legendäre „Klatschtante" Elsa Maxwell zum Playboy stilisiert worden. Mit der „schläfrigen Wachsamkeit eines auf Beute lauernden Krokodils" beobachtete die Journalistin, selbst von ausladender Unansehnlichkeit, die Schönen und Reichen, um in amerikanischen Zeitungen Indiskretes über sie zu berichten. Dazu hatte sie Ende der vierziger Jahre an der Côte d'Azur reichlich Gelegenheit, nachdem die Hollywood-Elite diese Gegend zu ihrem Tummelplatz erkoren hatte. Die Maxwell lud die Filmschauspieler und die sich in ihrem Umfeld tummelnde Prominenz zu verschwenderischen Abend-Partys in ihr reizvolles Bauernhaus in Auribeau, nahe Cannes. Was sie dabei offen sah und hörte „enthüllte" sie den amerikanischen Lesern.

In Ali Khan fand sie ein besonders ergiebiges Opfer, weil sie in diesem Mann mit weitgehend belanglosen Eigenschaften eine besondere Qualität erkannte. „Es gibt Leute, die kokainsüchtig sind, und es gibt Leute, die trinken. Ali geht es so mit Frauen." Die raffinierte Maxwell schreckte nicht davor zurück, dem Süchtigen neuen Stoff zuzuführen, damit sie ihrerseits Stoff für ihre Klatschkolumnen hatte. Ihren größten Coup landete sie, indem sie Ali Khan mit einer der skandalumwittertsten Hollywood-Diven dieser Tage zusammenbrachte, mit Rita Hayworth. Elsa Maxwell witterte, daß Rita Hayworth, von Orson Welles mit gebrochenem Herzen verlassen, „reif" für eine Affäre von Belang war. Sie beriet sie nicht nur bei der Kleiderwahl für eine kleine Abend-Party, zu der sie noch „einen persischen Prinzen" eingeladen hatte, der ihr helfen könnte, die Sorgen zu vergessen, sondern erriet auch, daß die Hayworth genau die richtige Frau wäre, um Ali Khan zu entflammen. Tatsächlich verliebte er sich bei der Party im Casino von Cannes unsterblich in die Filmschauspielerin – eine jahrelange Affäre mit schier unerschöpflichem Stoff für Klatsch und Tratsch nahm ihren Anfang. Spätestens jetzt war Ali Khan Spitzenstar unter den Playboys – und dankte dies Elsa Maxwell ganz und gar nicht. Diese mußte mitansehen, wie ihre schärfste Konkurrentin unter den professionellen Klatschtanten, Louella Parson, als einzige Journalistin über das Hochzeitsdinner von Rita Hayworth und Ali Khan berichten durfte. In deren in hunderten von Zeitungen abgedruckter Kolumne „Hollywood merry-go-round" war von den 14 Köchen für 17 Gänge, den 1.200 Champagnerflaschen und der 45 Kilogramm schweren Hochzeitstorte zu lesen – aber auch der prophetische Satz: „Arme Rita, sie wird nicht glücklich." Die Plaudertasche Louella Parson hörte eigentlich auf den deutschen Namen Mary Ann Oettinger, aber es dauerte längere Zeit, bis ihre Ex-Landsleute journalistisch mit ihr gleichzogen. Deutschland, auch in Sachen Playboys eine „verspätete Nation", war in punkto Gesellschafts- und Klatschjournalismus ein Entwicklungsland. Nichts da von Lust und Leid dessen, was in den Redaktionen der Londoner Fleet-Street unter „social" abgehandelt wurde. Nichts da von Journalisten, denen gemeldet wird, daß ein Herr mit Reitpeitsche vor der Redaktionstüre steht, weil er sich für eine indiskrete Nachricht über das Liebesleben seiner Tochter rächen will; nichts da von einem Boten mit „ein paar Verlobungen und einer Scheidung"; nichts da von diesem Nachrichtengemisch aus „Lüge und Verleumdung". Was Evelyn Waugh über das London der zwanziger Jahre reportiert, hatte in einer Welt der „Schriftleiter" keinen rechten Platz. Nur zögernd machte das anglo-amerikanische Vorbild in Europa Schule. Was heute so selbstverständlich ist, daß keine Provinzzeitung darauf verzichten kann, daß das ganze Genre der Yellow Press mehr oder weniger davon lebt, setzte sich erst langsam durch. Der große Münchner Zeitungsmacher Werner Friedmann entdeckte die Gattung des Klatschjournalismus, führte sie in seiner „Abendzeitung" ein. Erster und legendärer Gesellschaftskolumnist wurde Hannes Obermaier alias „Hunter". Bitter für Friedmann, daß er später selbst, wie noch zu sehen sein wird, Opfer von journalistischem Klatsch wurde.

„Hunter"- Obermaier beherrschte wie jeder gute Vertreter seines Fachs die Gabe, so weit mit den Schönen und Reichen befreundet zu sein, daß sie ihm vertrauten, und zugleich so sehr Journalist zu sein, daß er über sie in einer für den Leser interessanten Weise berichtete. Im Bayerischen Hof hatte Obermaier seinen Stammplatz an der Bar, wo er jeden Nachmittag neuen Tratsch entgegennahm – oder im Falle der Abwesenheit in einem extra an dieser Stelle angebrachten Briefkasten ablegen ließ. Es lag also keineswegs nur am Spürsinn des Klatschjägers, was in die Zeitung kam, sondern mindestens so sehr am Interesse der handelnden Personen, ins Blatt, in die Öffentlichkeit zu kommen. Was die Stars dann tratschten, war aus heutiger Sicht in den meisten Fällen von penetranter Belanglosigkeit, traf aber offensichtlich den Neugier-Nerv der Zeit. Das Geheimnis Romy Schneiders, mit den Affären von Alain Delon fertig zu werden, wurde nicht nur den Lesern der Münchner „Abendzeitung" verraten. Selbst „Der Spiegel" fand es mitteilenswert, was „Hunter" von Romy anvertraut worden war: Sie liest keine Zeitungen. Der Playboy war geradezu existentiell auf diese Öffentlichkeit angewiesen, bediente die Gesellschaftsreporter vorsätzlich, denn er existierte allein als „öffentliche Figur" und sonst gar nicht. Er konnte auf keine Leistung in einem herkömmlichen Sinn verweisen. Ein Schauspieler, ein Sportler, ein Manager hat dagegen spezifische Qualitäten: Er sieht besonders gut aus, spielt besonders gut, springt besonders weit oder besonders hoch, scheffelt so viel Geld wie kaum ein anderer. Aber ein Playboy? Er gehört für Gregor von Rezzori, den feinsinnigen Beobachter der bundesdeutschen Nachkriegsgesellschaft, nicht einmal zur Schickeria, wohl aber zur Prominenz. Schickeria ist für Rezzori jene sich nur feierabendlich, wochenendlich oder im Urlaub dem Vergnügen hingebende, eigentlich arbeitsame Schicht, die noch etwas von der ramponierten Kulisse der beau monde übernommen hat, angereichert um die Allüren der demi monde, übertragen ins biedere Gewissen des deutschen Schunkelgeistes.

Ein Gunter Sachs, eine Soraya, eine Vera Brühne aber haben sich ihren Namen allein durch den Hang zum Hedonismus sowie dem freimütigen Bekenntnis zu demselben als Lebensinhalt gemacht. Aber damit Lebensgenuß auffällig wird, muß er zur Schau gestellt werden. Dabei hat ein Playboy nicht einmal die Möglichkeit, wie eine Soraya durch engste Bindung an ein gekröntes Haupt oder wie Vera Brühne durch einen spektakulären Mordfall auf sich aufmerksam zu machen, sondern allein durch sein Highlife.

Auch Gregor von Rezzori unterläuft in seinem „Idiotenführer durch die deutsche Gesellschaft" beim Playboy ein aufschlußreicher Fehler. Obwohl er ihn ausdrücklich als herumtreiberische Prominenz definiert, reiht er ihn dann doch unter die „unbürgerlichen Berufe" ein, als da sind: Schriftsteller, Filmschauspieler, Revuestern, Fernseh-Quizmaster, Schlagersänger, Opernkomponist, Kunstmaler, Kabarettist, Journalist, Regisseur, Haarkünstler, Jazz-Kapellmeister, Wanderprediger. Was diese Professionen vereint, ist ihre Distanz zum Allzubürgerlichen und ihre Nähe zum Schaugeschäft.

Der Playboy hat keine andere Bühne als das gesellschaftliche Parkett, das auch noch die Skipiste, die Rennstrecke und den Sportplatz umfaßt, aber erst die Klatschkolumnen und Gesellschaftsreportagen bauen von da eine Rampe ins Parkett, wo seine Bewunderer sitzen. Im Theater werden Schauspieler, die immer ganz dicht am Publikum spielen, als „Rampenschweine" abqualifiziert. Ein Ausdruck, der auch auf den immer auf Wirkung und Applaus abzielenden Playboy zutrifft und in seiner Derbheit darauf hinweist, daß Playboys nicht gerade die feinsinnig-zurückhaltende Lebensart pflegen.

Der Playboy verstößt mit der für ihn unverzichtbaren Gier nach Öffentlichkeit genau gegen das, was gehobenen Lebensstil ausmacht: Diskretion und Contenance. Er ist nicht Opfer einer gierigen Journalistenmeute wie eine Prinzessin oder eine Filmschauspielerin. Er sucht die neugierigen Blicke. Zurückgezogenheit und Unauffälligkeit sind ihm ein Greuel. Brigitte Bardot muß darum kämpfen, mit Gunter Sachs zum ersten und zum letzten Mal ihren Geburtstag beim Tête-à-tête zu verleben. Der Playboy hätte eine öffentliche Feier vorgezogen.

So war Gunter Sachs ganz begierig, mit Brigitte Bardot in Cannes aufzutreten, während sie, die von Berufs wegen dahingehörte, seit Jahren einen Auftritt bei dem Festival vermied. Aber Gunter Sachs setzte sich wieder einmal durch und erlebte beim Galaabend der Filmfestspiele 1967 der Darstellung von Brigitte Bardot zufolge sein Waterloo. „Ich versuchte, mir in Begleitung von Gunter den Weg zu bahnen durch die hysterische Menschenmenge, die ich leider allzugut kannte. Ich wurde hin und her geschoben, schier erstickt, aber ich lächelte, lächelte immerzu ... Es gab Verletzte und die völlig überforderte Polizei wurde erdrückt unter dem Wahnsinnsgewicht dieser Menschenmenge, die sich ungebremst an den Stufen des alten Filmpalastes von Cannes brach." Und was war mit ihrem Ehemann, der endlich das Höchstmaß an Öffentlichkeit erlebte? „Gunter war kreidebleich; ich glaube, er hatte fürchterlich Angst." Die meist metaphorisch gebrauchte Redensart wurde hier lebensbedrohliche Wirklichkeit: Wer sich in die Öffentlichkeit begibt, kommt in ihr um.

Mit solcher bis zur Selbstgefährdung gehende Gier nach Öffentlichkeit schließt sich der Playboy von der höchsten Gesellschaft aus. Denn diese meidet die Öffentlichkeit. Götter, die sich gemein machen, sind keine Götter mehr, und Kaiser und Könige, die sich vor dem Volk produzieren, nach dem Applaus der Untertanen schielen, sind dabei, ihre Herrschaft zu verspielen. In der ausgeprägten Klassengesellschaft der USA bevorzugen die wahrhaft Reichen äußerste Diskretion. Mitglieder der Higher Upper Class wohnen in Häusern weitab von öffentlicher Einsicht. Ein stolz auf einen Hügel gebautes Haus, von der Straße aus einzusehen, weist den Besitzer schon als Vertreter der Lower Upper Class aus, mag er noch so viel Geld haben. Nur niedrigere Klassen führen ihre Statussymbole vor. Wenn der Middle-Class-Vater schon kein beeindruckendes Auto vorweisen kann, dann wenigstens auf dem Heck seines Alltagsgefährts einen Aufkleber, der anzeigt, an welcher Universität sein Sohn studiert. Die Playboys treiben solche Schaustellerei nicht mit aufgemotzten Mittelklassewagen, sondern mit dem Rolls-Royce – das motorisierte Imponiergehabe ist doch unübersehbar.

Ein Hauch von Neureichtum umweht den Playboy, mag er noch so viel Geld haben und dies noch so unbeschwert öffentlich verprassen. Nie wird er wirklich Teil der ganz feinen Gesellschaft. Durch die Ehe mit Barbara Hutton ist Porfirio Rubirosa zwar in das Milieu des amerikanischen Geldadels hineingeraten – aber als Paria. Händeringend hatten Freunde und

Verwandte des gehobenen Standes die Millionenerbin davor gewarnt, sich diesem Frauenhelden, diesem „gold digger" bedenklicher Herkunft an den Hals zu werfen. Wenn sich Playboys in der Gesellschaft von Schwerreichen wie Stavros Niarchos und Aristoteles Onassis tummelten, so bewegten sie sich nicht auf gesellschaftlich höchstem Niveau. Mochte die Yacht von Onassis noch so eindrucksvoll, seine Privatinsel noch so exklusiv und aufwendig ausgestattet sein: Ein Mensch, der die Barhocker auf der Yacht mit Leder überziehen läßt, das aus der Vorhaut von Walen gefertig ist, hätte mit weniger Geld den röhrenden Hirsch und die Versandhaus-Zigeunerin in Wohn- und Schlafzimmer hängen und wäre schrecklich stolz auf die Hausbar im Keller des Reihenhauses.

Berichtet der Playboy von seinen privaten Schmusestunden und erwähnt dabei ausdrücklich, daß Dom Perignon getrunken wurde, so erweist er sich damit als Parvenü, auch wenn er Alfonso Prinz zu Hohenlohe heißt. Hätte er Stil, er würde weder den Champagner, geschweige denn die Marke erwähnen. Was sonst als Champagner sollte bei einer solchen Gelegenheit getrunken werden – und Dom Perignon provoziert die Frage: Für was Besseres hat's nicht gereicht?

Auch Deutschlands Vorzeigeplayboys mußten damit leben, Erben von Geld, aber nicht alter Geschlechter zu sein. Das Adelige an ihnen war meistens angeheiratet und nicht sehr alt – wie etwa beim Vater von Gunter Sachs. Beim Prinzen zu Hohenlohe war das Geschlecht alt, die Familie fein, die adelige Verwandtschaft groß, dafür war es dann mit dem Reichtum nicht mehr so weit her. Immer haftet ihm etwas Schwitzig-Umtriebiges an, verdeckt durch einen mit der Muttermilch aufgesogenen Stil. Nur noch Hülle war der Adel bei der Witzfigur unter den Playboys, Don Jaime de Mora y Aragon. Als Bruder von Fabiola, der Gemahlin des schüchternen Belgier-Königs Baudouin, gewann er Aufmerksamkeit und den Spitznamen Don Fabiolo. Er war Hofnarr des internationalen Jet-Sets und ein Held der Boulevardpresse, mit dem Monokel im Auge, dem Stöckchen in der Hand, in Nachtclubs singend und Schönheitswettbewerbe veranstaltend. Obwohl er keineswegs begütert war, ging er nie einem geordneten Gelderwerb nach. Er lebte vom unbezähmbaren Hang zur Selbstdarstellung und exhibitionierte damit, was auf dem Grunde jeder Playboy-Existenz schlummert: Schauobjekt auf dem Jahrmarkt der Eitelkeit zu sein. Die Akteure konnten sich dem Spiel leicht hingeben, denn noch war es weitgehend das brave „Wer mit wem und wo?", um das es ging. Die Zeiten des „Wer auf wem?" standen noch bevor. Heute wird vom Playboy nur noch geklatscht, wenn sich der Berliner Lokal-Playboy Rolf Eden zum vierten Mal liften lassen will und mitzuteilen ist, daß die vorherigen Straffungen von 1959, 1968, 1973 nicht mehr ausreichen und auch Solarium, Fitneßstudio und Kosmetika nicht mehr helfen. Klatschbotschaft des Playboys an die Mitwelt: "Mich nerven die Runzeln sehr."

Ein spätes Beispiel für den ununterdrückbaren und unverzichtbaren Öffentlichkeitsdrang des Playboys liefert Emad „Dodi" al-Fayed. Mochte er noch so reich sein, mochte sich sein Vater auch einen hevorragenden Platz im Vereinigten Königreich erworben haben – die wirklich feine britische Gesellschaft wollte in diesem klassenbewußten Land die al-Fayeds nicht akzeptieren. Schließlich verfiel er auf die schon von Aristoteles Onassis vorgeführte Rache der Reichen: Er erwarb, was seinen Feinden lieb und teuer ist. Bei Onassis war es Jackie Kennedy, Ikone der von ihm so gehaßten Amerikaner, bei „Dodi" al-Fayed war es Prinzessin Diana.

Um den Triumph zu komplettieren, mußte er seinen neuen Besitz auch bekannt machen. Da nichts so sehr das öffentliche Interesse weckt wie Geheimhaltung, trafen sich Dodi und Diana ganz diskret ausgerechnet in St. Tropez. Genausogut hätten die beiden in einer Talk-Show auftreten können, doch wäre dies platt und lange nicht so effektiv gewesen. An keinem Ort der Welt tummeln sich im Sommer so notorisch viele Klatschreporter und Sensationsphotographen wie in St. Tropez. Also war das intime Tête-à-tête schnellstens bekannt, konnte die weltweite Leserschaft der Klatschblätter den beiden beim Turteln zusehen.

Auch wenn es ziemlich sicher nicht stimmt, daß die Paparazzi Diana und Dodi in den Tod gehetzt haben – sie waren doch ihre letzten Begleiter. So steht auch am Ende eines Playboy-Nachfahren, was die Playboys von Anfang an begleitet hat, ohne das sie gar nicht denkbar wären: die Neugier der Öffentlichkeit, die sie so attraktiv zu bedienen wußten. Diskretion ist Nebensache.

SPIELWIESEN UND SPIELZEUGE

Verglichen mit den Playboys, hatte Casanova ein bunteres, aber eindeutig mühsameres Leben. Mindestens so umtriebig wie seine ihm ähnlichen Nachfahren, mußte er erheblich mehr Aufwand betreiben, um alle wichtigen Orte seiner Epoche zu erreichen. Quer durch Europa führte Lebens- und Liebeshunger den Venezianer. Auf schlecht ausgebauten, je nach Jahreszeit staubigen oder schlammigen Straßen reiste er nach Madrid, Moskau, Konstantinopel und London, Paris und Petersburg. Wo einem Playboy mehrstellige Pferdestärken zu Wasser, Luft und Lande zur Verfügung standen, mußte sich ein Casanova mit ein paar Pferden vor einer Kutsche begnügen. Die Reisegeschwindigkeit betrug höchstens sieben Kilometer in der Stunde; 400 Kilometer in einer Woche galten schon als außerordentliche Leistung.

Die Playboys dagegen waren Kinder der Motorisierung, die sich voller Leidenschaft den Möglichkeiten einer schnellen Fortbewegung hingaben. Geschwindigkeit war für sie oft genug reiner Selbstzweck bei Motorbootrennen, Autofahrten oder Flugabenteuern. Nicht einmal der Weg war dabei das Ziel, sondern nur der dem Tempo abgewonnene Lustgewinn. Natürlich nutzten sie die geballten Pferdestärken auch praktisch, um sich schnellstens zwischen den über alle Kontinente verteilten Vergnügungsorten hin und her zu bewegen. Die dabei gewonnene Zeit war für sie nicht mehr Geld wie für ihre arbeitenden Väter, sondern nur weitere Verfügungsmasse für noch mehr Belustigungen. Mit den Umdrehungszahlen der Motoren wuchs das Tempo der Vergnügungen, wurde das gesamte Lebensgefühl wie von einer Droge hochgeputscht. Schon mit 16 Jahren lernte der brasilianische Playboy Francisco „Baby" Pignatari, wie man in einem Auto abwechselnd auf zwei linken und zwei rechten Rädern Fußgänger in São Paulo verschreckt. Mit 18 machte er seinen Flugschein und mit 20 kenterte er bei einem Motorbootrennen so schwer, daß Badegäste ihn vor dem Ertrinken retten mußten.

„Was meinen Mann interessiert, sind Tourenzahlen, sei es bei einem Motor, bei einem Rennpferd oder bei einem Menschen", sagte Rita Hayworth zu einer Freundin über ihren damaligen Gemahl Ali Khan. Anlaß für die Bemerkung war eine sich zu rasenden Rhythmen bewegende ägyptische Bauchtänzerin, deren Anblick Ali Khan völlig hinriß, so daß er für seine Begleiterinnen kein Auge mehr hatte.

Tatsächlich garantierte das höhere Tempo nicht automatisch auch höheren Genuß. Der dabei erzielte Fortschritt sah wieder einmal größer aus als er war, denn die Intensität eines Genusses bemißt sich nicht in seiner Häufigkeit, sondern im „was" und „wie". Casanova verstand es, selbst seine Reisezeit nie zu dem werden zu lassen, wovor die Playboys in ihren schnellen Fahrten und Flügen immer fliehen: Leerlauf und Langeweile. Nicht nur, daß er selbstverständlich auf allen seinen Reisen in der Kutsche ständig las und schrieb – er bediente sich gelegentlich auch eines von sechs Pferden gezogenen „Schlafwagens", dessen Inneres sich in ein Bett verwandeln ließ. So konnte Tag und Nacht gefahren werden, und dank ausreichend vorhandener Kissen und Decken war die Fahrt für ihn wie für die amouröse Begleiterin ebenso angenehm wie unterhaltsam, „denn eigentlich lagen wir im Bett".

Noch im Jet-Set-Zeitalter der Playboys durften solche von Casanova genossenen Annehmlichkeiten als sensationell gelten. Hugh Hefner vom „Playboy"-Magazin stellte das Bett samt Bunnys in seinem Jet so penetrant heraus, daß die Vermutung naheliegt, es habe weniger als fliegendes Liebeslager, denn als Werbegag dieses als Playboy getarnten Workoholic gedient. Ein richtiges Bett ist noch im Zeitalter der Jumbo-Jets selbst für First-Class-Reisende ein erträumter Luxus. Auch das Brautpaar Bardot-Sachs trat unter den Tarnnamen „Schar" und „Bordat" die Hochzeitsreise in einer gewöhnlichen Linienmaschine an und flog 14 Stunden nach Los Angeles, wenn auch Erster Klasse, was der todmüden Bardot aber nicht mehr als Halbschlaf bescherte. Welcher Luxus, daß es nach Las Vegas im Privatjet weiterging, aber das war selbst bei einem Gunter Sachs ein geliehener Luxus. Die Maschine gehörte Ted Kennedy. Nur Porfirio Rubirosa, zwei Mal von Ehefrauen mit einem Flugzeug beschenkt, durfte sich rühmen, daß eines davon eine eigene Liegestatt hatte. Allerdings besaß er es nur für die 77 Tage, die er mit Barbara Hutton zusammenlebte. Nach der Scheidung verkaufte sie den umgebauten Bomber, der auch über eine Bar verfügte, für 175.000 Dollar, nach heutigem Wert etwa sieben Millionen D-Mark.

Erst das Flugzeug machte die vom Playboy vorbildlich praktizierte Globalisierung des Entertainments möglich – und das Flugzeug war es dann auch, das diesem Treiben die Exklusivität raubte. Alle Orte, die dem Jet-Set als Spielwiese dienten, beklagen heute ihren Niedergang, ihren Schwund an Exklusivität. Alles ist als Pauschalreise buchbar, per Jet erreichbar. Den fashionablen Orten von einst ist nur noch der gute Name geblieben. Acapulco klingt noch immer nach Rum und Rumba; St. Moritz tönt, auf der letzten Silbe betont, so hochgestochen wie je; St. Tropez verströmt noch immer die Mischung aus Salzwasser und Parfum.

Aber die Wirklichkeit ist längst eine andere. St. Trop lautet die Abkürzung der Touristen für St. Tropez. Das klingt wie „trop" und heißt im Französischen „zu sehr". Alles ist zu aufwendig, zu glitzerig – und vor allem zu teuer. Noch teurer als zu jenen Zeiten, da sich Brigitte Bardot 1958 ihr Anwesen La Madrague kaufte und über den Preis von 24 Millionen alten Francs heftig stöhnte und nicht ohne Entsetzen feststellen mußte, daß sie hart arbeiten müsse, um dieses Loch in ihren Ersparnissen zu stopfen.

Auch Acapulco ist längst kein Fischerort mehr, sondern eine Millionenstadt samt Slums. Vor wenigen Jahren wurde die Aktion ACA Limpia (Sauberes Acapulco) gestartet, damit die Stadt nicht völlig im Gammel versinkt. In Marbella trieb ein Bürgermeister Prostituierte und Drogendealer aus der Stadt, um einen Rest des guten Rufes zu retten. In dem fast unauslöschbar fashionablen St. Moritz mußte ein Globetrotter kürzlich registrieren, wie der unerfreuliche Anhang der Reichen überhand nimmt: Juwelen-Diebe, professionelle Backgammon-Spieler, notorische Herumhänger und Oberklassen-Damen von zweifelhafter Tugend. In Monaco kann Modedesigner Wolfgang Joop in seinem Luxusappartement gar nicht deutlich genug seinen Ekel über die unkultivierten Menschenmengen im Fürstentum ausdrücken. Alles sei schrecklich „vermaßt", wie sich Joop auszudrücken pflegt.

Vor so viel gegenwärtiger Banalität muten die berühmten Orte zu Zeiten der Playboys fast idyllisch und wirklich noch chic an, besonders jene Freizeit-Adressen, die erst von den Playboys zu solchen gemacht wurden. Aber auch die Orte, die nicht erst auf die Playbos gewartet haben, um auf der Landkarte der Schönen und Reichen eingetragen zu werden, haben meist bessere Tage als die heutigen gesehen.

St. Moritz galt schon zu Zeiten der Kaiser, Könige und Zaren als der mondänste Aufenthaltsort während des Winters. Vor allem deutsche und italienische Aristokratie residierte hier gerne. Mit ihrem Abstieg begann der Aufstieg der Prominenten, nachzulesen im Gästebuch von Badrutt's Palace-Hotel: Zu den „Von-s" und „Zu-s" gesellte sich Greta Garbo, Barbara Hutton, Noel Coward, Aristoteles Onassis und so fort. Zuletzt kamen sogar noch die Wirtschaftsmanager und Politiker.

In dieser fest etablierten Welt des Reichtums und Lebensstils von St. Moritz erlebten etliche Edel-Playboys das erste Mal jene Welt, die sie zu ihrer machen wollten. Alfonso Prinz zu Hohenlohe wurde im Palace Hotel als Kind Zeuge, wie Teddy Stauffer als todschicker Bandleader die schöne Barbara Hutton mit einer Mischung aus Ignoranz und Lässigkeit beeindruckte und für sich gewann. Bewunderung und Neid stellten sich bei dem Prinzen ein, also genau die perfekte Motivation für den Nachahmungstäter.

Der Ort mit dem eleganten Stil und den gepflegten Menschen lag für die angehenden Playboys wunderbar nahe. Sie gingen auf Schweizer Internate, lernten ganz selbstverständlich in St. Moritz Skifahren. Im Erwachsenenalter war es daher sicher nicht nur die Exklusivität des Ortes, die sie immer wieder anzog, sondern Erinnerungen und Nostalgie trugen dazu bei, daß St. Moritz zur winterlichen Heimat der Playboys wurde und sie hier eine Abscheulichkeit wie ihren Dracula-Club installierten. Sie pflegten das Bild vom flatterhaften Vampir und verbargen dahinter auch Sentimentalitäten und Anhänglichkeiten. Mit St. Moritz nicht von Kindesbeinen an vertraut, befiel eine Außenstehende wie Brigitte Bardot dagegen das blanke Entsetzen beim Anblick dessen, was das Herz von Gunter Sachs und seinen Gefährten höher schlagen ließ: „Kaum war ich im Hotel ‚Palace' gelandet, geriet ich in Panik. Der ganze Gotha war da! Das Ganze zwischen Kronleuchtern mit Gehänge, Stilmöbeln mit vergoldeten Einfassungen und Bronzespiegeln. Gunters Suite war genauso schaurig dekoriert wie alles übrige. Was finden die Leute bloß an solch einem tristen, noch dazu maßlos teuren Ort?"

Noch mehr als St. Moritz ist Monaco ein Ort, der vor und nach den Playboys und ohne sie vorstellbar ist. In dieser Ballungszone der Millionäre droht der Playboy unterzugehen. Vor allem ist dieser, von seinem guten Ruf lebende, mit ihm sein Geld verdienende Ort penibel darauf bedacht, eine nahezu spießige Ordnung zu halten. Wer die etwas billigere Show haben will, der soll nach Cannes, Nizza oder einem anderen schönen Flecken an der Côte d'Azur gehen – nicht zuletzt natürlich nach St. Tropez. Da es ohnedies nicht Sache der Playboys ist, einer unter allzu vielen zu sein, beschränken sie sich darauf, Monaco für den großen Auftritt zu benutzen, zu dem der Kleinstaat die einmalige Bühne bietet. An den berühmtesten Roulette-Tischen der Welt konnten sie zeigen, daß sie Glück im Spiel und in der Liebe haben. Hierher führte Gunter Sachs die frisch eroberte Brigitte Bardot: „Barfuß im Casino von Monte Carlo, wo Gunter alles auf die Vierzehn setzte und dreimal gewann." Wenn es denn so stimmt. Andere Berichte sprechen von den Glückszahlen fünf, sieben, zehn und einem zweimaligen Einsatz auf die 17 – mit einem Gesamtgewinn von 350.000 D-Mark.

Ausgangspunkt für den Ausflug ins Glück war natürlich St. Tropez. Die Legende will es: Und Gott schuf die Frau – und Brigitte Bardot schuf St. Tropez. Die Wirklichkeit ist: Die Bardot drehte den Film „Und Gott schuf die Frau" – und den Ort gab es schon vor ihr, doch mit ihr hat er einen neuen Ruf bekommen, an dessen Entwicklung sie ebenso beteiligt wie nachher darüber entsetzt war. Schon 1925 hatte die Schriftstellerin Colette St. Tropez für sich entdeckt und bald geklagt, es sei so schrecklich überlaufen, was wohl eine snobistische Übertreibung war. Zur gleichen Zeit hatte Kurt Tucholsky über den selben Ort im Tagebuch notiert: „Bei aller Liebe ... dann doch lieber Neuruppin!" Dabei muß viel Heimweh nach märkischem Sand im Spiel gewesen sein, denn immerhin hatten schon vorher Leute von Stande Güter in St. Tropez, etwa Blandine, die Lieblingstochter von Franz Liszt. Bei der Geburt ihrer Tochter starb die Schwester von Cosima, der späteren Frau Richard Wagners, 1862 in St. Tropez. Ein trauriger Umstand, wenig fremdenverkehrsfördernd und daher in den meisten Chroniken verschwiegen.

„Bonjour Tristesse" sagte in St. Tropez schon zwei Jahre vor dem Auftritt der Bardot die jugendliche Sensationsschriftstellerin Françoise Sagan. Ihr etwas morbides Buch darf auch als Hohelied auf ein playboyartiges Leben verstanden werden, aber erst mit der Ansiedlung Brigitte Bardots gewann St. Tropez den die Playboys anziehenden Ruf. Obwohl es sich um einen Fischerhafen handelt, der von toten Tieren lebt, nahm die notorische Tierfreundin Bardot daran nicht Anstoß, so bezaubernd fand sie Strand und Dorf. Im Périgord in Südwestfrankreich hatte der Reiz der Landschaft nicht gereicht. Sie verwarf die Idee, sich wie Show-Star Josephine Baker an der Dordogne anzusiedeln. Das dort übliche Stopfen der Gänse zur Produktion der bei Feinschmeckern geschätzten Fettleber, der Fois Gras, stieß Brigitte Bardot zu sehr ab. St. Tropez dagegen war für sie das reinste Idyll.

Es ist die Ironie der Geschichte, daß sie selbst es war, die unfreiwillig dieses Idyll zerstörte, denn nun wurde es très chic, dort Urlaub zu machen, wo die Bardot urlaubte. Glamour zog Glamour an, Reichtum den Reichtum. Damit kam erst recht der Strom der Gaffer und Neugierigen. Da half es auch nichts, daß der Ort einiges tat, um den Billigtouristen den Aufenthalt so ungemütlich wie möglich zu machen. Es fehlen große Hotels, Kaufhäuser, Casinos und öffentliche Strände; es gibt für den Rucksackreisenden keine Möglichkeit, sein Gepäck zu deponieren, und Restaurants und Hotels haben prohibitiv hohe Preise.

Am abschreckendsten für die Pack-die-Badehose-ein-Touristen ist die Parzellierung der Strände rund um St. Tropez in teure Clubs. Nur deren ausgewiesene Klienten, nicht aber Laufkundschaft hat zu Sonnenschirmen, Bars, Restaurants und Strand Zutritt. Gleichmacherei gibt es hier nicht – nicht einmal unter den Reichen, die sich hier nach Stand und Profession separieren. Plage Pampelonne ist von jeher der Strand der großen Stars, ähnlich wie Plage Tahiti, während im Club 55 die Politik Einzug gehalten hat mit Leopold von Belgien, König Hussein und neuerdings Michael Gorbatschow. Vom Aquaclub heißt es, daß sich in ihm die schicksten Models aufhalten.

Ein Hamburg-Münchner Zuhälterkönig, von zu Hause an simplere Formen des Wohllebens gewöhnt, findet das Treiben von St. Tropez höchst auffällig und der Schriftsteller Wolf Wondratschek hat diese Beobachtungen festgehalten: „Abgesehen von einigen Reichen, die sich nie blicken ließen, es sei denn sie legten mit ihren Yachten im Hafen an und ließen sich dann im Rolls-Royce zu ihren Villen chauffieren, gab es andere Millionäre, die mit ihren Cliquen jeden Mittag am Strand erschienen, an einem der reservierten Tische im Schatten Platz nahmen und erst wieder am späten Abend oder frühen Morgen in einer der Discos auftauchten, wo sie wieder an reservierten Tischen saßen. Es gab gegenwärtig drei, vier Cliquen, die dieses Spiel so konsequent wie eine Schachpartie zelebrierten, obwohl sie für etwas Abwechslung ihr Vermögen verschenkt hätten. Die Cliquen konkurrierten untereinander. Unerläßlich war, die attraktivsten Mädchen um sich zu scharen. Ihre Zugehörigkeit war, wenigstens einen Sommer lang, so gut wie bindend. Bei den Männern kam es zwar auf ihren Charme, ihre Schönheit und ihren Namen an, noch viel mehr aber auf den Ruhm ...“

In einer solch prestigebetonten Society mußte es geradezu zwanghaft zur folgenreichen Begegnung von Gunter Sachs und Brigitte Bardot kommen. Super-Playboy und Super-Star brauchten einander zur Steigerung des Ruhms. Heute wäre Vergleichbares nur noch schwer vorstellbar. Seit sich alles, was Geld hat, überall dort tummelt, wo teurer Ramba-Zamba tobt, haben die herausragenden Individualitäten keinen Platz mehr. Anonyme Abkömmlinge von Ölscheichs, Söhne neureicher Rubelmillionäre und politische Emporkömmlinge verjuxen das Geld der Väter, werden oft als Playboys tituliert und sind doch in ihrem austauschbaren Gehabe höchstens Imitatoren und Plagiatoren. Zugenommen hat auch die Zahl der verschwiegenen, in ihren Villen abgeschirmt lebenden Millionäre. Das gesellschaftliche Leben der gehobenen Art hat sich von den öffentlichen Clubs und Plages hinter die Mauern der ausgedehnten Anwesen verlagert – schon allein aus Sicherheitsgründen. Schmuck und Reichtum werden nicht mehr zur Schau gestellt und das Schrillen der Alarmanlagen ist zur Geräuschkulisse von St. Tropez geworden. Dafür allerdings sind nicht so sehr die zur Saison anreisenden Groß- und Kleinkriminellen verantwortlich, sondern meist bloß Tiere oder Fehler in der Elektronik.

Das lateinamerikanische Pendant zum französischen St. Tropez ist Acapulco. Dieser mexikanische Badeort errang seinen Ruf tatsächlich durch und mit Playboys. Aber so wie der Pazifik um etliches größer als das Mittelmeer ist, so hat auch Acapulco ein anderes Format. Es ist heute ein Ort des Massentourismus. Dreisprachige Speisekarten in Spanisch, Englisch und gar noch Französisch sind nur ein Tribut an die franko-kanadischen Chartertouristen, nicht an die vornehme europäische Reiseklientel. Quartiere in allen Preisklassen werden angeboten. Selbst der Reiseführer für Rucksacktouristen kann mit erschwinglichen Übernachtungsmöglichkeiten dienen. Aber auch dort, wo es um viel Geld geht, ist nicht alles vom Feinsten. Playboys, die heute noch versuchen, an die großen Zeiten anzuknüpfen, wird von der örtlichen Mafia kräftig eingeheizt. Als Alfonso Prinz zu Hohenlohe in Acapulco einen Club nach dem Vorbild seiner Marbella-Kreation einzurichten versuchte, blieb nur verbrannte Erde zurück. Der Club des Prinzen wurde ein Opfer der Flammen und der prinzlichen Ignoranz: Er hatte auf die Forderung der örtlichen Mafia nach einer Schutzgeldzahlung nicht reagiert.

Dabei hatte die große Zeit Acapulcos mit einigen namhaften Playboys begonnen. Viele nehmen für sich in Anspruch, die grauen Vorzeiten erlebt zu haben, da dieser Ort ein Fischerdorf war, und gleich mehrere wollen es entdeckt und beim Aufstieg zum Tourismuszentrum mitgewirkt haben. Errol Flynn und der Haudegen unter den Playboys, Freddie McEvoy, werden mit der Frühzeit Acapulcos in Zusammenhang gebracht. Teddy Stauffer erwarb sich den Ruf eines „Mister Acapulco" und hat zweifellos viel zum internationalen Renommee beigetragen, doch hätten es die smarten Herren allein nie geschafft. Die entscheidenden Anstöße gaben technische Entwicklungen.

Erst kam eine asphaltierte Straße von Mexico City, dann ein Flughafen, der seit 1965 groß genug war, daß Jets auf ihm landen konnten. Ihnen entstiegen zuerst die Zelebritäten der Klatschpresse, die hier urlaubten oder, wie Elizabeth Taylor, heirateten. Später folgten ihnen Pauschalurlauber. Wenn heute ein Prominenter wie Placido Domingo in Acapulco residiert, tut er dies wie die Reichen in St. Tropez: zurückgezogen in einer der Prominentenvillen, die sich auf den Hängen erstrecken und den schönsten Blick auf die unzerstörbar bezaubernde Buch von Acapulco gewähren.

Nur knappe zehn Jahre währte die Zeit, in der in Acapulco Mythos und Wirklichkeit zusammenfielen – und in der Erinnerung der Playboys wird diese kurze Zeit mit wachsendem Abstand immer traumhafter. Alfonso zu Hohenlohe schwärmt noch heute: „Acapulco war eine Nonstop-Party in den frühen fünfziger Jahren. Vor der Küste zeigten Surfer aus Kalifornien, wie man haushohe Wellen reitet, in den Buchten tanzten braungebrannte Mädchen aus Florida auf Skiern hinter Motorbooten durchs Wasser. Die ersten Kreuzfahrtschiffe legten im Hafen an und brachten ihre Lebendladung mit. Warren Avis, der Gründer von Avis Rent-a-car, übernahm die Rolle des Playboys. Die Party in Acapulco hatte keine Sperrstunde."

Der im Gedanken an Acapulco von den Socitey-Oldies besonders gern angestimmte Refrain „Schön war die Zeit" droht immer wieder im Meer von Krokodilstränen zu ertrinken, die darüber vergossen werden, daß dies kein Fischerdorf mehr und die Ursprünglichkeit dahin ist. Doch gerade die Playboys haben zum Wandel enorm beigetragen, allen voran Teddy Stauffer, der seine Gabe zur Geselligkeit als Hotelier professionalisierte. Er wußte, was seine Playboy-Freunde und andere Jet-Setter wollten: gepflegte Exotik, Fremdheit mit heimischem Komfort. Auch wenn die Flitterwöchner Bardot-Sachs nicht in einer Stauffer-Herberge landeten, so ist für sie doch Acapulco der Fluchtpunkt einer trostlosen Tour de Malaise. Erst führt sie der Weg nach Tahiti, doch werden sie auf Bora-Bora und auf dem Tubua Atoll nur von Mücken geplagt und holen sich auf dem Weg zu einem nur aus vier Holz-baracken bestehenden Weiler blutige Füße. Dieses Ferienquartier hat einen einzigen Raum, kein Wasser, kein elektrisches Licht, keine Küche, bloß ein paar Matten auf dem Boden. Das war selbst dem alles entscheidenden Gunter Sachs zu viel. „Er war diese Gegend leid, in der er nicht mehr den Playboy und auch nicht den Milliardär spielen konnte. Er beschloß, unsere Flitter-wochen in Acapulco fortzusetzen, wo er eine traumhafte Hazienda gemie-tet hatte."

Für die Bardot wird allerdings auch da alles alptraumhaft – mit Skor-pionen zuhauf, Vogelspinnen in allen Blumenbeeten und Schlangen in den Badezimmern. Acapulco, das ist für sie „Mexiko mit amerikanischer Sauce, duftlos und fade". Aber es war eben ein Ort für Playboys mit Casinos, hüb-sch-häßlichen Restaurants, schnellen Booten, Nachtlokalen, internationalen Milliardären. Natürlich fehlten auch schöne Frauen nicht, darunter ausge-rechnet eine ehemalige Geliebte von Gunter, Marina Doria, inzwischen in die Hände von Vittorio Emmanuele von Italien gewechselt. Vor allem gab es das, was Gunter Sachs so liebte: Öffentlichkeit, Journalisten und Photo-graphen.

Kleine, exklusive Orte sind es, an denen sich der Playboy voll entfal-ten kann, Orte, die nur dazu geschaffen zu sein scheinen, ihm als Kulisse zu dienen, so wie Deauville an der Atlantikküste und Marbella an der Costa del Sol. Beide sind Kunstorte, die sich eine Gesellschaft für ihre Freizeit ent-worfen hat. Deauville, lieu de plaisir et loisir, ein bevorzugter Ort von Ali Khan – geschaffen extra für die wohlhabende Pariser Gesellschaft, als Pro-dukt der französischen Gründerzeit schon von einer Edelpatina überzogen, und im Vergleich zu Marbella, das sich der Jet-Set der sechziger Jahre ange-legt hat, teuer und doch etwas billig, mit einem Hauch von Disneyland.

Unausgesprochen war der Playboy lieber erster in diesen herausgeho-benen Provinzorten, als dritter in den großen Metropolen. Am ehesten bot noch Paris einen Rahmen, in dem ein Playboy von Format und ausreichen-den Sprachkenntnissen reüssieren konnte. Rubirosa hatte hier seine zweite Heimat gefunden, seinen Aufstieg gemacht. Das ihm von Ehefrau Nummer drei geschenkte Palais am linken Seine-Ufer wurde zu einer ersten Adresse der internationalen gehobenen Gesellschaft. Einen „Reigen von Luxus und Lüsternheit" konstatiert der Rubirosa-Biograph Zielcke und führt Gäste von Eli Rotschild bis zum Maharadscha von Japur an. Auch Gunter Sachs hatte in Paris seine feste Adresse. So spielten Playboys in der Seine-Metropole eine Rolle, die nicht ganz die ihre war, weil sie in einer festgefügten traditionellen Gesellschaft doch nur exotische Außenseiter blieben, nie dominant und prägend wurden. Daß Francisco „Baby" Pignatari rücklings auf einem Motorroller die Avenue Foch zum Arc de Triomphe hochdüst, erregte Aufsehen, machte ihn aber noch nicht zum Mitglied der feinen Pariser Gesellschaft.

Im theatralischer veranlagten Rom waren die Grenzen zwischen altem Adel und neuen Playboys durchlässiger. Hier waren die Straßen und Brunnen, in denen sich „La dolce Vita" abspielen konnte, hier kam es zu jenem Party-Mix, den ein Fellini mit nur geringen Übertreibungen ins Phantastische steigern konnte, hier gab es mit der Via Veneto einen durch die klimatischen Bedingungen begünstigten Laufsteg unverblümter Lebenslust, wie er den Playboys gerade recht war. London, nicht nur weil es feucht und für ein sich zur Schau stellendes aushäusiges Leben nicht sehr geeignet ist, war in weitaus beschränkterem Maß das ideale Pflaster für den Playboy. In dieser Stadt ist sehr genau festgelegt, wer zur High-Society gehört, und in ihr sind Klassenschranken nicht dazu da, um übersprungen, sondern um eingehalten zu werden. Andererseits hat gerade London so viel an Snobs, Dandys oder einfach spleenigen Leuten gesehen, daß die Playboys wenig Chance hatten, an diesem Ort als besonders auffällig zu gelten.

In London wie New York mag zum geringeren Ansehen der Playboys beigetragen haben, daß hier der negative Klang des Wortes deutlicher zu hören war. In New York waren die internationalen Playboys, wenn man von ihnen Notiz nahm, nicht wegen ihres leichtfüßigen Lebenswandels angesehen. Dies gab ihnen im Land des Puritanismus und des daraus erwachsenen Kapitalismus einen deutlichen Touch des Unseriösen. Zur Kenntnis genommen wurden sie als Prinz, als Ehemann einer Schönheit. Alfonso zu Hohenlohe kommt wegen seines Titels in die Klatschspalten und damit in die Gesellschaft. Die ihm angetraute Märchenprinzessin Ira von Fürstenberg ist in New York eine Sensation – genauso wie Brigitte Bardot, zu der Gunter Sachs in den USA eher ein Anhängsel darstellt.

Die Playboys, wollten sie solche von internationalem Format sein, konnten auf die internationalen Auftrittsorte nicht verzichten. Brasiliens „Baby" Pignatari wäre selbst in der Millionenstadt São Paulo nur ein Local hero gewesen. Erst römische Party-Auftritte verschafften ihm Renommee, erst Gläser mit eingeritztem „Baby" in den teuersten Nachtclubs von New York, London und Paris bewiesen seine Weltläufigkeit. Für die Metropolen selbst waren die Playboys kaum mehr als gesellschaftliches Rankenwerk. Vor ihrer Kulisse erscheinen sie alles andere als überlebensgroß, umgibt sie fast ein Hauch hereingeschneiter Provinzgröße. Es ist nicht ganz unverständlich, daß ihr Titel gerade in den USA fast zu einem Schimpfwort geworden ist. Jüngere Touristen aus Übersee werden an kalifornischen Stränden verächtlich als „european playboys" eingestuft.

NICHTS TUN – UND GELD HABEN

Zwei Millionen D-Mark, zwei Millionen D-Mark! Noch dem toten Arndt von Bohlen und Halbach hallte der Ruf nach, diese Summe Jahr für Jahr bekommen und ausgegeben zu haben – und dies, ohne dafür je einen Handschlag getan zu haben. Die Klatschreporter wurden nicht müde, mit wohligem Schauer über so viel Reichtum zu berichten, wußten nie so recht, ob sie sich für Mokanz, Ignoranz und Adoranz ob dieses hochbezahlten Nichtstuers entscheiden sollen. Einfacher hatten es die sozialanklägerischen Streiter wider den Kapitalismus wie Günter Wallraff. Sie stellten gegen das Prasserleben eines Arndt von Bohlen und Halbach das mühsame Schicksal derer, die an der Werkbank in Essen jenes Vermögen erarbeiten, das ein zarter Jüngling verplempert. Entgeistert mündete der Protest dann in dem spitzen Schrei: 1.000 D-Mark verbraucht der Playboy am Tag allein als „Klimpergeld".

Nichts tun und Geld haben – keiner verkörperte diese frivole Zweieinigkeit des wahren Playboydaseins besser als der Krupp-Erbe. Daß er in Wirklichkeit noch mehr als die legendären zwei Millionen D-Mark kassierte, tut dabei fast nichts zur Sache, weil die Empörung der Aufgebrachten kaum steigerungsfähig war. Tatsächlich betrug die Apanage des Krupp-Erben, zum Teil an die Erträge einer Kohlegrube gebunden, bis zu sieben Millionen D-Mark. Obszön war nicht die Höhe des Einkommens – da gab es höhere und Geldverdienen war nach den kargen ersten Nachkriegsjahren allgemeiner Usus. Selbst Geldausgeben war nicht grundsätzlich anstößig, auch ein mit Zügen des Raffketums besetztes rücksichtloses Gewinnstreben der Wirtschaftswunderzeit war erlaubt – solange alles irgendwie mit dem Begriff von Arbeit belegbar war und zu dem alle vereinenden Wiederaufbau des durch den Krieg ruinierten Landes gehörte.

Was bei Arndt von Bohlen und Halbach ungewöhnlich war, Erstaunen, Ärgernis und oft genug zumindest heimliche Bewunderung erregte, das war sein totaler Abschied von der Welt des Gelderwerbs. Der Ausstieg hatte allerdings nichts von der gesellschaftskritischen Attitüde der 68er und Nach-68er. Nichts da von Überdruß am kapitalistischen System, keine Flucht in die Einsamkeit oder gar ein Austausch des Manageranzugs gegen den Kittel des Öko-Bauern. Der Playboy erntete die Früchte des kapitalistischen Systems, um sie vor aller Augen zu verzehren. Er nahm die Haltung jener hedonistischen Erbengeneration vorweg, die sich am Ende des Jahrhunderts anschickt, das von der Nachkriegsgeneration Erarbeitete zu genießen. Arndt von Bohlen und Halbach hat diese Haltung mit entwaffnender Offenheit auf den Punkt gebracht: „Ich will ein sorgenfreies Leben führen. Mein Vater hat mehr gearbeitet als gelebt. Ich bin nicht so wie er, und ich will es auch nicht sein."

Auch ein Arndt von Bohlen und Halbach hat lange gebraucht, ehe er sich zu solcher Offenheit durchrang und seine damals mehr geahnte, denn analysierte Systemverweigerung offenkundig machte. Witzigerweise registriert Hugh Hefner vom „Playboy"-Magazin sehr genau diesen fundamentalen Bruch mit den Grundlagen des kapitalistischen Systems. Ausgerechnet Hugh Hefner, der mit seinem Playboy gegen die puritanische sexuelle Verklemmtheit in den USA anging, konnte sich selbst nicht von der zweiten Komponente des puritanischen Ethos, von der strengen Arbeitsmoral, lösen. Für ihn sind die Playboy-Heroen rückblickend nichts anderes als „reiche Nichtstuer, Taugenichtse, Verschwender, Männer, die ihre Zeit vergeuden".

Es wäre ein Angriff auf die Grundfesten der amerikanischen Gesellschaft gewesen, hätte das „Playboy"-Magazin das protestantisch-calvinistische Prinzip gottgefälliger Emsigkeit in Frage gestellt. Zielpublikum von Hefner waren ja genau die Männer der Mittelschicht, die fraglos hinter dem Dollar her waren, aber eben auch ein bißchen Spaß haben und sich einem wohlkalkulierten Luxus hingeben wollten. Der bestand dann meist in teuren Hi-Fi-Anlagen, exquisiten Sportgeräten, dem Traum von Porsche und Ferrari – und dem erotischen Angebot in Playboy-Clubs, das den Appetit auf Sex weckte und doch nie stillte, weil die Bunnys mit ihren hochgestemmten Brüsten und freigelegten Pos nur betrachtet, aber nicht berührt werden durften.

Es ist unorthodox, fast skandalös, in einer Welt, die sich dem Gewinnstreben verschrieben hat, dem Gelderwerb Adieu zu sagen und das vorhandene, meist nicht selbst erworbene Geld der Väter oder der Frauen zum eigenen Vergnügen auszugeben. Dementsprechend wurden jene, die es taten, von ihrer schuftenden Mitwelt als höchst exotische Wesen betrachtet. Schließlich lebte man nicht mehr zu Kaisers Zeiten, wo die Kronenträger und ihr Anhang das Privileg hatten, keiner Arbeit im eigentlichen Sinn nachgehen zu müssen. Vorbei waren die Zeiten, da im Wien der Habsburger ein Erzherzog nackt, nur mit einem Säbel und dem Orden vom Goldenen Vlies bekleidet, durchs Hotel Sacher hechtete, ohne daß dies als grundsätzlicher Skandal empfunden wurde. Wenn ein Prinz Ali Khan als Erbe eines enorm reichen orientalischen Potentaten als Playboy alles andere als ein Herrscherkind von Traurigkeit abgab, dann belebte er solche weit zurückliegende adelige Spaßtradition. Die anderen Playboys aber dürfen es sich als Errungenschaft anrechnen, eine bis dahin den Nobilitierten vorbehaltene beschwingte Lebensweise verbürgerlicht zu haben. Zugleich aber brachen sie mit heiligsten bürgerlichen Traditionen wie wohlgeordnetem Liebes-, Ehe- und Familienleben sowie redlich-fleißigem Gelderwerb. Das DDR-Lexikon, das den Playboy unverblümt als Parasiten abwertet, sprach vermutlich auch so manchem brav-kapitalistischen, arbeitsamen West-Bürger aus tiefstem Herzen. Als richtiger Spieler spielte der Playboy allerdings meist auch hier den anderen etwas vor, tarnte seinen Gelderwerb, verschmolz seine Tätigkeit möglichst unauffällig mit seiner Playboy-Existenz. Auch ein Gunter Sachs vermehrte sein Vermögen durch allerlei wirtschaftliche Aktivitäten, war von hartnäckiger Emsigkeit erfüllt, tat dies aber immer mit der deutlichen Attitüde, „es" eigentlich nicht nötig zu haben. Nur scharfe Beobachter unter den Klatschreportern registrierten, daß Gunter Sachs „seinen Pflichten als Playboy am liebsten dort nachgeht, wo er auch Geld verdienen kann".

Es war nicht Inhalt der Existenz eines Playboys, Geld zu haben, geschweige denn Geld zu machen. Aber Geld war eine der Voraussetzungen für seine Lebensweise – und das nicht nur, weil angemessenes Auftreten an den richtigen Orten alles andere als billig ist. Geld macht auch sinnlich, was unter anderem die trostlose, nicht im Moralischen begründete Unsinnlichkeit kommunistischer Staaten erklärt, in denen die Nomenklatura bestenfalls Zerrbilder von Playboys hervorbrachte. Nicht jeder, der mit Geld um sich werfen kann, wird dadurch zum Frauenliebling, aber schon manche gut gefüllte Brieftasche hat erotisierende Wirkung gezeigt, selbst wenn der Besitzer kahlköpfig und dickleibig ist. Vereinigen sich Vermögen, Erscheinung und Lebensstil, wie es beim perfekten Playboy der Fall ist, dann ist seine Wirkung unschlagbar.

Der materielle Aufwand von Gunter Sachs bei der Eroberung von Brigitte Bardot war nicht unerheblich, angefangen von der „Anmache" in einem teuren Club, über den Hubschraubereinsatz mit Rosenabwurf bis hin zu der ihre Wirkung nicht verfehlenden Auffahrt von teuren Fahrzeugen zu Wasser und zu Lande. Der Einsatz dieser Mittel für eine Affaire d'amour hat sich gelohnt. Brigitte Bardot war beeindruckt. Wenn sich Geld und Macht verbanden, dann mußte selbst ein Gunter Sachs nicht mehr den Playboy spielen und beeindruckte die aus kleinbürgerlichen Verhältnissen stammende Brigitte Bardot bei einem Aufenthalt auf seinen Ländereien bis zur Selbstaufgabe: „Hier war Gunter nicht mehr der internationale und oberflächliche Playboy. Er war der Chef, der von seinen Untergebenen geachtete Herr, der Erbe eines kolossalen Vermögens – und mit dem Titel Frau Sachs umwehte auch mich dieser Nimbus der Macht. Brigitte Bardot war vergessen." Weder maskuline Attraktivität noch materielles Vermögen allein genügte. Reich und schön muß der Playboy sein, damit sich ihm ein Star hingibt. Das wurde bei Rita Hayworth auf fast rüde Art verfiziert. Am Ende ihrer Ehe mit Orson Welles war sie die Super-Trophäe für all die Reichen, die sich an der Côte d'Azur tummelten. Jeder wollte mit ihr gesehen und photographiert werden – und sie war nicht abgeneigt, mit Männern wie dem Schah des Iran oder König Faruk von Ägypten zumindest essen zu gehen. Aber damit nicht genug, leistete sich ein befreundetes Ehepaar aus der Filmbranche einen grausamen Scherz auf Kosten der etwas haltlosen Diva.

Bei einer Einladung für Rita Hayworth bat diese, doch einen Mann für sie auch zu Tisch zu bitten. So war denn an dem Abend ein junger Herr von beachtlichem Vermögen anwesend, der ein etwas ordinäres, aber umwerfendes Playboy-Exterieur besaß: Seidenhemd, offen bis zum Bauchnabel, einen braungebrannten Körper, die Brust eines behaarten Affen und ein beachtliches Genital, das sich unter der Hose deutlich abzeichnete. Zur nicht geringen Freude der Gastgeber war Rita Hayworth von dem Jungmillionär hingerissen, lauschte den Reden über seine Wohlhabenheit und betrachtete ihn wie ein Weihnachtsgeschenk, bei dem sie es nicht erwarten kann, es auszupacken. Die Pointe: Der attraktive Playboy besaß keine Millionen, sondern war ein baskischer Kellner, von den Gastgebern engagiert und instruiert, die Rolle des reichen Jünglings zu spielen. Auf Kosten des Hollywood-Stars war vorgeführt worden, daß das Zusammentreffen der beiden Eigenschaften des Playboys unwiderstehlich ist: Geld und Aussehen – auch wenn nicht alles daran echt ist.

Wenn sich Vermögen nicht mit einem Surplus von Erscheinung und Lebensart paart, was bei vielen anderen, oft viel Wohlhabenderen der Fall ist, dann gibt es auch keine strahlende Playboy-Wirkung. Die Versuche der Flicks, Hortens, Oetkers und Henkels, mit allerlei Partygetue und Einladungsrummel etwas von dem zu erzeugen, was den Playboys so selbstverständlich zu gelingen scheint, wirken oft rührend-tolpatschig. Mag die Frau eines Chemie-Magnaten die Tische noch so dekorativ schmücken und die dazu eingeladene Gesellschaft noch so erlesen auswählen – eine solche Waschmittel-Principessa kann doch nur Feuilletonisten beeindrucken, die staunend registrieren, daß es noch anderes als Druckerschwärze gibt. Ginge es allein nach dem Vermögen – die Zahl der Playboys müßte Legion sein, doch ist es viel schwerer, sich ganz aus der Welt der Konzerne und Verwaltungsetagen zu verabschieden und den Geruch des Groschenzählers hinter sich zu lassen. Der wahre Playboy gehört zu jenen perfekten Künstlern, deren Werk die aufgewandte Mühe nicht mehr anzumerken ist. Geld hat er – wie er dazu kommt oder gekommen ist, muß Nebensache, darf gar keine Frage sein. Die höchste Stufe erreicht diese Haltung paradoxerweise dann, wenn der Playboy gar kein Geld oder zu wenig hat – und nur noch mit nicht vorhandenem Vermögen blendet. So war Arndt von Bohlen und Halbach weit verschwenderischer als er es sich selbst bei seiner üppigen Apanage hätte leisten dürfen. Seine beachtliche Verschuldung wurde aber vor der Öffentlichkeit perfekt getarnt – erst nach seinem Tod setzte das Staunen über die prekären Finanzverhältnisse des Krupp-Erben ein. Auch Ali Khan wußte immer zu verbergen, daß er von seinem schwerreichen Vater wesentlich kürzer gehalten wurde, als es sein großzügiges Auftreten vermuten ließ. Nur vor Ehefrau Rita Hayworth ließ sich sein Geldbedarf nicht verheimlichen. Als die Filmschauspielerin merkte, daß sie für den Luxus des Playboy-Ehemanns aufkommen sollte, kam es zur Ehekrise.

Womit der Playboy noch großzügiger als mit dem Geld umging, war die Zeit. Über sie in verschwenderischer Weise zu verfügen, war der souveränste Beweis dafür, daß ihm eine Banalität wie Arbeit und Gelderwerb fernliegt. Der souveränste Ausweis eines nicht der Arbeit gewidmeten Lebens ist die freie Zeit.

So darf ein Francisco „Baby" Pignatari ein gewisses Virtuosentum für sich in Anspruch nehmen, zwar gearbeitet, aber sich doch ausgiebig Zeit für sein Playboy-Leben genommen zu haben. Er stammte mütterlicherseits aus einer der reichsten brasilianischen Industrie-Dynastien. Da ihm dieser Clan zuwider war, baute er sich sein eigenes Industrie-Imperium auf, in dem von Töpfen über Maschinengewehre bis hin zu Flugzeugen nahezu alles erzeugt wurde. Pünktlich soll er jeden Morgen in seinem Unternehmen gewesen sein – und das, obwohl er Nacht für Nacht in dem Nachtclub Oasis in São Paulo zubrachte. So heftig es dort zuging, wenn „Baby" etwa wieder einmal Musikinstrumente der Kapelle auf die Köpfe der Barbesucher niedergehen ließ – spätestens um sieben Uhr beendete er Spaß und Flirt und begab sich ins Büro. Nie aber hinderte ihn seine Arbeit, sich Zeit für Weltreisen mit Geliebten und Auftritte in der Jet-Set-Szene zu nehmen. Nur so, indem er in generöser Weise nach außen über Zeit verfügte, ergänzte er den leichthändigen Umgang mit Schecks und Banknoten um jene Dimension, die ihn als richtigen Playboy auswies.

Als weiterer Souverän des amourösen Zeitmanagements darf Prinz Ali Khan gelten. Seine Liebe zu Rita Hayworth ist im schlechten wie im guten eine Frage der Zeit. Als er sich Hals über Kopf in sie verliebte, stand er unter Zeitdruck. Sein Flugzeug The Avenger war startbereit, um ihn von der Côte d'Azur nach Irland zu bringen, wo sein Pferd Attu an einem wichtigen Rennen teilnehmen sollte. Ali, von Rita Hayworth hingerissen und benommen, verschob den Flug, lud die Angebetete in sein Schloß, tanzte mit ihr Wange an Wange, mußte aber doch schließlich abfliegen. Für Rita Hayworth war die Angelegenheit damit weitgehend erledigt; sie wollte keine weitere Playboy-Affäre, wollte nicht in das hektische Leben eines von Lustort zu Lustort hetzenden Liebhabers gerissen werden. Aber der hartnäckige Ali Khan nahm sich das nächste Mal Zeit – und kam damit zum Ziel. Für das Wiedersehen in Hollywood ließ Rita Hayworth vorsorglich, um allzuviel Klatsch den Wind aus den Segeln zu nehmen, mitteilen, der Prinz sei nun in der Stadt und man werde öfters gemeinsam ausgehen. Aber das Liebespaar ward nicht gesehen, die Meldung über den Prinzenbesuch schon als Publicity-Gag abgetan. Ali und Rita waren sehr wohl beisammen, aber „sie blieben im Zimmer und machten Liebe", wie sich die Privatsekretärin von Rita Hayworth erinnert. Und sie ergänzt: „Nicht der Prinz war der Sex-Maniac. Miss Hayworth hatte einen unstillbaren Appetit." Allein die einmalige Gabe, ihr so viel Zeit zu geben, wie sie wollte und brauchte, hatte Ali Khan nach Meinung einer Hayworth-Biographin letztlich den Erfolg beschert. Als äußersten Trumpf soll der Prinz dabei noch eine besondere Fähigkeit eingesetzt haben, die Zeit angemessen zu nutzen. Er habe die fernöstliche Liebestechnik Imsak beherrscht, berichtet ein Biograph. Mit ihrer Hilfe konnte er stundenlang lieben, ohne zum Orgasmus zu kommen.

In der Ehe sah dann alles anders aus. Da störte sich der Filmstar an der allzu üppigen, keinerlei Arbeit gewidmeten freien Zeit des Mannes. „Er ist ein Playboy, während ich das ganze Jahr über arbeiten muß." Es war nicht schwer, den Scheidungsrichtern klar zu machen, daß es ein besonderer Fall von seelischer Grausamkeit ist, wenn der Ehemann über unendlich viel freie Zeit verfügt, diese aber nicht seiner Frau schenkt, sondern anderen, ja sogar noch die Gemahlin ihrer Arbeit nachgehen läßt, während er sich amüsiert.

Zu solchen Problemen kommt es aber erst, wenn sich der Playboy in die Enge einer Ehe begibt. Solange er freischwebender Zeitgeist war, bedeutete Zeit ein entscheidendes Vermögen, im Falle von Porfirio Rubirosa fast sein einziges. Auch als er im fortgeschrittenen Alter von nur noch 5.000 Dollar im Monat leben mußte, blieb er trotzdem ein perfekter Playboy und Liebhaber, weil er jenes Kapital voll einsetzte, das ihm um so reichlicher zur Verfügung stand: Zeit. Der Glaubenssatz eines effizienzbedachten Kapitalismus „Zeit ist Geld" wurde von ihm spielerisch umgedeutet: Geld ist Zeit, die ohne Seitenwege des Geldverdienens direkt zum Vergnügen genutzt werden kann. Er nahm sich für die Frauen Zeit und wenn der Punkt kam, an dem sie merkten, daß sie diese gemeinsame Zeit finanzieren müssen, dann waren sie – höchste und letzte Stufe der Verführung – auch dazu bereit.

Porfirio Rubirosa blieb gar nichts anderes übrig, als die Umwegfinanzierung seines Lebens über die Liebe, weil er einfach nicht arbeiten „konnte", wie ein Biograph feststellte. Alles, was nach Arbeit, nach gezieltem Gelderwerb aussah, mißlang ihm auf fast klägliche Weise. Er ließ sich von Barbara Hutton eine Zitrusfruchtplantage schenken, zweigte dabei noch ein kleines Vermögen extra ab – und erntete damit nur Mißerfolg. Genauso erging es ihm bei der Beteiligung am Projekt eines Hafenausbaus, bei Exportgeschäften nach Afrika sowie bei einem Filmvorhaben mit seiner Geliebten Zsa Zsa Gabor. Gleich doppelten Schiffbruch erlitt Rubirosa, als er sich auf die Suche nach einer im 17. Jahrhundert mit wertvoller Ladung gesunkenen spanischen Galeone machte. Zwei Mal geriet er bei dem Versuch, das Schiff zu finden, in einen Sturm und mußte aus größter Seenot gerettet werden. Daß das Schiff gut 25 Jahre später genau an der Stelle gefunden wurde, an der Rubirosa gesucht hatte, setzt dem Unternehmen eine tragisch-ironische Pointe auf.

Rubirosa war ein genialer Playboy, weil er über solchen Mißerfolgen nie die gute Laune verlor. Die sorgenvolle Stirn, die der geplagte Geschäftsmann ins Privatleben mitnimmt und damit seine Partnerin belastet, gehört nicht zu seinen Gesichtsausdrücken. Sich von Geschäften bedrücken zu lassen, war nicht Sache eines Playboys, der sich offen zu seiner die Grenze des Schmarotzertums streifenden Existenz bekannte: „Die meisten Männer wünschen sich nichts sehnlicher, als Vermögen zu verdienen, ich will nur Vermögen ausgeben."

Wenn ein Playboy schon von Geschäften spricht, dann muß auch dies mit der entsprechenden Leichtigkeit geschehen, wie es Alfonso Prinz zu Hohenlohe vorführt, der gar nicht genug Worte finden kann, um von seinen Geschäften und deren Erfolgen zu reden. Ob Autohandel in Lateinamerika oder Aufbau des Marbella Clubs an der Costa del Sol – der lebensfrohe Herr scheint kein größeres Vergnügen zu kennen, als erfolgreich Geschäfte aufzubauen. Bei näherem Hinsehen, sind diese mit seiner Existenz als Playboy aufs engste verbunden und banalisieren diese ein wenig. Die Gastgeberrolle für die Reichen und Schönen, die ein Gunter Sachs aus eigener Tasche betreibt, wird vom Prinzen kommerzialisiert. Wer sich in seinem Marbella-Club amüsieren will, muß dafür zahlen. Nicht anders, wer in Teddy Stauffers Acapulco-Etablissement den Klippentauchern zuschauen wollte. Wenn der Prinz zu Hohenlohe in Mexico mit Autos handelt, verquickt er die typische Playboygabe, sich alle Welt zu Freunden zu machen, auf das Vortrefflichste mit geschäftlichen Interessen. Ob wirklich allein Sympathien den Ausschlag gegeben haben, als er Lizenzen zum Autohandel erwarb, ob da nicht doch handfestere Dinge eine Rolle gespielt haben, verschweigt die Chronik – und damit ist der Prinz wieder ganz Playboy: Es schändet nicht, daß einer auch Geld verdienen muß – nur merken darf man es nicht. In seiner Außenwirkung ist der Playboy ganz und gar Dandy, von dem Baudelaire sagte, er sei ein „Herkules ohne Beschäftigung".

Eigentlich erwartet die Gesellschaft, daß ein Mann in den besten Jahren arbeitet und sich nutzbringenden Tätigkeiten widmet – und die meisten unterwerfen sich diesem Diktat. Es klang weitaus provozierender als es tatsächlich war, wenn „Kaufhauskönig" Helmut Horten der Wirtschaftswunderwelt das Bekenntnis entgegenschleuderte: „Ich führe ein gutes Leben, und das ist mein gutes Recht!" Sein Luxus bestand in einer Schar deutscher Doggen, einigen schnellen Autos, einer Yacht und einem eigenen Kleinflugzeug, doch machte er von all dem wenig spektakulären Gebrauch. Jeder wußte, daß er emsig am Aufbau seines Warenhausimperiums arbeitete. Selbst seine Funktion als General der Prinzengarde der Duisburger Karnevalsgesellschaft entsprang keinem Hang zur wenigstens jahreszeitlich ausgelebten Tollerei; vielmehr wußte Helmut Horten, ein Meister im Aufspüren von Kundenwünschen, daß solches Mitmachen in lokaler Geselligkeit sein Image und damit das seines stadtbeherrschenden Einkaufstempels erhöhte.

Arndt von Bohlen und Halbach erlebte, wie schwer es ist, sich von der Anforderung zu lösen, ein fleißiges, arbeitsames Leben zu führen. Während er aus seinen homophilen Neigungen kaum ein Hehl machte, meinte er doch, seinen Müßiggang tarnen zu müssen. Auf die Frage einer Reporterin, wo denn seine Interessen lägen, antwortete er nach längerem Nachdenken: „In der Landwirtschaft. Ich habe zu ihr tiefere Beziehungen als zur Fabrik. Ich wollte etwas selber machen, etwas aufbauen, das ich nicht ererbt habe. Deshalb bin ich in Brasilien Besitzer einer Farm von 6.100 Hektar geworden. Sie ist etwas größer als die Mittelmeerinsel Ischia. Auf dieser Farm arbeiten 600 Menschen, die mit ihren Familien dort auch leben. Ich besitze Mais-, Reis- und Zuckerrohrplantagen und eine große Bienenzucht. Außerdem gehören mir 1.000 Schweine und 2.000 Kühe. Und jährlich ernten wir 20.000 Sack Reis, den Sack zu 60 Kilo. Ich fahre oft in Blue Jeans früh um fünf Uhr mit dem Erntewagen auf die Felder." Die Geschichte vom fröhlichen Landmann hat fast etwas Rührendes, aber wenig Begründung in der Realität. Der feingliedrige Arndt von Bohlen und Halbach hat sich nie ernsthaft der Landwirtschaft gewidmet. Das gesamte Unternehmen war schwer defizitär, verfolgte vor allem den Zweck, ihn vor den Blicken der neugierigen Öffentlichkeit zu bewahren. Andere hatten noch tiefer sitzende Gründe. Auch Angst vor den Rotfront-Parolen des Klassenfeindes legten es einem Playboy nahe, sein Vermögen und erst recht sein Nichtstun zu verbergen. Ali Khan versuchte, die Alimente für die Tochter aus der Ehe mit Rita Hayworth mit dem Hinweis herunterzuhandeln, daß „in Zeiten, in denen Kommunisten und soziale Revolutionen herrschen, auch meine Reichtümer schwinden können". Auch der bürgerlich-intellektuelle „Spiegel"-Leser hegte sein vom Nachrichtenmagazin subtil bedientes Vorurteil gegen vermögende Playboys. Unschwer ist der verachtende Ton in einem Artikel über Ali Khan im Jahr 1955 herauszuhören: „Alis Feste, Liebschaften, Skandalaffären, Bravourstücke und Geschwindigkeitsrekorde entsprechen seinem rastlosen, vagabundenhaften Temperament und seinen Vorstellungen von dem privilegierten Leben eines mit Reichtümern und Unwiderstehlichkeiten gesegneten Salonlöwen und Potentaten." Für den „Spiegel" der blühendsten Adenauer-Ära war Ali Khan nichts als „ein westlicher Dandy, der sich mit dekadenten Snobs, sensationshungrigen Vamps und verkaterten Potentaten in der Riviera-Sonne aalt". Das war natürlich in Zeiten, da Vati und Mutti überlegten, ob sie sich die Urlaubsfahrt mit dem Käfer ins Salzkammergut gönnen sollen, eine reichlich sündhafte Existenz.

Gunter Sachs vollzog dagegen in seiner Playboy-Zeit eine Tarnung in die umgekehrte Richtung. Er vermied es, zu viel Neid auf sich zu ziehen. Sorgsam war er darauf bedacht, daß nur seine Erfolge am Spieltisch publik wurden, nicht aber ein Verlustabend. Bewunderung, nicht Mißgunst wollte er ernten. So entzog er sich möglichst dem Bild vom parasitären Kouponschneider, der er nach marxistischem Zerrbild eigentlich sein müßte. Nicht nur, daß er in seinen zehn Playboy-Jahren ständig ein Auge auf sein Vermögen, seine Liegenschaften hatte und seine späteren geschäftlichen Erfolge übergangslos an seine tollen Jahre anschließen konnte: Auch als Playboy war er von einer fast hektischen Betriebsamkeit, zumindest wenn es nach Beobachtung von Brigitte Bardot geht, die ausreichend Vergleichsmöglichkeiten besitzt. Schließlich kreuzten genug Nichtstuer ihren Weg.

Schon auf dem Flug zur Eheschließung nach Las Vegas wird Brigitte Bardot vom Aktivismus von Gunter Sachs überrumpelt: „Ich hatte die außerordentliche Vitalität meines Märchenprinzen unterschätzt, der unermüdlich – ständig ein Glas Whisky in der Hand – Pläne über unsere Hochzeitsreise schmiedete." Immer wieder ist sie über diese Arbeits- und Planungswut ihres Mannes entgeistert, sieht in ihm den furor teutonicus wüten. Als Gunter Sachs von der Idee erfaßt wird, mit Brigitte Bardot einen Film zu drehen, nimmt dieser Eifer ungeahnte Dimensionen an – und der Spott Bardots darüber wächst im gleichen Maß. „Ich war natürlich der Dreh- und Angelpunkt seiner Hirngespinste, seiner Phantasmagorien. Er wollte mit mir ‚den' Film meines Lebens drehen ... Perplex hörte ich mir all diese Geschichten an, die mit weit ausholenden Gesten und Sätzen voller rollender ‚Rs‘ ohne Punkt und Komma wild durcheinanderpurzelnd dargeboten wurden ... Gott bewahre mich vor diesem neuen Spleen meines Mannes." Aber Gunter Sachs ist von seiner idée fixe nicht abzubringen. „Wenn ich in unser Haus kam, brodelte es dort von Projekten, absurden Superproduktionen, und jeder der anwesenden Höflinge gab seinen Senf, seine Idee, seine Version dazu. Einfach grotesk! Meinen Namen würde ich keinesfalls in den Dienst der Hirngespinste eines Playboys stellen, der sich auf Teufel komm raus als Regisseur betätigen wollte. Ich hatte die Nase voll von dieser ganzen Idiotensippschaft, den Speichelleckern, einer schlimmer als der andere, die sich in Champagner- oder Whiskyseligkeit wie Weltverbesserer vorkamen." Es kam nicht zur Realisierung des Projekts. Gunter Sachs mußte seine planerischen Energien anderswo hinlenken, etwa auf Feste und Einladungen, die seine Freunde so sehr zu schätzen wußten, aber auch auf den Erwerb von Kunstwerken und – weniger spektakulär, aber effektiv – auf die Vermehrung seines Vermögens durch Geldanlage oder den Aufbau einer Boutiquen-Kette. Sein Talent war es, dies alles nebenbei zu machen, nie darüber seinen Ruf als leichtlebiger Playboy zu verlieren.

Nicht immer schwieg der Playboy von Arbeit und Geld, weil er das eine nicht kannte und vom anderen genug hatte. Gelegentlich schwieg er einfach, weil er aus nicht sehr gutem Grund keine Auskunft darüber geben wollte, wie er an das Geld gekommen ist. Oft genug traf auf ihn die Bemerkung aller braven Großmütter zu, daß allzuviel Geld selten redlich erworben ist.

Wieder einmal geht Porfirio Rubirosa mit einem diesmal wenig glänzenden Beispiel voran. Dabei geht es gar nicht darum, daß seine Weste unter streng moralischem Gesichtspunkt natürlich voller dunkler Flecken ist. Wer will, darf ihn der höheren Form des Beischlafdiebstahls bezichtigen, so rücksichtslos hat er Frauen und sogar deren Ehemänner ausgenommen. Als er nach seiner Trennung von Flor de Oro Trujillo ziemlich mittellos dastand, hielt er sich am Vermögen eines puertorikanischen Geschäftsmannes schadlos, der ihn zuvor einmal um ein gutes Geschäft gebracht hatte. Rubirosa ließ sich von dessen Frau aushalten – und sorgte mit dem Verkauf des vom Ehegatten geschenkten Schmucks für die Finanzierung des gehobenen Vergnügens. Was zuerst noch als netter Galanteriewarenhandel durchgehen kann, überschritt bei einem anderen Schmucktransfer vermutlich die Grenze zur Kriminalität. 1938 lernte Rubirosa zwei Spanienflüchtlinge, von Beruf Juweliere, kennen, die während des Bürgerkriegs in ihren Geschäften in Madrid Schmuck zurückgelassen hatten und nach Frankreich entkommen waren. Den Männern konnte mit Hilfe von Rubirosas Mut und Diplomatenpaß geholfen werden. Einem der Juweliere wurde ein falscher Paß besorgt, und Rubirosa reiste mit ihm im Auto nach Madrid – kehrte aber ohne den Begleiter zurück. Schuld war nach Rubirosas Darstellung ein Feuerüberfall der Guardia Civil, bei dem der mitreisende Juwelier den Tod gefunden hatte.

War es schon erstaunlich genug, daß weder am Auto noch am mitreisenden Rubirosa irgendwelche Spuren des Maschinengewehrfeuers der spanischen Ordnungshüter festzustellen waren, so war es erst recht verdächtig, daß von dem Schmuck – Wert: 160.000 Dollar – jede Spur fehlte. Auch in der mitgebrachten Börse des in Paris wartenden zweiten Juweliers fehlten 180.000 Dollar. Glück für oder Berechnung von Rubirosa: Der eine Juwelier konnte nicht mehr reden, der andere durfte nicht reden, wollte er sein Schmuggelunternehmen nicht auffliegen lassen.

Auch bei Freddie McEvoy spielte Schmuggel beim Gelderwerb keine unerhebliche Rolle. Zusammen mit seinem Kumpan Errol Flynn transportierte er Waffen, Juwelen, Alkohol und „alles, was illegal und gefährlich genug war, um Geld zu bringen", von Mexiko in die USA. Außerdem verdiente er Geld durch sonstige unredliche Geschäfte. In einer Bar in Marseille erschlug er einen Mann und betätigte sich nach dem Zweiten Weltkrieg im Schwarzmarkthandel. Erst Ehen mit den Erbinnen beachtlicher Ölvermögen erlösten ihn von dem Übel, sein Geld auf strafgesetzlich verfolgbare Weise erwerben zu müssen. Da es um viel Geld ging, war er nicht wählerisch und heiratete dabei sogar eine Dame, die mit 62 Jahren doppelt so alt war wie er. Auch ohne Trauschein bekam er während eines halbjährigen Verhältnisses mit Barbara Hutton Geld, Schloß, Schmuck und Auto.

Noch der Tod von Freddie McEvoy im Jahr 1951 ist mit dem Odium krimineller Machenschaften behaftet. Daß seine Yacht Kangaroa im Sturm vor der afrikanischen Küste unweit von Tanger auf ein Riff auflief, er und sein französischer Steward, sein spanischer Koch – beide vorbestraft – und die Zofe Cécil Bruneau dabei den Tod fanden, wäre zur Not erklärlich und eine dramatische Abwechslung im Reigen der tödlichen Unfälle der Playboys. Befremdlich ist aber, daß er seine ebenfalls umgekommene junge Frau Claude an den Mast des gekenterten Schiffes gebunden hatte, ehe er selbst in die stürmische See sprang. Am merkwürdigsten aber war, daß die drei wenig sportlichen Skipper, die dies alles berichteten, sich schwimmend retten konnten, während der trainierte Sportsmann McEvoy ertrank. Da auch diese von ihm selbst ausgesuchte Crew McEvoys auf etliche Vorstrafen blicken konnte und einer von ihnen wegen Mord und Totschlag in Berlin wie Wien gesucht wurde, schaltete sich der britische Geheimdienst M.I.5 ein. Rund um Tanger spielte sich damals ein gewaltiger Schwarzhandel mit der Sowjetunion ab und der Partner Freddie McEvoys war ein berüchtiger Waffenschieber, der dabei half, daß die Sowjetmacht auf guten Füßen stand. In einem der dunklen Geschäfte, die er zusammen mit dem Playboy abwickelte, wurden 32.000 amerikanische Militärstiefel von Panama über diverse Zwischenstationen an die UdSSR weitergeleitet.

Übertroffen wird der Haudegen-Playboy aber noch von einem der in Vergessenheit geratenen Früh-Playboys, John Edward de Johnston-Noad. Als ihn der Börsenkrach von 1929 um sein Vermögen brachte, mußte er sich das Geld für seinen großzügig-spleenigen Lebenswandel auf immer unseriösere Weise erwerben und landete mehrfach im Gefängnis. 1952 stand er wieder einmal vor Gericht, und sein Verteidiger wußte sich nur noch dadurch zu helfen, daß er den Playboy als „größenwahnsinnigen Egoisten" darstellte, der die Welt durch die romantische Brille sieht, „wie der Held eines billigen Romans". Solche Erniedrigung half nichts. John Johnston-Noad landete auf der tiefsten Stufe des Playboy-Daseins, er wurde ein Opfer einer Frau, noch dazu seiner eigenen Ehefrau. Die war Berufsverbrecherin mit dem aparten Szene-Namen Schwarze Orchidee und hatte sich den mißglückten Juwelenraub ausgedacht, für den John Jonston-Noad nun verurteilt wurde, nicht seine Frau. Sie hatte sich nach mißglückter Tat auf der Flucht vor der Polizei erschossen – zusammen mit ihrem Liebhaber. Immerhin erwiesen sich Vorwürfe als haltlos, Johnston-Noad habe auf eine Geliebte in einem Saufgelage geschossen und ein Bordell betrieben.

Historisch gesehen waren Playbos in den Anfängen Grenzgänger zur Kriminalität. Später verkauften Ganoven gerne ihre Halbseide, ihr weit offenes Rüschenhemd samt Goldkettchen auf der behaarten Brust unter dem Markenzeichen „echt Playboy". Nicht ohne Grund ist sich eine Frau in Wolf Wondratscheks Zuhälterstory „Einer von der Straße" nicht ganz sicher: „War er tatsächlich ein Gangster oder doch nur ein sympathischer Playboy?"

STIL OHNE ZWANG

„Alle seine Spiele hatten Stil!" So lobt ein Playboy den anderen. Stil – das höchste in besseren Playboy-Kreisen zu vergebende Attribut, in diesem Fall von Alfonso zu Hohenlohe seinem Freund Gunter Sachs verliehen. Stil – jenes unbestimmte Etwas, das einer hat oder nicht hat, und das jeder anders definiert. Stil ist eine dezidierte Variante von Geschmack und damit ebenso strittig wie zugleich durch keinen Streit zu bestimmen. So mäkelt Brigitte Bardot dort, wo der Prinz schwärmt. Sie ist von der Stillosigkeit ihres Galans irritiert; einigermaßen entgeistert flüchtete sie aus dessen Appartement in der Avenue Foch. Ihren Erinnerungen zufolge, wurde sie dort allzu direkt mit Memorabilien von ihren Vorgängerinnen konfrontiert. Richtiggehend geschmacklos war aber aus ihrer Sicht die talmihafte Einrichtung.

Das Geschmacksbild der Playboys schwankt in ihrer kurzen Geschichte erheblich. Ihre Stärke gegenüber irgendwelchen dahergelaufenen Lebemännern, Geldmenschen und Nachäffern, ihr Stil, war auch ihre Schwäche – weil er bei genauerem Hinsehen gar keiner war. Sie waren eben keine Dandys, die einen kanonisierten Habitus, eine ritualisierte Lebensweise entwickelten. Es reichte nur zu einem Eklektizismus, zum Herausgreifen vorgebener Formen, nicht aber dazu, eigene zu entwickeln. Nichts ist überliefert, was der Weste, der Krawatte des Erz-Dandys Beau Brummel entsprochen hätte, nichts da von der Blume im Knopfloch eines Oscar Wilde, kein Spazierstock à la Baron de Charlus. Wo sich die Playboys auf traditionellem gesellschaftlichen Parkett bewegten, blieb auch ihre Kleidung in dem dabei vorgegebenen Rahmen.

Erstaunlich, heute zu lesen, mit welch biederem Outfit Ali Khan Mitte der fünfziger Jahre Wirkung gemacht hat: „Wenn er mit blauer Lüsterjacke und Sandalen lässig über die ‚Croisette' in Cannes bummelt, gibt er dort genau so den Ton an, wie wenn er im eleganten Smoking im ‚Ritz' soupiert, im englischen Reitdreß durch den Bois de Boulogne galoppiert oder in kokett weißer Badehose in Cannes seinen braungebrannten Körper den bewundernden Blicken der Flimmer-Nixen seines Gefolges darbietet." Ali Khan war ein Playboy alter Schule, der seine Cambridge-Ausbildung nie verleugnete. Shocking war es für ihn, als Bing Crosby ihn mit Strohhut, rotem Buschhemd, kanariengelber Krawatte und weißbraunen Schuhen zum Rennen nach Longchamp begleiten wollte. Indigniert ließ der Prinz den Filmstar stehen. Er selbst trug den steingrauen Cut, hatte den Zylinder in der Hand. Die näch-

ste Playboy-Generation nahm sich wenigstens ein paar textile Freiheiten heraus – verzichtete aber noch lange nicht auf den Smoking, das Dinner-Jackett.
Das war noch nicht zum „Gesellschaftsanzug" verkommen, der heute von
leicht glänzendem Tuch und meist mit einer Tendenz ins Fliederfarbene
selbst im Kleinstbürger-Kleiderschrank auf den seltenen Auftritt beim „festli-
chen Anlaß" wartet. Noch umgab dieses Kleidungsstück, erst recht in seiner
weiß-sommerlichen Variante, ein Hauch von Exklusivität und großer Welt.
Gunter Sachs schätzte den Smoking so sehr, daß er auch Brigitte Bardot am
liebsten im schwarzen Hosenanzug mit Glanzrevers sah. Mit bloßen Füßen
am Ende der Smokinghose verstand es die Bardot jedoch, einen Hauch
von Extravaganz mit dieser High-Society-Uniform zu verbinden und mit dem
fehlenden Schuhwerk den Eindruck zu erwecken, geradewegs vom Strand
der Côte d'Azur herbeigeeilt zu sein.

Es war die textile Errungenschaft der Playboys, daß sie ansehnliches
Outfit mit Freizeit verbanden – eine unvermeidliche Konsequenz daraus, daß
ihr ganzes Leben Freizeit bedeutet. So wurde der dunkelblaue zweireihige
Blazer mit den Goldknöpfen zu einem bevorzugten, ideal ambivalenten
Kleidungsstück. Hat er doch einerseits immer etwas vom Oxford-Eton-Touch
– und damit im Fall des Playboys meist ein eindeutig hochstaplerisches, aber
dem Träger schmeichelndes akademisch-seriöses Flair. Andererseits signali-
siert der Blazer etwas Maritimes. Verbunden mit einem braungebrannten
Gesicht, evoziert sein Träger bei den Betrachterinnen nachhaltig den Wunsch,
von diesem Kapitän mit auf die Reise genommen zu werden. Auch auf dem
Festland steht der Blazerträger immer mit einem Fuß auf den Planken seiner
Yacht und damit bei den Frauen hoch im Kurs.

Dazu wurde in weiterer Verstärkung des Freizeit-Looks kein Hemd mit
Krawatte oder Fliege getragen, sondern der Rollkragenpullover als modische
Kompromißformel: hochgeschlossen und doch nicht zugeknöpft. Verpönt
war natürlich die Strickversion nach Art eines Kutterkapitäns. Stattdessen
rollte sich um den Hals feiner Kaschmir oder edle Seide. Rückblickend nehmen sich die Bilder der flotten Herren in den bis unters Kinn reichenden
Pullis fast ein wenig peinlich aus. Aber zu ihrer Zeit war solche Kleidung
eine forsche Absage an traditionelle Hemd- und Pulli-Abschlüsse; noch war
der Rollkragenpullover in seiner Polyesther-Version nicht durch Oberstu-
dienräte und Pastoren als Ausdruck wohlfeilen Protests gegen überkommene Bürgerlichkeit entdeckt worden.

Solche Billigvarianten lässiger Kleidung waren mit ihrer leichten Ent-
flammbarkeit und Schmelzfreudigkeit für ihre ahnungslosen Träger nicht
einmal ungefährlich und im Krisenfall zeigte sich auch hier, daß früher stirbt,

wer arm ist. Für den echten Jet-Setter war nämlich das edle Material seiner Oberbekleidung nicht nur eine modische Frage, sondern in Extremsituationen geradezu eine von Leben und Tod. Als der Prinz zu Hohenlohe das Pech hatte, in einem abstürzenden Flugzeug zu sitzen, überlebt er als einer der wenigen: „Meine Haare brannten, mein Hemd glücklicherweise nicht – es war aus Seide."

In Zeiten des epidemischen Freizeit-Looks mit seinen weit schlabbernden oder hautnah anliegenden, aber bevorzugt grell-leuchtenden Jogging-, Aerobic-, Biking- oder Skating-Anzügen, fällt es schwer, den Playboys für ihre Vorreiterrolle einer nicht-offiziellen Kleidung ein dezidiertes Lob auszusprechen. Aber auch hier darf ihnen nicht die von anderen zu verantwortende Banalisierung ihres Tuns, Treibens und in diesem Fall Kleidens vorgeworfen werden. Noch Mitte der sechziger Jahre schien es Reportern besonderer Erwähnung wert, daß auf Sylt selbst in „besseren" Lokalen kein Schlips getragen wird, sondern Jeans, offenes Hemd und besagter „Rolli" das standesgemäße Outfit waren.

Die Krawattenlosigkeit ist der wichtigste modische Akzent der Playboys. Der Verzicht auf den modischen Strick um den Hals bedeutete eine Revolution, wenn auch eine in regelmäßigen Abständen wiederkehrende. Was aber beim Schillerkragen der Wandervögel ideologisch befrachtet war, das war den Playboys nichts als schiere Lässigkeit. Wie wenig diese damals gang und gäbe war, zeigen Fotos aus den Anfängen der 68er Revolution. Jünglinge mit kurzen Haaren, dunkelumrandeten Brillen, weißen Hemden und dem unvermeidlichen Wollstrickbinder gaben den Ton an. Während der Muff von 100 Jahren unter den Talaren der Professoren angemahnt wurde, steckte in den Studenten noch der Mief von Jahrzehnten. Da war es schon fünf Jahre her, daß etwa in deutschen Gazetten über eine Nobel-Party in St. Tropez zu lesen war: „Die Herren kamen im offenen Kragen, die Damen in Hosen ..." Es kostete Deutschlands Bürgersöhne noch einige Zeit, bis sie die modische Lockerheit errangen, die ihnen Playboys vorgemacht haben – sie kehrten diese dann aber schnell ins Proletarische, Ökologische, meist einfach in WG-Schlampigkeit.

Es gibt ein Indiz, daß der Furore machende legere Kleidungstil der Playboys für diese selbst mehr modische Attitüde denn Überzeugung war. Heute, nach Beendigung seiner Playboy-Karriere, trägt Gunter Sachs noch immer den zweireihigen Blazer und dazu jetzt sogar eine Krawatte. Meist hängt sie zu bunt, zu grell, zu schrill und zu nachlässig gebunden um den Hals: ein knittriger Kompromiß zwischen Gestern und Heute. Aber nichts mehr von dem, womit Gunter Sachs nicht gleich einen Stil kreiert, aber doch viele Nachahmer gefunden hat; keine superengen Hosen mehr, die nur mit dem Schuhlöffel anzuziehen waren; keine bloßen Füße mehr, sondern grundsolides, teures Schuhwerk.

Dieser – zu seinen Zeiten neue – Playboystil wurde zumindest als Freizeitstil rasch ein Opfer der namenlosen Nachahmer. „Bronzebraune Playboygestalt, in hautengen, knallroten Hosen mit Ledergürtel und Silberschnalle" – so textete Mitte der sechziger Jahre der Illustriertenreporter in seinem Bericht aus St. Tropez. Bemerkenswert konnte dies nur erscheinen, weil die Werbeaussage „Wer Nyltest kauft, kauft nie verkehrt" nicht lange zurücklag, die Nino-Flex, wenn nicht gar die Klepper-Mäntel für den rauheren Wetterfall noch im Schrank hingen.

Da dem Edel-Playboy die Nachahmer so dicht auf den Fersen waren, blieb ihm als Ausweis seiner Exquisität nur noch die Exotik. Wenn sich sein offenes Hemd mit hellblauen Jeans, das ungekämmte Haar in zivilisierten Gegenden nicht mehr sonderlich salopp ausnahmen, so half noch immer der Pareo, der Wickelrock auf Tahiti. Freilich mußte er mit so viel Stil getragen werden, daß die Flitterwöchnerin Brigitte Bardot noch nach Jahren bewundernd feststellte: „Gunter war schön, er trug den Pareo ebenso ungezwungen wie den Smoking." Eine Feststellung nicht ohne Snobismus, weil es für den Durchschnittsmenschen zumindest in jenen Jahren eher eine Leistung war, einen Smoking mit gleicher Unbefangenheit zu tragen wie einen Lendenschurz.

Für den bei Playboys so unendlich geliebten Wintersport – und erst recht für das anschließende Après-Ski – gab es natürlich eigene Moden. Enge, bis zu den Hüften gehende Jacken, die vorne mit einem überdimensionierten Reißverschluß versehen waren, an dem man mit einem riesigen Ring hinauf- und hinunterfahren konnte. Im Gegensatz zur körpernahen Kleidung stand disproportionierter, überdimensionaler Pelzbesatz an den Ärmel- und Hosenenden – und kräftig ausgeschritten wurde auf dem Weg zur Bar in gewaltigen Moonboots. Auch hier war den Playboys der den Massensport entdeckende Wintersportler nur wenige Schritte hinterher.

Es gab jedoch einen Freizeitbereich, in dem der Playboy fast uneinholbar war: die Jagd. Hier waren alle Varianten des erst Jahrzehnte später zu Kaufhausehren gekommenen „Landhauslooks" möglich: trachtenartige Jacketts, Stiefel unterschiedlicher Schafthöhe, Kopfbedeckungen von englischer Schirmmütze bis Tirolerhut. Nicht immer war man sehr stilsicher bei diesen Ausflügen in die modische Rustikalität, oft war die Kleidung eher Verkleidung. Als Brigitte Bardot auf das Jagdgut von Gunter Sachs mitgenommen und dort dessen Mutter vorgestellt wird, rüffelt Mama den Sohn wegen des Outfits der neuen Schwiegertochter, vermißt an ihr das stilgerechte bayerische Aussehen. So wird der Bardot schnellstens ein Dirndl geschneidert. Was dabei herauskam, ist in den Bardot-Erinnerungen „ein kleines besticktes weißes Mieder, das unter einem Trägerrock getragen wurde, ein Spitzenunterrock zu Russenstiefeln". Gunter Sachs trug in Ergänzung kurze Lederhose, Tiroler Kniestümpfe und Jägerhut mit Federbusch. Solchermaßen gekleidet ging es nicht zum Auftritt im „Musikantenstadl", sondern zum Abendessen, was Brigitte Bardot lakonisch bilanziert: „grotesk".

Gunter Sachs, großer Inszenator und Selbstdarsteller des Playboytums, war ein tendenzieller Grenzgänger zwischen Kleidung und Kostümierung. Nicht nur auf seinen diversen Maskenfesten gab er dem Hang nach, in andere Rollen und Verkleidungen zu schlüpfen, bevorzugt in die des Dracula. Arndt von Bohlen und Halbach stand ihm in diesem Changieren zwischen Kleidung und Verkleidung nicht viel nach, übertrieb es sogar bis zu einer gewissen Mimikri. In Essen, München oder beim Festspielbesuch in Bayreuth war er eher konventionell gekleidet, aber auf seinem Anwesen in Brasilien imitierte er das Leben nach Südstaatenart bis in die Haartracht: Er ließ sich Koteletten wachsen, als wäre er Clark Gable in „Vom Winde verweht".

Arndt von Bohlen und Halbach war unter den prominenten Playboys sicher jener, der am ehesten zur Extravaganz neigte. Ob dies in Nachfolge der Dandys geschah oder im Vorgriff auf Edelkleidung einer sich öffentlich produzierenden Gay-Community, ist schwer zu entscheiden. Unübersehbar verlor er mit den Jahren an Stilsicherheit und Dezenz. Zu seinem 30. Geburtstag erschien er im Smoking mit weißer Krawatte, trug dazu aber ein scharlachfarbenes Band quer über die mit Perlenknöpfen geschmückte Hemdbrust und einen großen Orden, den ihm der Potentat eines Dritte-Welt-Landes verliehen hatte. Erst recht ordensgeschmückt kam er zu seiner eigenen Hochzeit. Dekoriert mit zwei brasilianischen Auszeichnungen und dem Orden des Ritters vom Heiligen Grab trat er in den Stand der Ehe, gekleidet in einen Trachtenanzug, wie ihn der Alt-Adel alpenländischer Provenienz gerne trägt: zweireihig mit dunkelgrünem Kragen, komplettiert durch eine bonbonrosa Krawatte. Die Schmuckliebe des Krupp-Erben war legendär, er trug Klunker gerne offen zur Schau, behängte sich mit allerlei Ketten und beringte seine feinen, überlangen Finger mit teurem Geschmeide. Das schmückende Beiwerk brachte ihm aber mehr Aufsehen als Ansehen. Als er 1982 von München nach Florida ins „Exil" ging, tat er es in tiefer Verletztheit: „Ich hasse Deutschland. Man hat stinkende Eier auf meinen Rolls-Royce geworfen. Man hat mich ausgelacht, wenn ich teuren Schmuck trug. In Florida passiert mir das nicht. Die Deutschen lieben meinen Schmuck nicht."

Einige Jahre später, als er für wenige Monate doch wieder nach München kam, bewiesen handgreifliche Langfinger dann doch Liebe zu seinem Schmuck. Der Herr der Platinringe mußte einen seiner wertvollen diamantgeschmückten Ringe (Wert eine Million D-Mark) als gestohlen melden, ebenso wie noch 15 weitere Schmuckstücke. Aufbewahrungsort der Preziosen war eine Kommodenschublade, das Zimmer vermutlich nicht abgeschlossen, was Stil hätte sein können, bei Arndt aber wohl schlichte Unbedachtheit war. So wie er schon in den sechziger Jahren in Nizza einen 14karätigen Brillantring im damaligen Wert von 120.000 D-Mark in Sektlaune verlor: Während einer Zechtour waren Ringe getauscht worden. Als sie wieder rückgetauscht werden sollten, war ausgerechnet Arndts Ring mit birnenförmigem Solitärbrillanten verschwunden.

Die snobistischen Absonderlichkeiten des Krupp-Erben waren letztlich untypisch. Denn die Playboys liebten es eher schlicht, leisteten sich in ihrer Kleidung weniger als ihnen ihr Geldbeutel erlaubt hätte und machten modische Anleihen in der Unterschicht: Das Hemd wurde offen getragen, der Schlips verbannt, im Extremfall bei geeigneter Witterung gar auf Schuhwerk verzichtet. Zur gleichen Zeit schufen dagegen Angehörige der englischen Lower Class umgekehrt einen Stil, der sich vehement an der extravaganten Kleidung der Snobs und Dandys orientierte. Sie trugen lange, weit über die Hüften reichende Jackets aus Samt mit goldenen Knöpfen und bordürten Taschen und gingen als Teddies in die Geschichte jugendlicher Protestbewegungen ein.

Die Playboys durften sich ihren saloppen Hang zum schlichten Freizeit-Outfit leisten, weil sie jederzeit, wenn es der gesellschaftliche Rahmen verlangte, doch zu Smoking und Fliege greifen konnten und dort, wo sie sich legerer kleideten, nie im Verdacht standen, dies zu tun, weil sie sich Besseres, Teureres nicht leisten können. Ob aus innerem Antrieb oder Einfallslosigkeit – die Playboys entsprachen dieser Maxime, blieb ihre modische Besonderheit doch meist unterhalb der Schmerzgrenze ihrer Epoche, waren sie Übergangserscheinungen zwischen der steifen Mode der Nachkriegszeit und der in Beliebigkeit ausartenden Kleidungstollerei nachfolgender Zeiten.

TRAUTES HEIM – KEIN GLÜCK ALLEIN

Wenn schon die Kleidung, die nach außen gewendete Privatheit, nicht originell war, so verwundert es kaum, daß erst recht das Wohnen der Playboys nicht sehr einfallsreich, wenn auch in Extremfällen durchaus auffällig war. Das Pariser Stadtpalais von Porfirio Rubirosa, Geschenk seiner ersten Millionärsgattin Doris Duke, nimmt sich nicht nur aus der Perspektive des Sozialwohnungsmieters gewaltig aus. Das für seine antike Inneneinrichtung berühmte Gebäude aus dem 18. Jahrhundert hatte nach einer „adaption americaine" an nord-südamerikanischer Geschmacklosigkeit hinzugewonnen, dafür an Stil verloren. Angepaßt an die Neigungen der Bewohner, bot es allen Luxus und Komfort bis hin zu einem Jazzstudio für die Hausfrau und einem Sportstudio samt Boxring für den Hausherren.

Die Stadtvilla eines Arndt von Bohlen und Halbach hatte imperiale Züge, schließlich war sie zuvor Residenz des päpstlichen Nuntius gewesen. Mit einem Palast in Marokko, einer Latifundie in Brasilien, einem Jagdschloß im Salzburgischen gewinnt der Wohnstil märchenhafte Züge, ohne aber typisch für einen Playboy zu sein. Das gilt auch für den Halb-Playboy Johannes von Thurn und Taxis und sein ausgedehntes Schloß, das samt seinen Kunstschätzen die Anwesen manch anderer superreicher Alt-Adeliger nicht entscheidend übertrifft. Bemerkenswert wäre höchstens, daß er sich einen Bediensteten leistete, der allein für das Aufziehen und Nachstellen seiner unzähligen alten Uhren zuständig war. Aber auch das ist mehr eine – von seiner Frau Gloria nach seinem Tod aus Kostengründen eliminierte – Marotte: Der Domestik wurde entlassen, die Uhren versteigert.

Der millionenschwere brasilianische Playboy Francisco „Baby" Pignatari ließ sich in São Paulo eine Villa errichten, die wohl ganz und gar dem Geschmack und der Vorstellung von Lesern des „Playboy"-Magazins entsprach: zwei türkische Bäder, eine Kegelbahn, ein Schießstand, ein Kino – und das alles in einem Palast mit Marmorwänden. Den Höhepunkt aber bildete ein Schwimmbad, dessen eine Querwand von einem zehn Meter breiten und sieben Meter hohen Wasserfall gebildet wurde. Durchschwamm der Hausherr diese brausende Barriere, so erwarteten ihn eine Grotte und darin „Krone, Zepter und Thron" eines Königs unter den Playboys: Bar, Bad und Bett.

Berichte über den luxuriösen Wohnstil der vermögenden Playboys unterscheiden sich zumeist nur in Details von jenen über andere Millionäre, ob Kaufhauskönig oder Industriebaron. Zumeist liegt über allem der süßliche

Geruch des Neureichtums. Ali Khan machte sich mit seiner teuren Geschmacklosigkeit in der besseren Gesellschaft sogar zum Gespött. Zur Entschuldigung kann angeführt werden, daß er einem uralten und angesehenen Geschlecht entstammte, dieses aber in Regionen zu Hause war, wo ein deutlich anderer Geschmack herrscht als in westlichen Metropolen. So ließ er sich seine Pariser Villa am Boulevard Maurice Barrès von örtlichen Möbel- und Antiquitäten-Geschäften nach deren Belieben einrichten. Die Pariser Gesellschaft war von der zusammengekauften Mittelmäßigkeit mehr amüsiert als beeindruckt. Wenn Ali Khan zur traditionellen Jahresparty nach dem Grand Prix auf der Pferderennbahn von Longchamps in sein Haus lud, fanden die Geladenen reichlich Gelegenheit zum Mäkeln. Um dem Spott zu entgehen, verlegte Ali Khan den Gala-Abend schließlich ins Restaurant Pré Catelin im Bois de Boulogne.

Nur einen Gesellschaftsjournalisten mittelmäßiger Blätter und seine Leser kann es beeindrucken, daß Gunter Sachs unter der Adresse Avenue Foch 322 in der teuersten Gegend von Paris eine 400-Quadratmeter-Wohnung besitzt, deren Toilette dank kunstvoller Malerei und raffiniert angebrachter Spiegel den Eindruck eines florentinischen Palazzo erweckt. Brigitte Bardot konnte nicht einmal mit den Augen der Liebe am Zuhause ihres Geliebten Gefallen finden: „Der vorgetäuschte Luxus mit falschem Marmor aus Stuck, einem falschen Kamin mit elektrischer Glut, die vorgetäuschte Bibliothek mit den prächtigen Lederbänden, die nicht etwa die Geheimnisse auch nur eines einzigen wundervollen Buches enthielten, sondern eine Bar kaschierte, bestürzten mich. Es roch auf sieben Meilen nach Einrichtungshaus."

Die hinter Büchern versteckte Bar – ein Absturz in eine spießige Stillosigkeit, ein Rückschritt gegenüber der schon in den zwanziger Jahren gelebten Extravaganz einer Frau, die später und als Mann geboren ein wildlodernder Playboy gewesen wäre: Ruth Baldwin. Ihren lesbischen Gefährtinnen, den Drogen und dem Alkohol verfallen, verzichtete sie in ihrer Wohnung auf eine bürgerliche Selbstverständlichkeit wie eine Küche und widmete den Raum ganz ihrem Hauptnahrungsmittel: Sie machte daraus eine Bar.

Die Wohnung eines Playboys war kein rein privater Raum. Wenn er es sich leisten konnte, war sie auch ein öffentlicher Ort, an dem er privatere Feste feierte, seine zahlreichen Freunde empfing und beherbergte. Die Zwei-Zimmer-Wohnung von Sachs in München, das Vierzimmer-Haus bei Lausanne waren Dependancen, aber die Pariser Wohnung war repräsentative Residenz. Nur acht Räume auf 400 Quadratmetern, dazu drei Bäder – das war nie ein „Verlobungsgeschenk für Paule Rizzo", wie 1961 etwas voreilig gemeldet wurde. Das war die häusliche Spielwiese eines Playboys, die er nicht nur mit einer einzigen Frau teilen wollte. Zweieinhalb Jahre beschäftigte Gunter Sachs die teuersten Handwerker von Paris, ließ das Eßzimmer mit Holz vertäfeln, die Bibliothek mit Mahagoni verkleiden – und über all dies die Öffentlichkeit informieren.

Auch ein Playboy liebt aber das Intime und inszeniert nicht fortwährend sein Leben als große Show. Das merkte Brigitte Bardot zu ihrer nicht geringen Überraschung, als sie den zweiten Wohnsitz von Gunter Sachs in Pully bei Lausanne entdeckte und über das „entzückende Pilzhaus am See" zu schwärmen begann. „Sogleich stieg er in meiner Achtung. Dieses heimelige und warme Nest enthüllte mir eine Facette meines Mannes, die ich an ihm noch nicht kannte. Etwas Verschwiegenes, Schlichtes, so gar nichts Prahlerisches."

Hier hielt sich Brigitte Bardot denn auch öfter und länger auf, bevölkerte das Haus mit ihren unvermeidlichen Tieren. Aber sie weigerte sich, in der Pariser Wohnung von Gunter Sachs zu wohnen. Nicht nur die teure Stillosigkeit irritierte sie. In den Gemächern hing obendrein noch der Parfumgeruch und so manches intime Kleidungsstück von Vorgängerinnen, möglicherweise Nebenbuhlerinnen. Zu offensichtlich stellte Gunter Sachs zur Schau, was einem Playboy wie ihm eine Wohnung bedeutet, wenn er in ihr richtig Playboy ist. Sie ist nicht trautes Heim, Glück zu zweien – sondern Schauplatz für den ultimativen Auftritt des Frauenhelden, Rahmen für den entscheidenden Akt im Eroberungsspiel, ausgelegt nicht zuletzt, um diese oder jene an solch aufwendigen Stil nicht gewohnte weibliche Eroberung zu beeindrucken.

In der unverblümten Art, in der ein Playboy sein Zuhause als „maison d'amour" deklarierte, bewies er seine besondere Lebensauffassung. Er verbarg seinen auf möglichst vielfältigen Genuß ausgerichteten Lebensstil nicht, sondern stellte ihn offen zur Schau, ließ über Klatschreporter auch die Öffentlichkeit daran teilhaben. Wie anders dagegen Axel Springer, der das Zeug zum Playboy gehabt hätte und mit seinen Affären, seiner fast exzessiven Sucht nach immer neuen Frauen manchen ausgewiesenen Playboy übertroffen hat. Aber bei dem ständig auf gesellschaftliches Renommee bedachten Geschäftsmann mußte alles diskret geschehen. So überzog das Land ein Netz ihm gehörender Appartements und Wohnungen, in Hamburg und Berlin gleich mehrere. Unter fremdem Namen gekauft oder gemietet, erlaubten sie ihm den abgschirmten Genuß dessen, was die Playboys öffentlich auslebten. Ihre Philososophie war: schickes, sportliches und unterhaltsames Leben in ungezwungener Atmosphäre. Teure Natürlichkeit mit einem Schuß Urwüchsigkeit in schönster Umgebung; alle Annehmlichkeiten eines luxuriösen Lebens ohne dessen Förmlichkeit. Nature de luxe wurde in Prinz Hohenlohes Marbella-Club geboten: „Statt wertvollen Teppichen offerierte ich Läufer aus Blumen und Blüten, unsere Ahngengalerie waren Bäume, die es nirgends sonst in Europa gibt." Domestizierte Abenteuerlust strahlte ein solcher Ort aus – und in einem Fall war es ein mit Fernweh und Männlichkeit getränktes Holz, das zur Bar gezimmert wurde. Der La Perla Night Club in Acapulco entstand aus den Trümmern des Holzschiffs Bernita, das einst zwischen Mexico und dem Orient hin und her gesegelt war und später den Rahmen für die erste Verfilmung der „Meuterei auf der Bounty" abgegeben hatte. Ein Hauch von Windjammerei und Südseetraum wehte durch diese Bar, von deren Terrasse aus die Klippentaucher bewundert, Gefahren erlebt werden konnten, ohne doch selbst gefährdet zu sein.

Es mußten nicht gleich Original-Schiffsplanken sein, um das angemessene Podium für den Auftritt der Playboys zu geben, aber eine Bühne mit dem rechten Dekor war doch nötig, denn die fortwährenden Höhepunkte des Playboy-Lebens, die Feste, brauchten ihren Schauplatz. In ihnen entfaltete der Playboy die höchste Form seiner Existenz, hier zeigte er Stil, hier stellte er seine Lebensart öffentlich aus. Im Fest verbindet sich Geselligkeit mit der Lust an der Selbstdarstellung, in ihm läßt sich ein auf Lust und Genuß ausgerichtetes Leben in gesteigerter Form zelebrieren und vorzeigen.

Auch für Sachs & Co galt: Man muß die Feste feiern, wie sie gefallen – und das ist in den Äußerlichkeiten nicht das Äußerste an Einfallsreichtum, vor allem, wenn es sich um die so beliebten Maskenfeste handelt. Man kann über sie die Nase rümpfen, sie als einen weiteren Beweis für die ins Erwachsenenalter bewahrte Infantilität der Playboys werten, denn die Albernheiten erinnern stark an Kindergeburtstage. Wenn sich die Partyteilnehmer die Augen verbinden, das Orchester spielt, Damen und Herren sich wie beim Ringelreihen drehen und sich beim Stop der Musik einen Tischnachbarn für den Abend ertasten müssen, dann ist dies nur lustig, weil es sich um für seriös gehaltene, erwachsene Menschen handelt – vom Schah von Persien über Eliette von Karajan bis hin zu den Flicks, die dies auf Anregung eines Playboys tun.

Cowboy-, Piraten-, Wüstenfeste – Motti, die wie Einladungen zum Hausmaskenball der Nachkriegszeit klingen, die genausogut ein Schwabinger Studentenfest zieren könnten, stehen über den Festen der ganz Reichen und Vornehmen. Wenn es um das vorsätzliche Vergnügen geht, ist der Einfallsreichtum rasch begrenzt. Mit dem gesellschaftlichen Niveau der Unterhaltung steigt meist nur der Aufwand, nicht aber die Zahl der Ideen. Krampfhaft bemüht sich die Gesellschaft der zwanziger Jahre, ihren Tanz zwischen den Vulkanen des Ersten und des Zweiten Weltkriegs so abwechslungsreich wie möglich zu gestalten: „Maskenfeste, Feste der Wilden, viktorianische Feste, antike Feste, Wildwestfeste, russische Feste, Zirkusfeste, Nacktkulturfeste, Feste in Appartements, Ateliers, Villen, Schiffen, Hotels und Nachtclubs, in Windmühlen und Schwimmbädern, Tees in Mittelschulinernaten, mit Krabbenkonserven und Sandkuchen, Abende in Oxford mit Sherry und türkischen Zigaretten, fade Bälle in London, komische Bälle in Schottland, unappetitliche Bälle in Paris".

Die Playboys konnten und mußten die Erlebnis- und Unterhaltungswelt nicht neu erfinden. Insel-Raten etwa war nur die etwas aufwendige Variante des bei Kindern bis zehn sehr beliebten Teekesselratens. Was stellte doch jener Partygast von Prinz Alfonso dar, der im Tweed-Anzug mit zwei Jagdhunden an der Leine, Gewehr über der Schulter auftrat und von einem dahintergehenden Freund aus einer Gießkanne begossen wurde? – England – erraten! Und was unterscheidet ihn von Tante Helga beim Faschingsfest im Kindergarten? Daß er von zwei bildhübschen Blondinen im Regenmantel begleitet wird.

Nur aus heutiger Sicht mutet es etwas naiv an, wenn Gunter Sachs zu einer Dracula-Party einlädt und sich selbst als dämonischen Blutsauger exhibitioniert. Aber seit jenen Tagen sind hunderte Horrorfilme über die Leinwand geflimmert, wurde die Schreckensschraube immer weiter angezogen. Aus schlankem Frauenhals geschlürftes Blut ist wirklich kein besonderer Saft mehr, durfte aber in den fünfziger und sechziger Jahren als Inbegriff des Dämonischen gelten. So lud Sachs aus Anlaß seines 34. Geburtstags 1966 zu einem Kostümfest unter dem Motto „Dracula", kleidete auch noch das Personal in Smoking, Umhang und verpaßte ihm mächtige Hauer, wobei sich der Gastgeber selbst für das personifizierte Böse hielt, wie sich Brigitte Bardot erinnert.

Dracula als Traumrolle des Playboys – nicht einmalig und sicher kein Zufall. Begeistert machte gleich ein Dutzend Playboys mit, als Gunter Sachs die Idee eines Dracula-Clubs mit rituellen Zusammenkünften kreierte, zu deren Eröffnung Sachs im Vampirkostüm hereinschwebte, während die anderen „tsch-tsch-tsch" zischten und damit das Geräusch fliegender Blutsauger imitierten und die Sitzung eröffneten. Der Mann als frauenmordendes, sie aussaugendes und blutleer zurücklassendes Monster – die Traumrolle eines echten Playboys, offen zur Schau gestellt und von den Frauen geschätzt oder in ihrer zerstörerischen Perspektive nicht erkannt. Gunter Sachs war von dieser Vorstellung obsessiv besessen. Auch seine mit zwei 175 PS-Motoren ausgestattete Yacht war auf den Namen Dracula getauft. Offensichtlich verfehlte der Vampir-Effekt seine Wirkung nicht. Der um Bardot werbende Sachs, der in einer Vollmondnacht mit schwarzem, rot gefüttertem Cape raubvogelartig die Angebetete mit seinem Motorboot abholt, löst noch in den Erinnerungen der inzwischen enttäuschten Ex-Frau einen wohligen Schauer aus.

Dem Charme der Sachs'schen Feste konnte sich auch die Bardot nicht entziehen. Sie weiß allerdings nicht, ob sie ihren Playboy wegen seines Organisationstalents auf diesem Gebiet mehr bewundern oder verachten soll. Es ist wohl so, daß sie vor dem Ergebnis Respekt hatte, die Vorbereitungen dazu aber wegen ihrer mit teutonischer Generalstabsakkuratesse durchgezogenen Stringenz verabscheute. Als sie sich von dem sie ständig mit irgendwelchen Gespielinnen betrügenden Sachs nachhaltig gedemütigt fühlt, übt sie eine festliche Rache. Nicht nur, daß sie ihn ebenfalls betrügt, bietet sie ihm auch auf seinem ureigensten Gebiet Paroli.

Sie organisiert ein Kostümfest und noch nach Jahren schwingt der emanzipatorische Triumph in den Erinnerungen nach: „Ich organisierte, leitete und plante wie ein Orchesterdirigent und genoß schon im voraus meine Revanche. Aus Paris ließ ich einen Dekorateur kommen, der diesen Abend grandios in Szene setzen sollte. Licht- und Tonspiele, Discjockey, Kapelle, Traiteur, Aushilfspersonal – an alles wurde gedacht und alles bis ins letzte Detail geplant. Dieses Fest nahm Ausmaße an, die mich selbst erstaunten. Gunter sollte vor Neid erblassen. Bewußt hatte ich ein paar Freunde von Gunter eingeladen, damit ihm alles so schnell wie möglich zu Ohren kam." Vermutlich hat dem fernen Ehemann der Playboy-Buschfunk auch gemeldet, daß sich gleich eine ganze Schar nicht renommierter, aber gutaussehender Playboys um Bardot und ihre Freundinnen bemüht hat, darunter mit Gigi der neue Lover. Vor der Freude über diese Neuerwerbung stand der Ärger über die Hinterlassenschaft der Partygesellschaft: „Unvorstellbar, was für einen Dreck die ‚Hautevolee' hinterlassen kann! Ich gab nie wieder ein Fest, es war mir zu eklig."

Wie schwer selbst einem sprichwörtlichen Playboy das Feiern von Festen gelingen will, beweist der 30. Geburtstag von Arndt von Bohlen und Halbach, wobei ihm zugute zu halten ist, daß er als Homosexueller zu seiner Zeit sein wahres Wesen zwar öffentlich nicht verleugnete, aber auch nicht ausleben durfte. Die wahren „Feste", die dann schon das Ausmaß von Orgien annehmen konnten, ließ er über die von der Öffentlichkeit abgeschirmte Bühne seiner Privatbesitzungen gehen. Nach außen hin rettet er sich in Etikette. „Es hätte ein rauschendes Fest sein können …" urteilte die Münchner „Abendzeitung" über die Geburtstagsparty. Aber es war alles so schrecklich gestrig und öde: Überwiegend alter Adel, der noch gar nicht so recht im 20. Jahrhundert angekommen war; dazu noch Millionäre, die Geld, aber wenig Stil hatten. Prächtige Blumenarrangements, kostbare Abendkleider, Kaviar in Kilobüchsen. Aber schon die streng nach Anciennität des Adels geordnete Gästeliste ließ auf wenig Munterkeit schließen. Sie begann mit Prinz Ruprecht zu Hohenlohe-Langeburg, Prinz Johann Georg von Hohenzollern samt Prinzessin Britta, Graf und Gräfin Hans-Heinz zu Toerring-Jettenbach... Arndt hatte dabei das Glück, daß er als Gastgeber nicht auf der Gästeliste stand – denn da wäre er unter den Adeligen unter „ferner liefen" verzeichnet gewesen. Sehr viel älter als die belachte Nobilität des vom Kaiser noch schnell vor der Abfahrt ins holländische Exil nobilitierten „Bahnhofsadels" war sein „von" auch nicht.

Wahrscheinlich ging alles auf teurem Niveau schief, weil sich Arndt von Bohlen und Halbach auf ein Schicki-Micki-Fest nach Münchner Art eingelassen und den Playboy und sein eigentliches Wesen unterdrückt hatte. Der örtliche Nachtclub-Playboy James Graser durfte gerade mal die etwas anzügliche „Dudlhofer Milchwirtschaft" vortragen. Der weitere Rest an Extravaganz waren noch ein paar homosexuelle Modemacher und „Waldi" Giegold, ein besonderer Freund von Arndt, der von ihm sogar mit einem Speiselokal bedacht worden war. Getanzt hat Arndt mit Prinzessin Soraya, gewidmet hat er sich vorwiegend Hildegard Knef.

Die gelungenen Feste der Playboys zeichnete nicht der Aufwand aus, sondern der Anflug einer Idee, einer Lebenshaltung. Was in den Animateuren der Ferienclubs zur professionell-perfekten Routine verkommen ist, war den Playboys ein Stück ihrer selbst. Sie wollten sich mit unterhaltsamen Menschen unterhalten – und taten es, sicher auch, weil sie sonst nicht viel zu tun hatten, mit aller Leidenschaft. Als Gastgeber ihrer Parties waren sie Hofmann und Hofnarr zugleich – und deshalb so beliebt, obwohl sie im gesellschaftlichen Sinne als Nichtstuer, Geldverschwender und Frauenverschlinger Randfiguren neben den wirklich Reichen und Schönen waren.

Auf ihren Festen führten sie vor, daß man Geld haben muß, dieses allein aber nicht genügt, um eine vergnügte Lebensart zu haben. Das unterschied sie selbst noch von den Superreichen wie einem Onassis, der mit immer schwereren Lidern immer mißvergnügter auf seinen Reichtum schaute, aber keinen Spaß entwickeln konnte. Das unterschied sie von einem Kaufhausmillionär Horten, der seine Gäste im Privatjet an die Côte d'Azur einfliegen, die Spitzenköche der Welt das Essen zubereiten ließ, ein Unterhaltungsprogramm von Charles Aznavour bis zu den Bluebell-Girls aus dem Pariser Lido aufbot – und doch nur Langeweile produzierte. Er hatte die richtigen Leute falsch plaziert, wußte selbst dem ganzen Unternehmen keinen Drive, keine Stimmung zu geben. Wer gewohnt ist, alles fein säuberlich nach Soll und Haben zu sortieren, wer immer bilanziert und rubriziert, dem fehlt die Leichtigkeit, die den Playboy auszeichnet, für die dieser gescholten wird – und die ihm doch jenes gewisse Etwas verleiht, das seine Welt zu einem Reich macht, in dem die Sonne des Frohsinns nicht untergeht.

Der Playboy ist ein Verwandter des Prinzen Orlowsky aus der „Fledermaus", den nichts so irritiert wie ein sich langweilender Gast. Wer sich „enuiert" wird hinauskomplimentiert – und wenn dies nicht geht, dann stiehlt man sich aus derart langweiliger Gesellschaft davon. Nahezu stereotyp begründet Rubirosa, warum er es bei seinen millionenschweren Ehefrauen nur so kurz ausgehalten hat: Er hat sich schrecklich gelangweilt. Über seine Zeit mit Doris Duke urteilte er: „Das war meine langweiligste Ehe. Wir hatten alles, was man sich für Geld kaufen konnte, aber ich habe mich noch nie so wenig amüsiert." Mit Barbara Hutton sollte es noch anödender kommen. „Sie lag den ganzen Tag lesend im Bett. Es war ein sehr langweiliges Leben", klagte Rubirosa nach gerade zwei überstandenen Ehemonaten.

Kein Biotop war den buntschillernden Playboys mit ihren Festen und Späßen angemessener als die Welt der im Kokon ihrer Millionen eingesponnenen Müßiggänger, die sich an den Nobelorten verzweifelt die Zeit vertrieben. Art Buchwald, einer der Großen des amerikanischen Nachkriegsjournalismus und Mitte der fünfziger Jahre Pariser Korrespondent der „New York Herald Tribune", ironisierte treffend dieses Milieu. „1954 wird die Entscheidungen bringen. Wer wird die größte Party schmeißen? Wird sich Ali Khan verheiraten? Wird der Yachthafen von Cannes erweitert? Aber, die Schultern über die Roulette-Tische von Monte Carlo gebeugt, wollen wir mit Hoffnung dem Neuen Jahr entgegensehen und hoffen, daß es Schnee in St. Moritz geben wird und Sonne in Marrakesch, Kostüm-Parties in Biarritz und Feste in Venedig, Tiefsee-Fischen vor Capri und Taubenschießen in Deauville." Unter diesen vom Glanz ihres Wohlstands blind gewordenen Millionären waren die Playboys mit ihren für Spaß und Unterhaltung offenen Augen schnell Könige.

Aber ihr Entertainment war letztlich doch der Halbseide und dem Talmi allzu verwandt. Alles blieb Oberfläche. Wenn es um Qualität ging, dann mußten sie sich geschlagen geben. Die Jahrhundertparty organisierte nicht einer der jungen, schönen Lebemänner, sondern ein kleiner, homosexueller, durch exzessives Leben arg verlebter Intellektueller: Truman Capote. Mit dem Buch „Kaltblütig" auf dem Höhepunkt seines Ruhmes, veranstaltete dieser Schriftsteller einen „Ball in Schwarz und Weiß" im New

Yorker Plaza-Hotel. Die ganze bessere Gesellschaft nicht irgendeiner Stadt, sondern der Welt-Metropole schlechthin, zitterte um eine Einladung. Der Geldadel der amerikanischen Ostküste buhlte ebenso darum, dabeisein zu dürfen, wie die Intellektuellen-Schickeria. Capote lockte nicht mit großem Show-Glimmer und buntem Treiben, sondern mit der schieren Exklusivität.

Strengste Vorschriften beschränkten Kleidung auf Smoking mit schwarzer Maske für die Herren und schwarzes oder weißes Abendkleid, Fächer und weiße Maske für die Damen. Nur beim Schmuck war Capote großzügig und lockerte die Vorschrift, daß nur Diamanten getragen werden dürfen, nachdem ihm eine der eingeladenen Damen gestand, daß sie ihre Diamanten gerade versetzt habe. Kleine Verstöße wie im Fall der Prinzessin Luciano Pignatelli, die sich die Maske aufs Gesicht gemalt hatte, wurden geduldet. Glich sie doch den Fauxpas dadurch aus, daß sie den Kopfschmuck mit einem 60karätigen Diamanten verziert hatte. Die Urteile über das Fest reichten denn von „vraiment formidable" bis „immer glanzvoll" – und das New Yorker Stadtmuseum kassierte Masken und Souvenirs des Festes für seine Sammlung.

Playboys waren auf dieser Jahrhundertparty nicht dabei. Hier waren sie nicht einmal mehr als Hofnarren geduldet, fehlte es ihnen doch am ganz großen Format. Sie stehen dem zu Stars gewordenen fahrenden Volk der Schauspieler, der Gaukler näher als der Welt der wirklich Mächtigen und Reichen.

Nie ganz oben und oft genug mit dem Ruch des Aufsteigers behaftet, war ihre Lebensart denn auch nicht davor gefeit, ins fast Proletarische abzusinken. In einer Mischung aus Empörung und Faszination vermeldete ein buntes Blatt Mitte der sechziger Jahre aus St. Tropez, daß sich Sean, der Sohn des Film-Playboys Errol Flynn, zusammen mit Freunden beim Essen mit Sekt und Mineralwasser übergossen hat und die Mädchen sich anschließend am Strand im „Nullkini" zeigten, während die Knaben ihre Badehosen abstreiften und Sonnenschirme ins Meer warfen.

Die Nachäfferei setzte an den Nobeladressen ein, endete schließlich am Strand von Mallorca und dröhnt und grölt als finales Echo am Ballermann 6 fort. Spätestens bei den Strohhalmschlürfern am Sangria-Eimer zeigt sich, was Playboys von ihren Nachahmern trennt. Selbst im Vergleich zu dem nach wie vor teuren Treiben in ihrem einstigen Eldorado St. Tropez schneiden die Playboys formidabel ab. Mit Champagnerflaschen wild in der Gegend herumspritzende Öl-Prinzen, sich Cocktails bei einer Ägyptischen Party übers Gesicht schüttende Diktatorensöhnchen – dagegen hatten die Playboy-Feste geradezu olympisches Format. Die Nachahmer von heute sinken zu letztklassigen Plagiatoren herab und bescheinigen den Playboys nachträglich doch das, worum sie sich so sehr bemühten: Stil. Feste sind letztlich nur Form und Ereignis gewordene Grundhaltung der Playboys. Ihr Lebensprinzip ist Spaß, oft genug nichts als zum Witz geronnene Freude. Lange ehe die Kulturpessimisten am Ende des Jahrtausends die Welt an der Spaßkultur zugrundegehen sehen und den rechten Sinn für den Ernst des Lebens vermissen, haben sich die Playboys schon dem Spaß verschrieben und damit Neid und Spott auf sich gezogen. Schließlich tummelten sich die Spaßmacher in einer dem Zweiten Weltkrieg eben entronnenen Welt, in der zuerst die Alltagsbewältigung und dann erst das langsam wieder entdeckte Vergnügen kam.

Konkret sind die humoristischen Freuden der Playboys banal und bewegen sich nur zu oft auf dem Niveau von „Weißt du noch, wie wir dem Lehrer..." Ach ja, wie haben doch die Playboys darüber gelacht, als einer von ihnen beim Après-Ski einem nörglerischen Banker am Nebentisch nach schnellem Griff zum Senftopf ein Kreuz auf die Stirn malte. Wie hat doch der angehende, mittellose Playboy Blut und Wasser geschwitzt, als der Playboy-Mime Errol Flynn dessen Flamme anstachelte, im Restaurant eine möglichst hohe Zeche zu machen – nur um dann den zahlungsunfähigen Adepten der leichten Lebensart auszulösen. Und ist es nicht köööstlich, wenn ein Playboy einem langweiligen Tischnachbarn einfach die Außentasche seines Smokings aus Rache abtrennt, weil dieser ihm den Abend mit öden geschäftlichen Dingen verdorben hat? Und war es nicht zum Schreiiien, als Prinz Victor Emmanuel von Savoyen doch tatsächlich bei einer Cowboy-Party von Gunter Sachs mit scharfer Munition um sich schoß und vom Hotelmanager in Acapulco höchst förmlich ermahnt wurde. „Wir wären dankbar, wenn Sie das bitte nicht mehr tun würden." Und zuuu komisch war es natürlich auch, als Johannes von Thurn und Taxis dem Arndt von Bohlen und Halbach ein Büschel Haare ausgerissen hat, weil er nicht glauben wollte, daß dessen Haarpracht echt ist. Arndt von Bohlen und Halbach fand das nicht very amusing, liebte den frivolen, aber nicht zu derben Scherz, was ihm das Lob der Öl-Milliardärs-Gattin Ann Getty eintrug: „Arndt hat eine wundervolle Art von Humor."

Nicht ganz so prächtig fand Emry Williams, Chauffeur von Ali Khan, die Scherze seines Herren, war aber relativ tolerant. Wenn er im Hotel in einen Kleiderschrank gesperrt wurde, so schien das dem Domestiken noch hinnehmbar, daß aber Ali Khan zum Spaß aus einem fremden Garten Kirschen stahl und von dem aufgebrachten Besitzer um ein Haar erschossen worden wäre, das konnte der Chauffeur schon weniger verstehen. Gerade die Unangemessenheit der Vergnügung dürfte jedoch den Playboys Spaß gemacht haben. Für ein bißchen Obst das Leben aufs Spiel zu setzen, kann nur lustig finden, wer Millionen hat und sich ganze Obstplantagen kaufen könnte. In erwachsenem Alter Stinkbomben zu werfen und Juckpulver zu streuen, wie es Ali Khan nachgesagt wird, dürfte beim ismaelitischen Prinzen auf eine eher sinistre Jugend hindeuten, deren versagte Freuden er als Playboy nachzuholen sucht.

Die Spaß-Geschichten der Playboys unterscheiden sich nicht außerordentlich von den Anekdoten, die jeder Mann, der nicht gerade ein ausgewachsener Trauerkloß ist, aus Schulzeiten, vom Militärdienst oder von den alkoholisierten Phasen exzessiver Betriebs- und Kegelclubfahrten zu erzählen weiß. Interessant an ihnen ist, außer der relativ prominenten Personage, nur, daß sie für erinnerns- und erwähnenswert gehalten werden. Es mag den Beteiligten rückblickend auffallen, daß so mancher Ulk, wird er nachträglich erzählt, nicht mehr ganz so lustig ist. Aber sie halten an den Schnurren fest, weil sie doch ein Abglanz des einstigen Lebensgefühls sind, etwas davon widerspiegeln, daß es vor allem darauf ankam, Spaß zu haben – und das so umfassend wie möglich. Für den großen Orden „Wider den tierischen Ernst" taugt die Playboy-Blödelei nicht, aber doch für etliche kleine Ehrennadeln – und in ihrer Fülle beweisen sie, daß der Playboy sich den Luxus leisten konnte, das zur Hauptsache zu machen, was den anderen nur Nebensache ist oder – im Blick auf den Ernst des Lebens – sein darf.

Der Playboy steht in der Tradition der derben Scherze, mit denen sich vergnügungssüchtige Mitglieder der Oberschicht mangels besserer Einfälle seit jeher gerne die Zeit vertreiben. Sie sind eine teure Variante von „einmal die Sau raus lassen", wie es gerne von durch Geld und Stand eigentlich in Konventionen gefesselten Menschen praktiziert wird. Die Lebensart der Dandys – und damit auch ihre Scherze – waren von subtilerer Art, wie dem Klassiker „Gegen den Strich" von Joris Karl Huysmans zu entnehmen ist. Dort veranstaltet der Held Des Esseintes ein schwarzes Diner aus Anlaß „einer bloß temporär hingeschiedenen Männlichkeit". Nicht nur, daß der Dandy die Größe hat, mit dem Schwinden der männlichsten Männlichkeit seinen Scherz zu treiben, tut er dies noch mit galligem Humor: „Das schwarzausgeschlagene Speisezimmer lag hinter einem aus diesem Anlaß verwandelten Garten; die Wege waren mit Holzkohle bestreut, der Teich hatte einen Rand aus schwarzem Basalt und war mit Tinte gefüllt. Das Essen wurde auf einer schwarzen mit Veilchen verzierten Altardecke serviert. Die Kronleuchter warfen ein grünliches Dämmerlicht und in den Kandelabern brannten flackernde Kerzen – ein verborgenes Orchester spielte Trauermärsche während die Gäste von nackten Negerinnen bedient wurden, die nur Strümpfe und Pantoffel aus Silberstoff trugen, auf die Tränen gestickt waren. Man aß aus schwarzumrandeten Tellern Schildkrötensuppe, russisches Roggenbrot, reife Oliven aus der Türkei, Kaviar, geräucherte Blutwurst aus Frankfurt, Wildbraten in schuhcremefarbigen Saucen, Trüffelpüree, amberfarbene Rumpralinen. Aus dunkelgetönten Gläsern trank man Weine aus La Limagne en Roussilon und nach dem Kaffee einen Nußbranntwein, Kwas, dunkles Bier und Stout."

Solch durchgestylter Humor dürfte auch bei den Dandys mehr Literatur denn Wirklichkeit gewesen sein, war aber als Ideal lebendig. So hoch wollten die Playboys nie hinaus. Sie verstanden ihren Spaß immer schlichter und direkter, waren aber damit in einer biederen Umwelt eine Sensation, wofür Edward Johnston-Noad aus den Vorzeiten der Playboy-Geschichte ein anschauliches Beispiel gibt. In seinem Lustlandhaus delektierten er und seine Freunde sich daran, eine dicke nackte Frau über den Rasen zu jagen und ihr dabei mit Bootspaddeln auf das Hinterteil zu klatschen. Des Playboys Freud, des Nachbarn Leid – es hagelte Anzeigen, aber damit auch das, was wiederum des Playboys nicht geringste Belustigung ist, öffentliche Aufmerksamkeit.

SPIEL UND SPORT

„Rubi, Sie werden sehen, ich werde Sie heiraten!" Die später realisierte Heiratslaune der Dollarprinzessin Barbara Hutton war sportlich begründet. Zuvor hatte sie per Feldstecher auf den Polospieler Porfirio Rubirosa ein immer schärferes Auge geworfen, so daß sie sich in Deauville bei der anschließenden Dinnerparty zu ihrer Prophezeiung animiert fühlte.

Das folgenreiche Rencontre ist das leuchtendste Beispiel für die Bedeutung von Spiel und Sport für den Playboy. Was für den Normalbürgerlichen höchstens die schönste Nebensache der Welt ist, was ein Polit-Intellektueller wie Churchill mit „No Sports" weit von sich weist und was als „Sport ist Mord" zur leidvoll erfahrenen Schülerweisheit geronnen ist – das ist für den Playboy die Grundlage seiner Existenz. Wer ein richtiger Playboy ist, füllt diese Bezeichnung wortwörtlich kompetent aus. Er lebt nicht nur fortgesetzt ein leichtfertiges Jung(gesell)enleben, sondern ist Spieler in jeder Art – von Schach bis Polo, von Roulette bis Tennis.

Sport ist dabei die am intensivsten ausgelebte Variante dieser Spielfreude. Was anderen Ergänzung ist, ist dem Playboy Hauptsache, ja Lebensinhalt. Käme sonst jemand auf die Idee, seine Kinder ausgerechnet nach den Schutzpatronen seiner liebsten sportlichen Betätigungen zu nennen? Prinz zu Hohenlohe gab seinen Söhne den Namen Christopher als Tribut an den Autofahrerheiligen und den Namen Hubertus nach dem Patron der Jäger.

Der Sport kanalisiert nicht nur die Umtriebigkeit und Vitalität. Er bietet auch die Gelegenheit zur Konkurrenz, zum Wettkampf – und dies unter den Augen der Öffentlichkeit. Nirgends sonst läßt sich so wunderbar ausstellen, was eine der Stärken des Playboys ist: körperliche Anziehungskraft, die über einfaches Schönsein hinausgeht.

Nicht jede Sportart kommt für Playboys in Frage. Schwer vorstellbar, daß einer von ihnen als Fußballer, als einer unter 22 hinter einem schlichten Lederball herläuft. Polo mit nur acht Spielern und einem Ball aus gepreßtem Bambusholz ist da schon weit angemessener. Undenkbar sind auch Sportarten, die allzugroße Mühsal bedeuten, denen der Geruch von Arbeit anhaftet und nur mit aufwendigem Training zu perfektionieren sind. Also nichts mit Playboy-Läufern, Playboy-Leichtathleten oder Playboy-Turnern.

Daß Barbara Huttons dritter Ehemann – und als solcher Vorgänger von Porfirio Rubirosa – Fürst Igor Trubetzkoy, ausgerechnet ein hervorragender Radrennfahrer war, bestätigt dies eher. Denn Trubetzkoy verkehrte zwar mit renommierten Playboys, war ihr Geschäftspartner, hatte selbst aber kein Zeug zum allzu leichtfertigen Leben. Barbara Hutton hatte ihre Schwäche für ihn auch nicht bei Ansicht des sich buckelnden, krümmenden und nach unten tretenden Radfahrers entdeckt. Ein kurzes Kennenlernen, ein Telephonat „und dann – rumms – ins Bett und neue Realitäten", wie der nach drei Jahren von Barbara Hutton geschiedene Trubetzkoy berichtet.

Playboy-Sportarten – das sind Skifahren zu Wasser und zu Lande, Yachting – unter Segeln oder mit Motor, Autofahren, Reiten, Polo, Tennis, Golf oder das legendäre Crestafahren. Der Gefährlichkeitsgrad ist dabei unterschiedlich hoch, doch ist auffällig, daß die harmlosen Varianten körperlicher Betätigung keine vorrangige Rolle spielen. Golf wurde gespielt, wohl vor allem, weil es schick und damals noch exklusiv war. Vom Erregungsgrad war es für den Playboy eher reizlos. Für Tennis gilt Ähnliches, da es doch sehr zivil, sehr bieder ist und Spannung höchstens im Turnier mit ausgesprochenen Cracks bietet. Auch haftet ihm der Geruch von Damensport an, was jedoch den Reiz bot, eine Partnerin nicht nur für den Schlagabtausch auf dem Spielfeld zu gewinnen. Was einem Konrad Adenauer recht war, der seine erste Frau im Tennisclub Pudelnaß kennenlernte, das konnte aber einem rechten Playboy letztlich kaum billig sein. Er brauchte den Kitzel der Gefahr.

Mag man über die selten professionelles Niveau erreichende Sportleidenschaft der Playboys spötteln, so ist es doch unübersehbar, daß sie sich im Sport wirklich Gefahren aussetzten, das Risiko suchten – und diese Leidenschaft mit Verletzungen, wenn nicht gar mit dem Leben bezahlten. Ein gerissener Trapezmuskel bei Prinz Hohenlohe als Folge des gescheiterten Versuchs, 1948 die Olympia-Skiabfahrt von St. Moritz zu bewältigen, zählt zu den harmloseren Blessuren. Porfirio Rubirosa brach sich beim Polo in Ägypten den Halswirbel und wurde mit dieser lebensgefährlichen Verletzung ins Krankenhaus gebracht, wo er auf die vornehmste Playboyart behandelt wurde. Nicht nur, daß seine Ex-Gattin Doris Duke aus dem fernen Hawaii ans Krankenlager eilte, schickte ihm König Faruk seine momentane Favoritin für eine Nacht „zur Gesellschaft" aufs Krankenzimmer, was er dankend als „Delikatesse" zu schätzen wußte.

Es kennzeichnet den Playboy, daß er etwa im Pferdesport dem Dressurreiten keine weitere Beachtung schenkte und das ausgezirkelte Pferdetrippeln jenen Herrenreitern überließ, die wie ein Josef Neckermann mit einem Ladestock statt eines Rückgrats zur Welt gekommen sind. Die schwersten Hindernisreiten der Welt, bei denen Genick von Pferd und Reiter gleichermaßen gefährdet ist, waren einem Ali Khan als Spielplatz gerade recht.

Das Bar Steeplechase in Liverpool hat er gleich dreimal gewonnen. Der Ismaeliten-Prinz darf in seiner Leidenschaft für Pferde selbst unter Playboys als Ausnahmeerscheinung gelten: Nicht nur, daß er höchstdotierte und -renommierte Rennen gewann, er kaufte auch Pferde, zog welche groß und verkaufte sie mit Gewinn, den er wieder in Gestüte in Irland, Frankreich und USA investierte.

Beim Wintersport begnügten sich die Playboys nicht mit dem Skifahren, sondern entdeckten das exklusivere und gefährlichere Crestafahren für sich. Auf einem eisernen Minischlitten, kaum mehr als ein kufenbewährter Bauchuntersatz, stürzen sich die Fahrer bäuchlings, mit dem Kopf voraus in eine Eisrinne. Das verlangt weniger Training – wofür ein Playboy die Zeit, nicht aber die Geduld hat – dafür um so mehr Draufgängertum. Hinzu kommt der Clou extremer Exklusivität: Es gibt weltweit nur eine einzige Cresta-Bahn – und die liegt im Wintersportort par excellence, in St. Moritz. Einziger Wermutstropfen: Beim Crestafahren ist der Playboy nicht Hausherr, sondern ewiger Gast – und das bei Ruheständlern, gehört doch die St. Moritzer Bahn einem Club pensionierter britischer Offiziere mit äußerst rigiden Aufnahmeregeln.

Eine wesentliche Voraussetzung für das sportliche Draufgängertum der Playboys ist die Motorisierung. In dem Spiel mit den geballten Pferdestärken sind sie ganz Knaben ihrer Zeit. Höchste Kraftentfaltung, größte Geschwindigkeit, hohe Gefährdung, aber ohne zu große erkennbare Anstrengung – das ermöglichen Rennboote, Rennautos und Flugzeuge. Was dabei gerade in den Frühzeiten des Playboytums getrieben, ja geleistet wurde, geht über das stupide Abfahren von Rennpisten weit hinaus.

Freddie McEvoy wettete etwa mit Freunden, daß er die Strecke Paris-Cannes mit dem Auto in zehn Stunden zurücklegt – und das bei ungleich schlechteren Straßenbedingungen als heute. Er schaffte es in neun Stunden und gewann 10.000 Dollar. „Prinz" Alexis Mdivani, erster Ehemann von Barbara Hutton und begnadeter Schürzenjäger, bezahlte eine Wette mit dem Leben. Der Sohn eines kaukasischen Generals, dessen Mutter sich den Prinzessinnentitel eigenmächtig zugelegt hatte, wollte den Puerto-del-Sol-Expreß von Paris nach Madrid mit seinem Rolls-Royce Cabriolet einholen. Ein Baum stellte sich diesem Versuch in den Weg, und an ihm endete das Leben von Mdivani. Aber auch im schnellen Sterben war der wahre Playboy noch Gentleman. Mdivanis Beifahrerin, Baronin Maud von Thyssen, die – nur mit einem Pyjama bekleidet – wohl die Ursache der Unaufmerksamkeit des Fahrers war, überlebte den Unfall – so wie Jahre später Prinz Ali Khans Begleiterin bei dessen tödlicher Autokarambolage. Auch in den Lüften suchte der Playboy die sportliche Gefahr. Ali Khan quälte in jungen Jahren mit gerade erstandenem Flugschein eine einmotorige Puss-Moth-Maschine 10.000 Meilen von Bombay nach Karatschi, dann weiter über Indien und Malaia nach Singapur. Als einziger von den vier Piloten dieses Wettflugs kam er ohne Zwischenfall wieder nach Bombay zurück. Porfirio Rubirosa erlitt mit einem seiner umgebauten Bomber eine Fast-Bruchlandung, verlor eines der Flugzeuge bei einem Totalcrash und ruinierte ein weiteres Mal ein Flugzeug auf dem Flug von Rom nach Cannes mit einer Bruchlandung. Danach soll er so nervös gewesen sein, daß er im Hotel nicht wählerisch sein konnte und seine Unruhe mit dem sich gerade anbietenden weiblichem Dienstpersonal bekämpfen mußte.

Die wildesten sportlichen Eskapaden trugen sich zu Zeiten zu, als es schon Playboys gab, sie aber noch nicht so hießen. Später, ab Mitte der fünfziger Jahre, als der Playboy zum anerkannten Gesellschaftstyp avanciert war, verliefen diese Aktivitäten in gemäßigteren Bahnen, was den Übergang vom spleenigen Draufgänger-Playboy zum Gentleman-Playboy markiert. Von Gunter Sachs sind Extrem-Abenteuer nicht überliefert. Zwar lief er Ski gleich einem „jungen Gott", wie Brigitte Bardot trotz allen Grolls auf den Ex-Mann anerkennt, aber sein Leben setzte er nur noch sehr begrenzt aufs Spiel. Im ersten Liebestaumel will er mit der Yacht aufs Mittelmeer hinausgerast sein, dem Liebesspiel mit Brigitte Bardot so hingegeben, daß er sich nicht mehr um den Kurs des Bootes kümmerte und eine Kollision mit einem Riff riskierte – doch weiß die Geliebte von solchen Abenteuern nichts zu berichten. Noch heute aber schwärmt sie davon, daß Gunter Sachs bei der Hochzeit eines örtlichen Fischers am Strand von Pampelonne im Frack ankam, einen Riesenstrauß Blumen in der Hand – und dies alles auf einem Monoski, gezogen von seinem Super-Ariston, dem Rolls-Royce unter den Motoryachten.

Mit dem Wasserskilaufen hatte die jüngere Playboy-Generation eine ideale Sportart gefunden. Die Gesetze der Schwerkraft scheinbar überwindend über den Wassern zu schweben, ohne sich selbst anzustrengen und dabei den wohlgeformten Körper auszustellen, muß als sportliche Realisierung des Playboy-Traums angesehen werden. Kein Wunder, daß Porfirio Rubirosa, um mehr als 20 Jahre älter als Gunter Sachs und damit schon fast ein Playboy-Veteran, auf die Wasserskikünste des Jüngeren neidisch war. Also übte Rubirosa unermüdlich. Als er es vorführbereit beherrschte, schenkte ihm Gunter Sachs keine Aufmerksamkeit, weil er zu diesem Zeitpunkt gerade nur noch Augen für Ex-Kaiserin Soraya hatte. Im Vergleich zum Wasserski kam das winterliche Skifahren dem Playboy weniger entgegen, was ihn nicht daran hinderte, es mit größter Leidenschaft auszuüben. Der alpine Skilauf, vor allem in seiner intensiveren Variante, ist schwerlich als Damen-sport einzustufen: zu anstrengend, zu gefährlich, zu kräfteraubend. Noch heute weint sich Brigitte Bardot über die Trostlosigkeit ihrer Ski-Haserl-Existenz aus. Den ganzen Tag sei Gunter unterwegs gewesen mit seinen Freunden – und blonden Mädchen, die noch Kraft und Geschmeidigkeit für die Piste mitbrachten. Und ihr späterer Lover Patrick, mehr Gigolo als Playboy, war nicht nur ein Ski-As sondern auch beim Après-Ski eine große Nummer: „Abends war er auch wieder weg, um die herrlichen jungen Frauen wiederzutreffen, die mit ihm Schlepp- oder Sessellift gefahren und schwindelerregende Abfahrten hinuntergesaust waren ...“

Der Playboy stand allerdings unter erheblichem Leistungs- und Kon-kurrenzdruck, schließlich waren da noch die Skilehrer. Das Problem? Der Skilehrer kann besser Ski fahren und hat mehr Mädchen im Bett. Einziger Trost: Dem einen wie dem anderen waren die winterlichen Umstände für den schnellen erotischen Genuß nicht sonderlich förderlich. Teddy Stauffer, der zeitweise sein Geld als Skilehrer in den Rocky Mountains verdiente, weiß aus der Skischule zu plaudern: „Freunde, glaubt mir: Eine verschneite Tanne mag ein wunderbares Versteck, der Schnee daunenweich sein – Lehrer wie Schülerin haben's doch schwer. Die engen Keilhosen sind daran schuld. Sie sind ein Problem.“

Ob die Jagd auch unter die Kategorie „Spiel und Sport“ zu rubrizie-ren ist, mag umstritten sein – allerdings nicht unter Playboys. Ihren hohen Stellenwert kann man daran erkennen, daß die Familie Sachs noch immer mit dem bayerischen Staat darum prozessiert, wie es mit ihren Jagdrechten auf dem Gut Rechenau bestellt ist. Allerdings betont Gunter Sachs, daß er überzeugter Nicht-Jäger sei und weist es von sich, von jener Jagdleiden-schaft erfaßt zu sein, die Prinz zu Hohenlohe dem gesamten männlichen Geschlecht unterstellt: „Wenn die Jagdzeit beginnt, kommt die Unruhe über mich, ein Urtrieb erfaßt mich. Ertappt sich nicht jeder Mann gelegentlich bei dem sehnsüchtigen Gedanken, einem Gamsbock in unwegsame Felsenswelt zu folgen?“ Auch wenn es wahrscheinlich mehr Männer gibt, die nicht von Gamsbock-Sehnsüchten geplagt sind, als sich der Prinz zu Hohenlohe vorstellen kann, so ist die Jagdlust doch ein System- und klassenübergreifendes Vergnügen, das Kaiser und Staatsratsvorsitzende teilen.

Wo alles jagt, kann der Playboy natürlich nicht abseits stehen. Vielmehr ist er voll dabei, ja eigentlich der Jagdherr schlechthin, was das auf ihn zwei-fellos zutreffende, etwas antiquierte Wort vom „Schürzenjäger“ erhellt. Denn die „Schürze" sind in der Jägersprache die Haare am äußeren Genital des Rehs, der Schürzenjäger also im Klartext nichts anderes als ein „Schamhaarjäger". Tiefenpsychologen könnten lange darüber rätseln, welche Übertragungen bei der Jagdleidenschaft des Playboys eine Rolle spielen. Unbestritten ist, daß der Playboy in jeder Hinsicht ein leidenschaftlicher Jäger ist – da wie dort, egal wie phallisch die dabei ins Spiel kommende Flinte zu bewerten ist.

Noch mehr als das Skifahren ist das Jagen eine Männerangelegenheit, bei der die Frauen Randfiguren sind. Ist doch die Jagd dazu geeignet, die Frauen zu ersetzen, ja zu übertrumpfen. „Für den Jäger ist die Jagd keine unstete Geliebte, die einen verläßt und irgendwann wiederkommt", urteilt der vermutlich jägerlichste Playboy, Prinz zu Hohenlohe. Seine Frau, Ira von Fürstenberg, den ganzen Outdoor-Aktivitäten ihres Mannes herzlich abgeneigt, langweilte sich bei Jagden nicht nur, sondern ärgerte sich auch noch, daß sie nie etwas von der Jagdbeute verzehren konnte, weil die Herren dann schon wieder zur nächsten Jagd unterwegs waren.

An der Jagd irritiert die Partnerinnen von Playboys nicht nur die männerbündische Zusammenrottung. Diesen meist geschlechtsspezifisch etwas empfindsameren Wesen ist das blutige Treiben oft auch schlicht zuwider. Nicht jede mag mit gleicher Leidenschaft wie Brigitte Bardot als eine wahre Franziska von Assisi Tierliebe verkörpern, aber ihre Haltung darf so viel weibliche Allgemeingültigkeit beanspruchen wie der global männliche Anspruch auf Jagdvergnügen. Von Gunter Sachs in Bayern im Hotel Zum Weißen Rößl untergebracht, gerät Brigitte Bardot außer sich, als sie sich umsieht. „Der Empfangsraum war bedauerlicherweise mit ausgestopften Jagdtrophäen aller Tiergattungen vollgehängt. Mich schauderte beim Anblick dieser beklagenswerten Rehe, Wildschweine, Zehnender und Raubvögel, die mich mit ihren Glasaugen anstarrten und von mir forderten, sie zu rächen, was man ihnen unmöglich abschlagen konnte. Demnach war Gunter also Jäger? Ich machte einen Skandal, das war eine Unverschämtheit von ihm! Er besaß tatsächlich die Frechheit, mir auf seinem bayerischen Besitz einen Friedhof mit ausgestopften Tieren zu zeigen."

Attraktiv wurde die Jagd für den Playboy auch durch ihre Exklusivität, sofern sie sich über die Knallerei französischer oder italienischer Bauernjagden erhob. Große Reviere kosten Geld, so daß sich in ihnen automatisch Wohlbetuchte tummeln. Für die Aufsteiger-Playboys, die nicht über das ganz große Vermögen verfügten oder sich mit ihrem Lebensstil an dieses heranmachten, war damit eine wunderbare Gelegenheit gegeben, sich ohne eigenen Aufwand im luxuriösen Rahmen zu bewegen, sofern sie durch jagdliches Können oder unterhaltsames Wesen stimmungsfördernd wirkten. Ein Gunter Sachs, ein Arndt von Bohlen und Halbach konnte seinerseits als Jagdherr den Gastgeber spielen und illustre Gäste bei sich begrüßen. Bei Arndt von Bohlen und Halbach, feminin auch in seiner Abscheu gegenüber der Jagd, ergab sich die groteske Situation, daß er seine ausgedehnten Jagdgründe nur unterhielt, um Prominenz von Niarchos bis Beitz zu Gast zu haben.

War der zur Jagd geladene Playboy von altem Schrot und Korn, hatte er seinerseits Gelegenheit, seinem Gastgeber Lebensart zu demonstrieren. Das konnte in der sportiven Art geschehen, daß Prinz zu Hohenlohe vorführt, wie er 58 Schuß in einer Minute abgeben kann. Das kann aber auch zur Kränkung von Herrn Neureich durch den selben Jagd-Playboy führen. Im Revier von Friedrich Karl Flick war der Herr zu Hohenlohe über die kaum flugfähigen, überfütterten Fasane höchst irritiert. Ein Schlachten war's, nicht eine Jagd zu nennen – und so schoß er einfach mit einer Hand aus der Hüfte einen Fasan ab, was Friedrich Karl Flick zurecht als Kränkung verstand und den Prinzen nicht mehr einlud.

Auffällig ist die Abwesenheit einer bestimmten Form der Jagd, die gerade dem Playboy wegen ihres betont maskulinen Charakters besonders liegen müßte: die Großwildjagd. Schließlich war sie in den fünfziger und sechziger Jahren nicht durch Artenschutz eingeschränkt, damals als Simbabwe noch Rhodesien hieß und der Weiße noch uneingeschränkter Herr der Savanne war – aber nur, solange er bereit war, einige Unannehmlichkeiten auf sich zu nehmen. Stilgerechte Großwildjagd à la Hemingway bedeutet schlichte Unterkünfte, bescheidenes Essen, Moskitos, Hitze und Staub. War erst einmal von den klimatisierten Hotels Abschied genommen, schmolz die Stimmung, wie aus Berichten von Playboy-Jägern hervorgeht, parallel zum Eisvorrat in den Kühlboxen dahin.

Wozu solche Mühsal auf sich nehmen, wenn das Jagdvergnügen zu Hause viel bequemer und nicht weniger exklusiv zu haben war. Von allen Gewohnheiten des Playboys blieb die Jagd die abgehobenste, schon deshalb weil sich die Jagdreviere nicht beliebig vermehren lassen und die Jagdgesetze in Deutschland äußerst restriktiv sind. Bereits in Frankreich ist dies etwas anders. Allerdings ist die Jagd das am wenigsten öffentliche aller Vergnügungen, vollzieht sich hinter hohen Tannen, in einsamen Tälern und auch noch zu nachtschlafener Zeit. Dämmriges Büchsenlicht für die Beute und grelles Scheinwerferlicht für den Jäger – unvereinbar und daher ein unaufhebbares Dilemma für den Playboy-Jäger. Schon gar nicht populär geworden und der Nachahmung anheimgefallen ist eine Spielart, die selbst unter Playboys einmalig gewesen sein mag, aber nicht ohne Reiz scheint: Gunter Sachs ist Schachspieler, und das mit Leidenschaft. Auf der Hochzeitsreise mit Brigitte Bardot, auf einer tropischen Insel mit geringem Vergnügungsangebot, vertreibt sich Sachs die Zeit mit Schach, nachdem er in einem deutschstämmigen Hotelier einen adäquaten Gegner gefunden hat. Brigitte Bardot grollt dem Frischangetrauten deswegen; sie ist eben nicht die Herzogin von Ronda in dem Stück „Don Juan oder die Liebe zur Geometrie" von Max Frisch. Die liebt Don Juan gerade deshalb, weil ihn „Schach, das Spiel mit dem Geist, unwiderstehlicher lockt als das Weib". Gunter Sachs und die Liebe zum Schach – zumindest steckt in ihm etwas von dem Don Juan von Max Frisch – der kein wirklicher Don Juan mehr ist, sondern nur einer, der ab und an in diese Rolle schlüpft.

Diese höchste Spielart mag den meisten Playboys verschlossen oder gar nicht bewußt gewesen sein. Dem Dandy war die Welt Bühne und er wußte es, spielte seine Rolle, schuf sich sein spezielles Kostüm und als Meister des Bonmots und der Konversation fortlaufend seine eigenen Dialoge. Aber auch seinem Nachfahren haftet dieses Schauspielerische an, und es ist sicher kein Zufall, daß bei Umfragen immer wieder vor allem Schauspieler für Playboys gehalten werden, weil bei ihnen umgekehrt von den Rollen auf das Leben geschlossen wird.

Auch Casanova war ein Schauspielerkind und genau wie dieser Ahnherr der leichten Lebensart stehen die Playboys dem fahrenden Volk näher, als sie selbst vielleicht denken. Obwohl in ihrer oberflächlichen Genußsucht und Lebensfreude ganz anders, sind die Playboys den feinsinnigen Bonvivants der Jahrhundertwende in der Art von Schnitzler und Hofmansthal doch sehr nahe, sind deren grobschlächtige Enkel: Also spielen wir Theater, spielen uns're eig'nen Stücke... Die Glücklicheren unter ihnen wußten um ihre Spielernatur, spätestens dann, als sie aus der Komödie des leichten jungen Lebens ausstiegen und den Zauberstab zerbrachen, mit dem sie ihre Umwelt in die vergnüglichste aller Welten verwandelt hatten. Glücklich jene, die nicht auch noch den alternden Playboy geben wollten oder mußten, sondern Kraft, Größe und Einsicht hatten, ins seriöse Fach zu wechseln.

MANN MIT EIGEN-SCHAFTEN

Playboy nach Rezept – kaum eine Vorstellung könnte abstruser sein. So ähnlich sich Playboys in vielem waren, so sind ihre renommierten Vertreter doch keine Männer gewesen, die man sich hätte „backen" können. 1966 aber erschien in Paris „Le Guide du Play-Boy" und gab vor, genau jene Rezepturen anzubieten, nach denen sich der Mann zum Playboy stilisieren kann. Es war natürlich kein Ratgeber für Playboys, sondern für solche, die es werden wollten. Bei näherem Hinsehen ist es nichts als ein zeitgemäßes Handbuch für Verführer, ein Ratgeber, wie man auf die gehobene Art bei Frauen Erfolg haben kann. In seinem Versuch, die schillernde Figur des Playboys in eine Reihe von Äußerlichkeiten zu zerlegen, ist der Playboy-Führer von solcher Naivität und Banalität, daß der Gedanke an eine Parodie naheliegt.

So wird als das angemessenste Playboy-Mobil ein Auto vom Typ Mustang-Kabriolett empfohlen. Schon die amerikanische Marke ist verdächtig, weil der wirkliche Playboy italienische und englische Nobelautos bevorzugte. Der Hinweis, daß dieses bei schlechtem Wetter mit offenem, bei gutem Wetter mit geschlossenem Verdeck gefahren werden soll, besitzt einige Originalität, verweist aber kaum auf große Ernsthaftigkeit. Auch der Ratschlag, Playboys sollten nicht jünger als 25 Jahre und nicht älter als 50 Jahre sein, verblüfft durch die erstaunlich weit nach oben gezogene Altersgrenze. Der Hinweis, sich vor Erreichen des 65. Lebensjahres nie und nimmer älter als 49 Jahre zu machen, macht den „Guide du Play-Boy" endgültig zu einem Werk der Satire oder einer schlichten Anleitung für Angeber.

Ernstzunehmen sind an diesem Buch nur zwei Momente. Es ist ein deutliches Indiz, daß der Playboy, allem Gespött zum Trotz, eine für viele Männer nachahmenswerte Figur war: In nur vier Wochen wurden 30.000 Exemplare des Ratgebers verkauft. Das Werk zeigt auch, daß es den voraussetzungslosen Playboy nicht gibt, daß er nicht einfach ein Fraueneroberer jüngeren Alters mit gutem finanziellen Hintergrund ist. Er ist ein Typus, der nicht ohne Grund als Abkömmling der Dandys und Snobs betrachtet wird – und er ist alles andere als ein Mann ohne Eigenschaften, sondern verfügt über solche, die einer mitbringen muß und nur bedingt erwerben kann.

„Er ist intelligent!" – Die Bemerkung der Romanschriftstellerin Louise de Vilmorin über den Prinzen Ali Khan gehört zu den erstaunlichsten, die je über einen Playboy gemacht wurden. Die Mitteilung, daß einer aus der Playboy-Kaste hunderte, ja tausend Geliebte hatte, könnte nicht annähernd so viel Verwunderung und Nachdenklichkeit auslösen. Alles, alles wird mit einem Playboy in Verbindung gebracht, aber nicht hervorstechende Geistigkeit, keine Berührung mit einem ausgeprägten Intellekt. Da die Bemerkung von einer Dame stammt, der großer Stil und damit Urteilskraft nachgesagt wird, geraten alle in Verlegenheit, die den Playboy als die schickste Variante des Dummkopfs qualifizieren. So bemühen sich journalistische Interpreten herauszufinden, was Madame de Vimorin wirklich sagen wollte. Das ist dann „die Brillanz einer gesellschaftlichen Oberflächen-Kultur, die eine bestimmte Klasse begüterter Müßiggänger kennzeichnet". Eine solche Definition aus dem Wörterbuch des redlichen Bildungsbürgers wird gestützt, wenn eine Lise Bourdin dem Prinzen Ali Khan „Scharfsinn und Witz" nachsagt. Denn die Urheberin war Fotomodell und gehörte nicht zu den Stammgästen in den Existentialisten-Kellern von Paris, sondern war Ali Khans Trinkgefährtin im Nachtclub Carrol's nach der Scheidung von Rita Hayworth.

Intelligenz, die sich in IQ-Tests feststellen läßt, ist sicher keine hervorstechende Eigenschaft der Playboys. Nicht einer von ihnen war nobelpreisverdächtig. Auch Gunter Sachsens durch ein Studium gefestigte Mathematik-Kenntnisse waren sicher für einen Playboy ungewöhnlich, machten ihn aber nicht gleich zum idealen Gesprächspartner von Albert Einstein. Intelligenz ist jedoch nicht nur fundiertes Überdenken von Wissen und Zusammenhängen. Intelligenz ist auch und vor allem die Fähigkeit, auf Neues angemessen zu reagieren – und diese Intelligenz bewies der rechte Playboy auf seiner schönsten Spielwiese, bei den Frauen. Das hieß noch lange nicht, daß er ein gebildeter, geistreicher Plauderer sein mußte, aber die besten unter ihnen verfügten über die Fähigkeit, auf die Partnerin, deren Interessen und Bedürfnisse einzugehen.

Wie es aussieht, wenn diese spezifische Playboy-Intelligenz fehlt, demonstriert Howard Hughes. Der marottenhafte Millionär hatte grundlegende Voraussetzungen für einen Playboy. Er verfügte über Unmengen von Geld und Interesse für Frauen. Hollywood-Star Ava Gardner weiß den Lebensstil zu rühmen, den ein solcher Mann einer Frau bieten kann. „Er macht es einem leicht, wenn man es sich angenehm machen will. Du brauchst bloß auf den Knopf zu drücken, und ein Flugzeug steht bereit, um dich überallhin zu bringen. Du brauchst nur auf einen anderen Knopf zu drücken, und eine Hotelsuite steht auch bereit." Nichts, was bezahlbar ist, konnte ein Howard Hughes seinen Geliebten nicht bieten. Als eine von ihnen während des Zweiten Weltkriegs um nur schwer aufzutreibendes Orangeneis bat, klingelte es zwei Stunden später an der Tür, und ein Chauffeur brachte das Gewünschte in einem Becher vom Format eines Papierkorbs. Warum fehlt diesem Mann, der den Frauen mehr materielle Güter bieten konnte, als ein Rubirosa je besessen hat, dennoch das Format zum wahren Playboy? Am Äußeren lag es nur begrenzt. Er war groß und ungemein dürr, was manche Frauen fast als abstoßend empfanden, womit er bei einer Rita Hayworth aber doch einen dynamischen und faszinierenden Eindruck erweckte und sie für eine kurze Affäre gewinnen konnte. Bedenklicher war schon sein überraschender Mangel an Souveränität. Er fing seine Geliebten förmlich in einem Netz der Aufmerksamkeit, das aus Fürsorge und Nachstellung geknotet war. Als sich Rita Hayworth schon von Howard Hughes getrennt hatte, meldeten sich an jedem Ort, an dem sie sich aufhielt, Repräsentanten von Hughes, um sich nach dem Wohlergehen des Filmstars zu erkundigen und ihre Dienste anzubieten. Rita Hayworth fühlte sich nicht zu unrecht weniger umsorgt, denn beschattet. Bei anderen Geliebten setzte Howard Hughes Agenten ein, um über jeden Schritt von ihnen Bescheid zu wissen und die völlige Kontrolle über sie zu behalten. Vor allem aber besaß er nicht jene spezifische Playboy-Intelligenz, sich auf die jeweilige Partnerin einzustellen. Ein weiblicher Erfahrungsbericht über ihn lautet schlicht: „Er ist durch und durch langweilig. Seine Unterhaltungen drehten sich nur um Geschäfte und Frauenbrüste." Das sind für Frauen nicht gerade die amüsantesten Gesprächsthemen, selbst dann, wenn es um die eigenen Brüste geht, diese aber nur Gesprächsgegenstand des Partners bleiben.

Der Playboy ist wie jeder Mensch in vielem ein Produkt seiner Umgebung, auch ein Ergebnis von Erziehung und Ausbildung. Aber wenn er „intelligent" ist, so ist er es nicht, weil er auf ganz bestimmte, in mancher Playboy-Biographie zu findende Renommierschulen gegangen ist wie das Schweizer Lyceum Alpinum in Zuoz. Auch die darüber hinausgehende gesellschaftliche Schulung gehört zu den Äußerlichkeiten. Natürlich mußten auch Playboys erst lernen, sich auf dem gesellschaftlichen Parkett zu bewegen, fanden dafür ihre Lehrmeister wie etwa Ali Khan in dem Bonvivant und Schauspieler Joe Coyne. Aber weder diese Mentoren noch sie selbst hätten aus dem jungen Menschen einen Playboy machen können, wären nicht gewisse Eigenschaften von Geburt an vorgegeben gewesen.

Das erste, das ihnen wie jedem in die Wiege gelegt wurde, war ihr Name – und mit ihm war schon die erste Weiche gestellt, ob aus dem Sprößling je ein Playboy werden kann. Denn wenn etwa Hans Huber beim Flirt mit Filmsternchen N.N. überrascht wird, so taugt dies nur zu einer Skandalmeldung, wenn der unglückliche Hans Huber Politiker einer christlich-abendländischen Werten verbundenen Partei ist. Es kann auch noch eine Nachricht aus der Welt der Reichen werden – nie aber aus der der Schönen. Ein Playboy darf angemessenerweise keinen Namen tragen, zu dem sich in einem großstädtischen Telephonbuch spaltenlange Eintragungen von Adam bis Wilhelm finden. Denn ein solcher Name würde wie Sauerkrautgeruch an diesem Menschen haften. Der Grat zwischen Wohl- und Mißklang ist schmal. Bohlen-Halbach klingt im ersten Teil harzig-tischlerhaft und im zweiten klebt ihm etwas Unfertiges, an Halbzeug Gemahnendes an. Ein Effekt, der sich durch Zugabe des „von" neutralisieren läßt, so daß der Name dann dem Krupp-Erben Arndt durchaus zu schmal-schönem Gesicht steht. Umgekehrt gibt es derartig wohlklingende Namen, daß sie gar nicht ständig den Adelstitel im Schilde führen müssen, um ihre Nobiliät zu beweisen. Auch nach Abschaffung der Adelstitel in Österreich nach dem Ersten Weltkrieg hatten die Schwarzenbergs, Auerspergs, die Hohensteins einen edlen Klang, der sie für Gesellschaftsklatsch aller Art prädestinierte. Als wären diese Namen allzu groß, werden ihnen dann Vornamen im Diminutiv vorangestellt, so daß sich Nachrichten über ihre Zusammenkünfte wie Berichte aus dem Kindergarten lesen – so sehr wimmelt es da von Alfis, Hettys, Didis, Wutzis und anderem infantilen Namenszeug.

Wahrscheinlich sind etliche Playboykarrieren daran gescheitert, daß den Knaben Namen in die Wiege gelegt wurden, die für den Sandkasten taugten, bei männlicher Spiel- und Lebensart aber zu stillos waren. Ein Müller oder Mayer läßt sich noch immer durch Hinzusetzen eines zweiten Namensteils ein wenig aus der Banalität herausheben. Aber die Müller-Deggendorfs und Mayer-Bernburgs sind eben doch nur Tarnnamen, die das Alltägliche kaschieren. Immer lugen dahinter ehrgeizige Ministerialräte und Textilhändler hervor.

Mögen Playboys auch noch so große Lebenskünstler sein, ein Künstlername bleibt ihnen versagt. Sich mit wohltönenden Namen zu schmücken, ist den wirklich Schönen im Umfeld der Playboys vorbehalten, den Filmstars, die durch ihre zwar glamouröse, aber doch dem Gelderwerb und Lebensunterhalt dienende Schauspielertätigkeit nicht das Zeug zum echten Playboy haben. Ein Archibald Alexander Leach darf nicht nur charming aussehen, sondern sich auch noch Cary Grant nennen, Francois Silly nennt sich nicht zuletzt für den englischsprachigen Markt besser Gilbert Bécaud. Heddy Lamarr, zeitweise Gattin des Musiker-Playboys Teddy Stauffer, hatte mit ihrem ursprünglichen Namen Hedwig Kiesler auch nicht das richtige Etikett für eine Welt des Glamours.

Unterhalb der Pseudonymisierung gibt es doch noch die Möglichkeit einer kleinen Namens-Verschönerung. Das kann so direkt geschehen wie im Falle des Playboy-Nachzüglers Emad „Dodi" al-Fayed. Das „al", das im Arabischen nur Prinzen zusteht, hat der aus kleinsten Verhältnissen stammende

Vater Mohammed zwecks Hebung des Ansehens einfach hinzugefügt. Dezenter war dagegen Gunter Sachs. Schon der Nachname ist nicht gerade edel. Sachs – das erinnert den Gebildeten an den Nürnberger Schusterpoeten, der unweigerlich mit altfränkischer Ledrigkeit assoziiert wird und als Knittelversfabrikant und Fastnachtspoet nicht unbedingt zum literarischen Hochadel gehört. Aber auch die unmittelbaren Ahnen geben dem Namen nur Alter, aber nicht Patina. Groß und reich geworden sind Vater und Großvater unter anderem mit dem legendären Sachs-Torpedo-Rücktritt, der jedem Radfahrer bekannt ist als schmierfettbedürftige Nabe des Hinterrads. Auch der Fichtel & Sachs Zweitaktmotor, eine weitere Hauptquelle des Sachs'schen Reichtums, klingt in jeder Hinsicht mickrig. Nicht nur, daß Fichtel den Reim Wichtel provoziert. Den knatternden Motoren, Kraftquelle von Millionen Krafträdern, Rasenmähern und anderen nützlichen Dingen, haftet ewig der ölige Geruch der Maulesel der Motorisierung an. Wie weggeflogen ist dieser Werkstatt- und Bastlermief, wenn der Name Sachs englisch mit „ä" ausgesprochen und damit lautlich richtiggehend sexy wird.

Einem derart klingenden Namen wäre auf dem internationalen Parkett manches Ohr geliehen worden. Aber es reichte noch nicht. Der dem Vergnügen zugetane Sachs-Erbe mußte noch eine kleine Korrektur bei seinem Vornamen vornehmen. Hieß er doch eigentlich Fritz G. Sachs. Als Fritz hätte er jeden Gedanken an internationales Renommee aufgeben können. Genausogut hätte er mit Nachnamen Kraut heißen können. Vor dem Allzudeutschen rettete ihn die Ausschreibung seines Zweitnamens. Aus dem G. wurde ein Gunter. Daß er auch noch mit dem mütterlichen Adelsnamen tituliert wurde und als „Sachs von Opel" firmierte, dadurch mit den Putzis und Wutzis aus altem Adel Schritt halten konnte, entsprach nach Darstellung von Gunter Sachs einer Schweizer Eigenart. Irritationen, die diese Namensführung bei Verwandten auslöste, versuchte Sachs durch Richtigstellung in der Öffentlichkeit auszuräumen. Ironie dieser Geschichte: Später machte eine von Opel in einer Rauschgiftaffäre so negative Schlagzeilen, wie es Gunter Sachs nie getan hat. Als Ausweg aus aller Namensunzulänglichkeit wurde – angeblich scherzhaft – die Selbstbezeichnung „Le grand Sachs lui même" gewählt. Um mit diesem großen Sachs persönlich in intimeren Kontakt zu treten, bedurfte es weiblicherseits nicht gleich eines großen Namens. Ex-Kaiserin Soraya war da eher die Ausnahme. Aber auch bei ihr war, wie bei den namhafteren der Geliebten von Gunter Sachs, Musik im Namen: Mara Lane, Anke Hahn, Marina Doria oder Paule Rizzo. Wie anders dagegen der Millionärs-Stockfisch Helmut Horten, der sich in seinen älteren Tagen ausgerechnet in eine Heidi Jelinek verliebte und ihr erst durch einen Sprachlehrer den Wiener Vorstadtdialekt austreiben mußte. Immerhin heiratete er sie, womit sie wenigstens von dem Namen Jelinek befreit wurde, der in ihrer Heimat Wien zum Rückschluß auf die Abstammung aus einer tschechischen Dynastie von Hausmeistern verleitet.

Lokale Playboys, Möchtegern-Playboys, die Wichtigmacher in Clubs und Tanzschuppen hechelten den großen Namen und Playboy-Vorbildern mit kleinen Retuschen hinterher. Sie nannten sich Johnny, Charlie oder Joe – mußten ihren international klingenden Nick-Names die Wahrheit folgen lassen – und die lautete dann etwa James – Graser.

Unübertreffliches Muster blieb aber auch in Namensfragen der Erz-Playboy. Als wäre bei seiner Geburt ein Füllhorn von Vokalen über ihm ausgeschüttet worden, lautet sein Name: Porfirio Rubirosa.

Neben dem Namen ist den Playboys Aussehen, Statur, Körperlichkeit als unveräußerliches Erbe mitgegeben. Unvorstellbar, daß ein Playboy dick, klein und häßlich ist. Ein Mann kann mit diesem in der abendländischen Ästhetik wenig vorteilhaften Äußeren durchaus Erfolg bei Frauen haben. Als etwa Italiens Busenwunder Sophia Loren den Produzenten Carlo Ponti heiratete, war das Erstaunen darüber groß, daß dieser Mann mit dem Aussehen eines Sparkassenfilialleiters eine der schönsten und begehrtesten Frauen für sich gewinnen konnte. Aristoteles Onassis dürfte auch kaum wegen seiner Schönheit von Frauen geschätzt worden sein. Immer wieder begegnen uns in Geschichte und Gegenwart Faune, die zum Erstaunen ihrer Umwelt schöne Begleiterinnen an ihrer Seite haben. Sie mögen auf eine für Außenstehende nicht nachvollziehbare Weise Liebling der Frauen seien. Playboys sind sie nicht.

Schon die Vorstellung eines kahlen Männerkopfes will nicht ins Bild des Playboys passen, zählt aber zu den gerade noch tolerierbaren Schwächen. Ali Khan konnte mit den Jahren immer weniger Haare auf seinem Haupt zählen, verbarg diesen Mangel dann sehr stilgerecht unter Zylinder oder Sturzhelm. Da die Glatzenbildung meist in relativ jungen Jahren einsetzt, fällt auch sehr früh die Entscheidung, ob einer die Gabe zum Playboy besitzt oder nicht. Der irgendwie bedauernswerte Prinz Albert von Monaco ist eine jener Figuren, die von Herkommen und Namen das Zeug zum Playboy hätten, aber gleich ganz oben liegt in Form einer bis zum Hinterhaupt reichenden kahlen Stirn die Unzulänglichkeit bloß. Mit leicht verklemmter Körperhaltung, stockender Redeweise und unsicherem Blick potenziert er eine Erscheinung, die nicht daran hindert, in ihm einen netten, etwas harmlosen jungen Mann zu sehen, ihn aber bei der Ausscheidung zum Playboy völlig disqualifiziert. Körperfülle verträgt sich ebenfalls nicht mit der Figur eines Playboys. Unvorstellbar, vom Alter abgesehen, Faruk, König der Ägypter, unter die Playboys einzureihen. Wenn er sich auch an allen einschlägigen Orten herumtrieb, seinen orientalisch-müden Blick mit Genuß und Begehrlichkeit vor allem auf ausladender Weiblichkeit ruhenließ, so schloß ihn seine von Kopf bis Fuß reichende Fülligkeit unweigerlich aus der Gilde der Playboys aus. Mit dem Fez auf dem kahlen Kopf wirkte er sehr nahöstlich, strahlte aber eine solche Erdenschwere aus, daß sich keinerlei Verbindung mit fliegendem Teppich oder irgendeinem anderen Höhenflug herstellen wollte.

An sich war ein exotischer Touch keineswegs hinderlich, sondern eher „interessant". Porfirio Rubirosa hatte deutlich lateinamerikanische Züge, Ali Khans Haut war von indisch-persischer Bräune. Ein gewisses Lokalkolorit, ein Durchschimmern nationaler Eingeschaften bescherte Erkennbarkeit und Einmaligkeit. Gunter Sachs war der „deutsche" Playboy, mochte er auch in der Schweiz zur Schule gegangen sein. Groß und blond wäre er in jedem Hollywood-Film der perfekte Wehrmachtsoffizier gewesen. Natürlich sprach er alle wichtigen Sprachen, aber sein heimatlicher Akzent blieb – und machte ihn interessant. Prinz Alfonso zu Hohenlohe war von Geburt und Erziehung ebenso international wie polyglott – aber mit seinem schmalen schwarzen Bärtchen verkörperte er doch immer den spanischen Granden.

Der Streit um den Anteil geerbter und erworbener Eigenschaften darf voll entbrennen, wenn es darum geht, ob dem Playboy auch sein spezifisches Naturell in die Wiege gelegt wurde. Wenn ein Rubirosa schon in ganz jungen Jahren sein Leben aufs Spiel setzt, um die Diktatorentochter Flor de Oro Trujillo zu gewinnen, dann beweist er, daß es ihm „im Blut lag", die Gefahr zu suchen. Wenn andere Playboys ihre Schülerscherze nahtlos ins Erwachsenenalter prolongieren, dann muß auf einen bodenständigen Zug zur Ausgelassenheit, eine zutiefst verwurzelte Freude am Genuß geschlossen werden. Ein geborener Trauerkloß war als Playboy undenkbar.

Mag es auch im Detail anders gewesen sein. Darin, vom Vater die Statur und von der Mutter die Frohnatur mitbekommen zu haben, treffen sich die Playboys sogar mit dem Klassiker Goethe. Daß der eine Dichterfürst geworden ist, die anderen aber Playboys, liegt sicher an weiteren, vor allem Goethe bescherten Gaben der Natur. Aber es liegt natürlich auch an den Umständen von Zeit und Ort – und an jenen Gaben, die der wahre Playboy von seinen Eltern in überreichem Maß mitbekommen hat, Voraussetzung seiner Existenz waren und sich in dem banalen Wort Geld zusammenfassen lassen.

Arndt von Bohlen und Halbach im Fond seines Rolls-Royce, 1970

Rolf Eden, 1968

ZWEITE GARNITUR

Blaues Rüschenhemd zum Smoking und Toupet auf dem Kopf – ein solcher Mensch kann kein echter Playboy sein, aber er darf sich so nennen. Alles, was er dazu braucht, sind ein paar Menschen, die bereit sind, ihm diesen Titel abzunehmen. Ein Mann mit solchem Aus- und Ansehen war James Graser, der in den fünziger und sechziger Jahren diesen Typus des selbsternannten Playboys verkörperte. Er war Nachtclub- und Yachtbesitzer und wurde als „Playboy der Münchner Seniorenklasse" gehandelt. Er wurde ebenso geliebt wie gemieden. Bei Lichte besehen, ist er noch am liebenswürdigsten als Faktotum zu bezeichnen. Die bayerische Schickeria genoß seine Gesellschaft und empfand sie zugleich als genierlich. Er trieb sich mit den Edel-Playboys herum, war der Hofnarr der Hofnarren, der auch in nüchternem Zustand alpenländisches Liedgut zum besten gab, Krachledernes in Abendkleidung verkörperte. Der Mann war imstande, am feinsten Buffet, nach einem Butterbrot zu verlangen, und strahlte so viel Halbwelt aus, daß die Millionäre, die ihn als ihre Langeweile vertreibende Ulknudel schätzten, außerhalb der Lustbarkeitsorte nicht gerne öffentlich mit ihm in Zusammenhang gebracht wurden.

James Graser ist ein prominenter Vertreter der Kategorie der unechten Playboys. Unecht, weil ihm der gehobene finanzielle wie soziale Hintergrund fehlt, der den echten Playboy auszeichnet. Er ist nicht schön, er ist nicht reich, aber er gehört irgendwie dazu. Was bei ihm vorhanden ist, sind nur noch die Sekundär(un)tugenden: Lebenslust, Leichtsinn und die Liebe zu Frauen. Aber er darf doch noch für sich eine gewisse Playboyqualität in Anspruch nehmen, schließlich tummelte er sich in der Umgebung von Porfirio Rubirosa und Gunter Sachs, wenn auch mehr als Faktotum, denn als Gleicher unter Gleichen.

Er unterscheidet sich damit von der Heerschar der Möchtegern-Playboys, die vor allem in den sechziger Jahren die Clubs und Tanzschuppen bevölkerten. Selten haben sie das Niveau der Namenlosigkeit und Anonymität überschritten. Bestenfalls waren sie Gegenstand einer gelegentlichen Erwähnung in den Klatschspalten örtlicher Zeitungen. Es sind die Eintagsfliegen des Playboytums – wie etwa der längst der Vergessenheit anheim gefallene erste Ehemann der Schauspielerin Vivi Bach, Heinz Sebek. Kurzfristig war er die Personifizierung der Wiener Playboy-Szene – zusammen mit ein paar Söhnen arrivierter Väter, deren Baraufenthalte Helmut Qualtinger in seinem Lied „Der Papa wird's schon richten" kabarettistisch festgehalten hat: „Da sitz ma in der Eden und reden – der Gießhübl, der Puntigam und i ...“ Ein Sonderfall unter den Playboys, die nie so recht welche waren und doch als solche gelten, ist Rolf Eden, der über Jahrzehnte hinweg eifrig bemüht war, „der“ Playboy Berlins zu sein. Nur in der an Merkwürdigkeiten reichen Halbstadt West-Berlin konnte sich eine solche Figur entwickeln und behaupten, die arglos und nicht ohne stolz von sich sagt: „Vom Kellner zum Playboy!“ Schon dies verrät eine veritable Unkenntnis vom Wesen des wahren Playboys, das nichts mit einem Karriere- und Aufsteigerberuf zu tun hat. Die Millionen, die am Ende einer als Tellerwäscher begonnenen Karriere stehen, sind für den Playboy nur Ausgangspunkt seiner Laufbahn oder zumindest so leichthin errungen, daß sie keiner Erwähnung bedürfen. Der Playboy Rolf Eden ist eines der typischen Surrogate, wie sie das an Auszehrung leidende West-Berlin hervorbrachte. Das Kapital, die gehobene Gesellschaft wanderten ab, aber die Halbstadt sollte Schaufenster des Westens bleiben. Zur Kollektion einer Glitzerstadt gehörte auch ein Playboy und so wurde in die Auslage eine so benannte Figur gestellt, hinter der sich eigentlich nur ein geschäftstüchtiger und publicitysüchtiger Kleinbürger mit öffentlich demonstrierter Neigung zu wechselnden partnerschaftlichen Bindungen verbarg.

Zeit seines Lebens hat der 1930 geborene Rolf Eden hart daran gearbeitet, einen schlechten Ruf zu haben – weil er darin die Chance sah, mit seinen diversen „Clubs“ Aufmerksamkeit zu finden und damit zu Geld zu kommen. Weder als Frauenliebhaber noch als Entertainer hatte er das Format, in der ersten Liga mitzuspielen. Barbara Valentin, mehr Sexnudel als Schauspielerin, dürfte der Gipfel an Prominenz unter den angeblich 3.000 von ihm genossenen Frauen sein. Auch seine Männerfreundschaften waren nicht gerade dort angesiedelt, wo das große Licht öffentlicher Aufmerksamkeit leuchtet, aber Rolf Eden verstand es, Prominenz für sich geschäftlich nutzbar zu machen, große Namen in seine Schuppen zu locken, die wieder andere Prominente nach sich zogen. Er selbst war dabei kaum mehr als der unternehmerische Spaßvogel, der für recht derbe Unterhaltung sorgte. Wenn sich ein Frank Sinatra in einen Eden-Club verirrte, dann war er ein vielbestauntes Wundertier, aber nicht wie bei Teddy Stauffer in Acapulco einer aus dem gleichen Holz wie der Gastgeber.

Das Wichtigste waren die Photos, die Rolf Eden neben attraktiven Frauen oder berühmten Männern zeigten. Die Legenden dazu verbreitete der Umtriebige selbst – und eine auf der gleichen Wellenlänge agierende Boulevardpresse. Was seine öffentliche Selbstdarstellung betrifft, entspräche Rolf Eden exakt dem publicityträchtigen Stil der Playboys. Allerdings haftet ihm immer etwas von Öffentlichkeits„arbeit“ an. Eine PR-Maschine klappert

– und spuckt immer wieder die gleichen Geschichten von den unzähligen Liebschaften, den inzwischen sieben Kindern, den großen Autos und dem lockeren Lebensstil aus. Wie ein Rolf Eden an das Geld kommt, was an den Geschichten wahr ist – niemand will das so genau wissen. Wenn Nachrichten über rüde Methoden in seinen Clubs oder über Immobiliengeschäfte mit Glücksspiel-Salons auftauchen, dann schimmert das Messing unter dem Eloxalglanz kräftig durch.

Wahrscheinlich weiß Rolf Eden, der eine Zeitlang noch ein „S." von Shimon zwischen Vor- und Nachnamen führte, selbst nicht so genau, was an ihm noch echt ist. Wer nach eigenem Bekunden schon vier Mal seinem Aussehen mit dem Skalpell nachhelfen ließ, erhebt gar nicht den Anspruch auf Ursprünglichkeit. Fast überflüssig zu sagen, daß Rolf Eden nie Bestandteil der feineren Berliner Gesellschaft war, was ihn aber nicht zu stören scheint. Daß er einen seiner Clubs aufgeben mußte, um einer der feinsten West-Berliner Kultureinrichtungen, der „Schaubühne" am oberen Kurfürstendamm, Platz zu machen, erfüllt ihn gleichermaßen mit Heiterkeit wie Stolz.

Unermüdlich fährt er fort, den Playboy als Sex-Maniac mißzuverstehen. In einem Alter, in dem es durchaus statthaft wäre, die Glieder etwas ruhen zu lassen, beteuert er, daß er auch ohne pharmazeutische Stimulanzien volle Leistung bei nach wie vor rasch wechselnden Partnerinnen vollbringe. Auch wenn er mit den Jahren den Bräunungslampen des Sonnenstudios näher steht als dem Rotlicht seiner Clubs: Playboy ist bei einem Mann wie Rolf Eden noch immer leicht schmuddelig, selbst wenn die Twist-Tänze von Mädchen in Strapsen, mit denen er einst die Jugendschützer alarmierte, längst der Vergangenheit angehören. Vorbei die Zeiten, da er ob der Freizügigkeit in seinen Clubs erklärte, daß es so etwas nicht in Amerika, Paris oder London gibt, und ein solcher Mangel fast für diese Orte spricht.

James Graser oder Rolf Eden sind Lokalgrößen, die bestenfalls in der Landesliga anzusiedeln sind. Für einen Playboy der Champions-League reicht ihr Format nicht. Sie sind Pseudo-Playboys, die nur äußerliche Attribute übernommen haben, mit Frauen und Autos renommieren und den Playboy wirklich zu ihrem Beruf gemacht haben. Wer sie für echte Playboys hält, erliegt auch dem Irrtum, Gotthilf Fischer für einen seriösen Musiker zu halten. Ein solches Mißverständnis hat seine Gründe nicht bei denen, die ihm erliegen, sondern bei jenen, die es erzeugen. Die Pseudo-Playboys, die der Vorstellung anhängen, daß jeder ein Playboy sein kann, wenn er nur genug Frauen und die richtigen Statussymbole besitzt, sind selbst Opfer einer Fehleinschätzung. Sie leben billiger, ein wenig geschmackloser nach, was ihnen ein anderer vorgemacht hat: Hugh Hefner mit seinem „Playboy"-Magazin.

Nichts und niemand hat so sehr zur Verbreitung, aber auch zur Trivialisierung und Banalisierung des Begriffs Playboy beigetragen wie diese Zeitschrift und der Mann hinter ihr. „Playboy" – das ist eine ganz und gar amerikanische Geschichte von Erfolg, von Aufstieg, von der Verwirklichung eines Traums. Ein schlichter Redakteur hat die Idee, ein Männermagazin nach seinem Geschmack, nach seinen alltäglichen Wünschen und allnächtlichen Phantasien zu machen. Der junge Mann aus streng puritanischem Elternhaus, der auf frühen Photos im großkarierten Holzfällerhemd an einer alten Schreibmaschine sitzt, entwirft eine Hochglanz-Gegenwelt zu seiner eigenen. Er propagiert den in Kleidung, Lebensart und Genußstreben kultivierten Mann, der sich offen an dem erfreut, was in einer prüden Gesellschaft klammheimlich gewünscht und noch heimlicher gelebt wird: Genuß – und Genuß für Männer ist nach Hefner nur eines: „Sex makes the world go round!"

Daß die publizistische sex-machine unter dem Titel „Playboy" läuft, ist eher Zufall denn Programm. Eigentlich sollte das Magazin „Stag Party" heißen, doch drohte wegen eines schon existierenden Magazins „Stag" (Hirsch) ein Rechtsstreit, und so wurde „Playboy" gewählt. Statt des maskulinen (Platz)Hirschs wurde erst der Hase und dann das Häschen zum optischen Symbol. Es ist eine jener nicht sehr kalkulierten, aber mit treffsicherer Intuition gefällten Entscheidungen Hefners, die ihn so erfolgreich machten. Das Häschen-Logo mit den langen Ohren war so prägnant, daß es in jeder Größe, in jeder Stilisierung sofort zu erkennen war. Es war so typisch und einmalig, daß Hefner sich auf einem Titelbild erlauben konnte, nicht nur auf jede Art von Weiblichkeit zu verzichten, sondern auf weißer Fläche bloß zwei kleine Manschettenknöpfe mit dem Häschen-Logo abzubilden, ohne die Verkaufszahlen zu gefährden.

Hefner, der einen Bachelor of Science in Psychologie erworben hatte, erwies sich als cleverer Kenner der männlichen Seele. Das Playboy-Magazin bot den Käufern Weiblichkeit ohne Hülle, dafür in atemberaubender, fast beängstigender Fülle. Aber all diese rosafarbene Fleischlichkeit wurde durch die Stilisierung zum Häschen aller „schweinischen" Bezüge entzogen. Die Serviererinnen in den Playboy-Clubs, die Bunnys, wurden mit Kopfschmuck und anderen Accessoires zu Häschen gestylt, womit der präsentierten Weiblichkeit ihre fast bedrohende Üppigkeit genommen wurde. Alles wurde ausgelöscht, was dem sexuell verunsicherten Durchschnittsamerikaner Angst einjagen könnte. Die Assoziationskette beim Häschen war der direkte Weg zur Harmlosigkeit: Das Fell bedeutet Kuscheligkeit, das Knabbermündchen verweist auf Sprachlosigkeit, die langen Ohren Gefügsamkeit und das

Puschelschwänzchen hinten dran signalisiert Niedlichkeit. In fast genialer Weise entfesselte Hefner die unterdrückte Sexualität und domestizierte sie zugleich: Hasenstall statt Hosenstall.

Schon die Konzentration auf Nacktheit und Sex war eine arge Reduzierung dessen, was einen Playboy ausmacht. Noch weiter weg führte eine andere Erfolgsidee von Hefner. Statt artifizielle Pin-Up-Schönheiten zu präsentieren, setzte er bei seinen Nackten, den legendären Playmates, auf das nette Mädchen von nebenan. Er erfüllte sich seinen und seiner Geschlechtsgenossen Alltagswunsch: einmal zu sehen, was die netten Frauen rundum denn in der Bluse haben. Daß es in seiner Zeitschrift meist einiges mehr war, als Normal-Nachbarinnen zu bieten haben, mag in der Realität zu Enttäuschungen geführt haben, was wiederum den Wunsch weckte, es wenigstens im Hochglanzheft wiederzufinden. Damit wurde ein Kreislauf in Gang gesetzt, der den jahrzehntelangen Erfolg des Magazins erklären kann. Das Bedürfnis, sich das Nichtgesehene anzuschauen, hatte in einer prüden Epoche, die von sexueller Revolution nichts wußte, einen idealen Nährboden. Selbst der Richard-Wagner-Enkel Wieland Wagner, der mit seinen freizügigen Ballettdarbietungen im „Tannhäuser" die Traditionalisten verschreckte, gehörte laut Aussage seiner Frau zu den begierigen Konsumenten des amerikanischen „Playboy".

Hefner nahm die Wünsche seiner Klientel auf, gab ihnen Wort und Bild – nicht nur, wenn es um Frauen, sondern auch, wenn es um männlichen Lebensstil ging. „Playboy" führte die eleganten Mercedes-, Porsche- und Bentley-Cabrios vor, die mit den prolohaften muscle-cars amerikanischer Provenienz nichts zu tun hatten. „Playboy" zeigte, was zur Ausstattung einer gepflegten Bar gehört, welche Pfeifen besonders gut aus einem markanten Gesicht hervorragen. Sogar das rechte Kochen wurde dem Mann vorgeführt, illustriert mit einem Herren im Smoking, der in einer Teflon-Pfanne Rührei zubereitet, derweil sich eine schmachtende Schöne mit Weinglas in der Hand zärtlich-hingebend an ihn lehnt.

Über weite Strecken mutet der „Playboy" wie der Katalog eines Versandhauses zur Erfüllung männlicher Mittelstandsträume an. Bis hin zum komplett ausstaffierten Playboy's Penthouse Apartment (1956) wurde alles vorgezeichnet, was sich der alleinstehende Amerikaner mittleren Alters nur wünschen konnte. Gesteigert wurde es noch durch das Playboy-Bett (1959), eine vollautomatisierte Liege, die dem Nutzer alles Notwendige in Griffweite anbietet: Bar, Telephon, Stereoanlage und ein Bedienpult, mit dem von Licht bis zur Position des Betts alles ferngesteuert werden konnte. Nur noch die eigene Stellung im Bett mußte der Beschläfer einer solchen Liege selbst definieren. Auf der Zeichnung der Liegestatt posiert im Vordergrund ein Mann im seidenen Morgenrock, breitbeinig, die Arme protzig in die Hüften gestemmt. Die Gesichtszüge des Herren sind etwas vornehmer als die von Hugh Hefner, dessen Physiognomie immer die Assoziation weckt, sie sei mit der Axt geschnitzt worden. Aber daß der „Playboy"-Herausgeber zumindest ideell Pate gestanden hat, ist unübersehbar.

Denn er nannte sich gerne den „Herren der hundert Morgenmäntel", und er selbst erfüllte sich schließlich den Traum vom ausladenden Multifunktionsbett. Wie er dann allerdings auf diesem kreisrunden Bettgestell liegt und Photos für den „Playboy" auswählt, verrät, daß er nicht erleben kann, nur vorlebt, was er erträumt hat. Ein Bett, in dem gearbeitet wird, verträgt sich nicht mit dem Bild des hedonistischen Playboys. Hefner kann sich nicht von den Idealen des amerikanischen Bürgertums verabschieden. Er preist die Nacktheit und den Sex – und bringt in seinem Heft doch auch fast bildungsbürgerliche Essays, Interviews und literarische Texte. Er läuft in Schlafrock und Pyjama herum, als wollte er sich gar nicht erst anziehen, weil er sich dann doch bald wieder für Intimeres ausziehen muß. Aber zugleich setzt er in dieser Freizeit-Kleidung seine Arbeitsamkeit ins Bild, während er sich umgekehrt hochgeschlossen mit Fliege im Kreis von halbnackten Mädchen präsentiert.

Hefner wollte „Entertainment for men" bieten. Er wollte den Käufern seines Magazins Lust auf Lust machen, aber sie nicht vom rechten Pfad amerikanischer Redlichkeit abbringen. Was er in seinem ersten legendären Heft mit dem Akt-Foto von Marilyn Monroe proklamierte, daran hielt er sich konsequent: „Wir haben nicht vor, irgendwelche Weltprobleme zu lösen oder moralische Wahrheiten zu beweisen. Wenn wir den amerikanischen Männern ein paar extra Lacher und ein wenig Ablenkung von den Ängsten des Atomzeitalters geben können, dann haben wir unsere Existenz gerechtfertigt."

Selbst dieser fast kleinmütige Ansatz ging den strengen Sittenwächtern zu weit, so daß sich im „Playboy" vom April 1956 unter der Überschrift „Was ist ein Playboy?" ein fast rührendes Bekenntnis zur Bravheit findet. „Ist der Playboy ein Tunichtgut, ein modischer Rumtreiber? Weit entfernt davon: Er kann ein scharfsinniger junger Geschäftsmann sein, ein Künstler, ein Universitätsprofessor, ein Architekt oder Ingenieur. Er kann vielerlei sein, vorausgesetzt, er besitzt einen bestimmten Standpunkt. Er darf das Leben nicht als Tal der Tränen betrachten, sondern als glückliche Zeit. Er muß Freude an seiner Arbeit haben, ohne sie als Inbegriff des Lebens zu verstehen. Er muß ein aufmerksamer, wacher Mann sein, ein Mann von Geschmack, ein Mann aufgeschlossen für das Vergnügen, ein Mann, der das Leben bis zur

Neige ausleben kann. Das ist die Art von Mann, die wir meinen, wenn wir das Wort ‚Playboy' verwenden." Ein solcher Mensch ist dann nur noch ein Mann wie Du und ich, der statt des grauen Flanells modischere Kleidung trägt, auf ein etwas schickeres Auto spart, von schönen Frauen träumt, die mit Reizen nicht geizen – und der als Ausweis all dessen öffentlich den „Playboy" liest. Dieser „Playboy"-Leser rangiert noch hinter dem Pseudo-Playboy: Er ist nur noch Möchtegern-Playboy.

Die Zeitschrift wie ihre Konsumenten veränderten sich im Laufe der Jahre. 1969 fiel die bis dahin peinlich genau wahrgenommene Schamhaargrenze. Der Zielpunkt männlichen Begehrens wurde nicht mehr durch raffinierte Körperstellungen oder kunstvoll drapierte Laken, Handtücher oder Textilien verhüllt. In seiner konsequenten Ablehnung der „bums" (Rumtreiber) – und damit der eigentlichen Playboys – blieben sich der Herausgeber und sein Blatt aber weiter treu. Verärgert wandte sich Hefner gegen den „Mißbrauch", den das Wort Playboy nach seiner Meinung erleiden muß. In der Presse werde es meist verwendet, um nichtsnutzige Genußsucher nach der Art von Fellinis „La Dolce Vita" zu bezeichnen. „Freudlosen Eifer bei dem Streben nach Belustigung" registriert Hefner bei diesen Männern, die er nicht für würdig befindet, sich mit dem Wort Playboy zu schmücken. Zu seinem Leidwesen muß er registrieren, wie sein Magazin mit ihnen über den gleichen Kamm geschoren wird. „Uns wurde eine Führungsrolle in einem Kult der Verantwortungslosigkeit vorgeworfen und eine Unterstützung beim Niedergang der westlichen Welt. Wir weisen dies zurück!"

Da kann es nicht mehr verwundern, daß ein derart staatstragender „Playboy" zum Gepäck der Vietnam-Soldaten gehörte, und die „Washington Post" feststellte: „Der Vietnam-Krieg ist der Krieg des ‚Playboys' und das Playmate ist jedes Soldaten Freundin, Geliebte oder Ehefrau." In das gleich Bild paßt, daß das renommierte „Playboy-Interview" nie mit den Playboys Porfirio Rubirosa oder Gunter Sachs geführt wurde, sehr wohl aber mit dem Philosophen Jean Paul Sartre, dem Hitler-Architekten Albert Speer, der Sterbeexpertin Elisabeth Kübler-Ross oder dem Verbraucherschützer Ralph Nader.

Im Rückblick auf die Erfolgsstory seines Magazins, spricht Hugh Hefner davon, daß ein unmöglicher Traum wahrgeworden sei. Wenn er den amerikanischen Traum meint, daß jeder ein Recht auf Glück und Erfolg hat, dann ist ihm zuzustimmen. Er selbst darf sich als Verwirklichung dieses Wunschbildes betrachten. Er wurde zum Millionär und durfte das Leben führen, wie er es sich gewünscht hat. Berichten einiger seiner Photomodelle zufolge, hat er sich auch sexuell die Freiheiten herausgenommen, von denen in seinem

Magazin nur die Rede war. Vielleicht sind aber auch die Erzählungen über freizügige Orgien im Hause Hefner nur ein weiterer Bestandteil werbewirksamer Vermarktung des Produkts „Playboy", denn bei allem Gerede von Playboy-Philosophie: Nie wurde das Geschäftliche außer acht gelassen.

Hatte sich Hugh Hefner zuerst nur darauf beschränkt, den von ihm wohlgeordneten Lebensstil des Playboys als flächiges, buntes Abbild in seinem Magazin an den Mann zu bringen, so stieß er immer mehr in die dritte Dimension vor. Ein gewaltiges Merchandising mit Playboy-Produkten setzte ein. Mit dem Aufbau einer Kette von Playboy-Clubs, deren erster 1960 in Chicago eröffnet wurde, steuerte das Playboy-Imperium seinem Höhepunkt zu. Auch diese Clubs entsprachen dem Prinzip des kalkulierten Entertainments. Zwar war das weibliche Bedienungspersonal attraktiv und knapp als „Bunny" verkleidet, aber nur Ansehen war erlaubt. Die Männer konnten gefahrlos den Playboy spielen, ganz im Sinne achtsamer Ehefrauen: „Appetit darf anderswo geholt werden. Gegessen wird zu Hause!" Mit ausgedehnten Hotelanlagen in Winter- und Wassersportrevieren wurde das Konzept vom Playboy auf Zeit ausgeweitet.

Solche Expansion war allerdings auch schon der Anfang vom Niedergang. Mit den wahren Playboys wurde auch das Playboy-Imperium von einer Entwicklung ein- und letztlich überholt, durch die sexuelle Freizügigkeit und hedonistischer Lebensstil zum Gemeingut wurde. In den siebziger Jahren setzte ein stetiger wirtschaftlicher Niedergang ein. Andere Magazine wurden freizügiger. „Penthouse" und „Hustler" boten schärfere Kost. Die „Playboy"-Auflage sank von 6,5 Millionen auf fast die Hälfte. Topless-Bars schossen wie Pilze aus dem Boden und in ihnen wurde offen zur Schau gestellt, was im Playboy-Club in Push-Up-Corsagen präsentiert, in entscheidenden Partien aber nicht gezeigt wurde. 1988 schloß der letzte Playboy-Club in der Provinzhauptstadt Lansing/Michigan seine Pforten.

Der Vater der Playboy-Philosophie, der kalkulierten sexuellen Revolution mußte sich von der Geschäftsführung zurückziehen und behielt nur noch die Chefredaktion seiner ureigenen Schöpfung, des „Playboy"-Magazins. Seine Tochter Christie trat an die Spitze des Unternehmens und führte es aus der Plüsch-Erotik des Vaters in das elektronische Sex-Zeitalter von Internet und Multimedia. Sie konzentrierte die Geschäfte wieder auf das, was von Anfang an der Kern des Erfolgs war: auf Sex. Firmen, die „sexuelle Inhalte" produzieren und vertreiben, wurden hinzugekauft, das Internet-Angebot erweitert und aufgepeppt. Die Börse lohnte es mit einer Verdoppelung des Aktienwertes von 1997 bis 1998. Hugh Hefner selbst, der einen kleinen Schlaganfall hinter sich hat, markiert noch immer das, was er unter

Playboy versteht, gibt kernige Interviews im Schlafrock, kämmt das Haar kunstvoll über die kahle Stirn und gibt nicht auf, den Selbstdarsteller seiner Playboy-Philosophie zu geben. Auch den 72. Geburtstag hat er nach eigener Aussage – allerdings dank Viagra – äußerst ausgiebig begangen. Persönlich hat sich sein Traum vom großen Leben gewiß erfüllt: „Ich arbeite im Seidenpyjama vom Bett aus, fahre eine schwarze Mercedes-Limousine, schmeiße die verrücktesten Partys in meiner Villa und umgebe mich mit den schönsten Frauen. Ich verkörpere alle männlichen Phantasien." Es sind nicht die Wünsche aller Männer, die hier wahr werden, sondern die der oberen Unter- bis unteren Mittelschicht. Er ist der Junge, der zum Frauenheld wurde, weil er sich „hippe Kleidung kaufte und zum besten Jitterbug-Tänzer entwickelte". Hugh Hefner – die Edelausgabe des Vorstadthelden, das, was man in München einen Stenz nennt, in Wien einen Strizzi – und in der anglophonen Welt eben einen Playboy.

Zum wahren Playboy, zum Mitglied der nach den Worten von Gunter Sachs gerade ein Dutzend umfassenden Oberliga, hat es Hugh Hefner nicht gebracht. Nie gehörte er zum leichtlebigen Jet-Set der Upper-Class. Er war selbst Teil des gewaltigen von ihm produzierten Surrogats, das er nicht müde wurde, als echt zu verkaufen.

Hugh Hefner – er ist eine Mischung aus Josef Neckermann und Beate Uhse. Er machte es möglich, daß sich nach seinen Vorgaben John Smith im US-Mittelwesten und Fritz Müller im Ruhrgebiet als Playboys fühlen konnten. Er gab ihnen die Hilfsmittel, auf Reihenhausniveau den Traum vom lockeren Leben zu verwirklichen. Nicht einmal auf die berühmten Schönen des Film- und Showgeschäfts, die den echten Playboys Eroberungsobjekt und zeitweise Gefährtinnen waren, mußte der Playboy-Konsument verzichten. Anita Ekberg, Kim Novak, Sophia Loren, Jayne Mansfield – alle waren sie nackt zu sehen und natürlich „Madonna nude for the very first time". Die Nudidätenschau der Prominenz hat in den letzten Jahren der bloßen Präsentation von Nachbarschaftsschönheiten den Rang abgelaufen.

So bekommt auch der Möchtegern-Playboy noch ein Stück der weiten Welt im farbigen Abklatsch zu fassen und darf sich der Illusion hingeben, an dem aufregenden Leben der Playboys teilzuhaben, ja selbst einer zu sein.

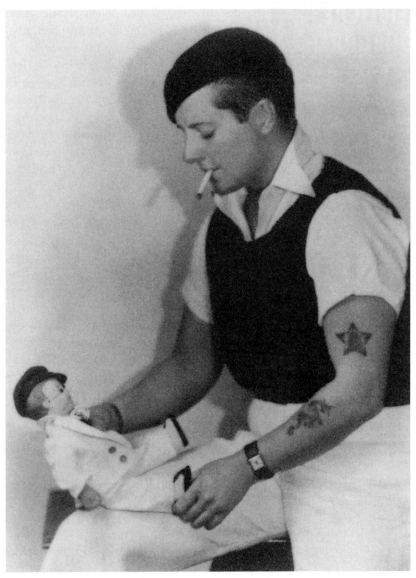

Joe Carstairs, Ende der zwanziger Jahre

WEIBLICHE KONKURRENZ

Playboy zu sein, ist nicht allein Männersache. Auch Frauen dürfen für sich in Anspruch nehmen, einen nicht unähnlichen Lebenswandel geführt zu haben. Allerdings ist ihnen für ihr Treiben weder ein besonderes Ansehen noch einen eigener Begriff zugewachsen. Was als Playgirl einen bescheidenen Eingang in den Sprachgebrauch gefunden hat, ist alles andere als ein weiblicher Playboy. Es sind die Gespielinnen der Playboys, so etwas wie nicht fachspezifisch festgelegte Groupies, die von attraktiver, möglichst betuchter Männlichkeit allgemein angezogen sind. Auch das „Playgirl-Magazin" führt in die falsche Richtung. Mit nackten Männern, die wohlgeformte und stark entwickelte Glied(er)maßen vorführen, bedient es bestenfalls eine sich an Surrogaten ergötzende weibliche Kundschaft, wahrscheinlich aber in noch höherem Maße eine sich an praller Männlichkeit erfreuende Männerklientel.

Die weiblichen Pendants zu den Playboys sind in ihrer ganz besonderen Art merkwürdig unbeachtet, werden meist nur in ihren Begegnungen mit prominenten Männern registriert. Obwohl sie oft ein erstaunliches Maß an Eigenständigkeit, an souveränem Umgang mit Partnerschaften, Geschlechtlichkeit und Lebensstil bewiesen, verfallen sie auch heute noch eher der Verachtung als der Beachtung. Zu bunt, zu schrill, möglicherweise einfach auch zu attraktiv und zu reich, wurden sie nicht in den Heiligenkalender des Feminismus aufgenommen. Schöne Frauen in schönen Kleidern an schönen Orten hatten keine Chancen, von den Trägerinnen violetter Latzhosen als eine der ihren akzeptiert zu werden.

Die Sonne der Playboys mit der heute als machistisch, chauvinistisch verschrieenen Männlichkeit überstrahlt alles Weibliche derart, daß die Idee weit entfernt zu sein scheint, Frauen in ihrem Umfeld könnten selbst Glanz verbreiten. Alte Rollenvorstellungen, daß Frauen immer die Opfer, die Gebenden, die Schwächeren und die Unbedeutenderen sind, verstellen den Blick auf einen Typus von Frau, dessen Geschichte noch geschrieben werden muß und mit dem Oxymoron des „weiblichen Playboys" am besten getroffen ist.

Allein drei der fünf Ehefrauen von Porfirio Rubirosa könnten für sich in Anspruch nehmen, in diese Kategorie aufgenommen zu werden, angefangen mit der immer als Mater Dolorosa des Kapitalismus unterschätzten Barbara Hutton. Selbst einen konventionellen Glücksmoment wie den der Eheschließung schien sie mit etwas müdem Blick mehr über sich ergehen zu lassen, denn zu genießen. Aber diese zur Schau gestellte Passivität, diese kultivierte Melancholie war auch Tarnung, auf die alle gerne hereinfielen, weil sie so wunderbar dem Klischee von der Frau als der Nehmenden, der Erduldenden entsprach. Darüber wurde übersehen, daß Barbara Hutton mit ihren sieben Ehen und etlichen Affären höchst souverän hantierte, sich ein Recht herausnahm, das fast allen ihrer Geschlechtsgenossinnen zu diesen Zeiten versagt war: Sie konnte sich die Männer wählen und wieder verwerfen. Völlig unabhängig, brauchte sie keine Rücksichten zu nehmen, mußte sie nicht fürchten, nach der Trennung von einem Mann in materielles Elend oder ins gesellschaftliche Aus zu geraten.

Es muß nicht als psychische Deformation gewertet, es kann auch als ein Stück Eigenwilligkeit gedeutet werden, daß sich Barbara Hutton bevorzugt mit Männern einließ, die von erheblicher Unseriosität waren, vor denen sie nachhaltig gewarnt wurde. Sie mißachtete die Gesetze der Geldaristokratie, setzte sich über sie hinweg, nahm sich die Männer als Spielgefährten, konnte es sich leisten, sie aus- und hinzuhalten, zu nehmen und zu verwerfen. Als Erbin eines enormen Vermögens, die sich um Geldvermehrung und Arbeit nicht scherte, war sie ein idealer weiblicher Playboy.

Barbara Hutton leistete sich als ersten Ehemann den georgischen „Prinzen" Alexis Mdviani, einen frühen Playboy, der später einen standesgemäßen Tod an einem spanischen Alleebaum fand. Skrupellos nutzte er das Geld seiner Frau, betrog sie nach Strich und Faden. Dennoch gab ihm Barbara Hutton zum Abschied noch einmal eine halbe Million und eine gute Nachrede, in der von Noblesse und Verstehen die Rede war. Sie nahm sich von den Männern, was sie brauchte und ihr gefiel – seelischen Trost in ihren Depressionen, aber auch körperliche Zuwendung. Beim zweiten Ehemann, dem Grafen Kurt von Haugwitz-Reventlow, der ein preußisch-disziplinierendes Eheregiment ausübte, dürfte ihr Hang zum Masochismus eine Rolle gespielt haben, wobei die Ehe sie nicht von Affären mit einem deutschen Kaiserenkel und dem spleenigen Millionär Howard Hughes abhielt. Diesem wiederum soll zeitweise auch ihr nächster Mann, der Filmschauspieler Cary Grant, engstens zugetan gewesen sein. In diesem Fall führte Barbara Hutton vor, daß sie nicht nur die Freude an wechselnden Partnerschaften und genußreichem Leben dem Playboy verwandt machte; sie zeigte auch, daß sie mehr an dem Mann als attraktivem Objekt interessiert war denn an seinen Neigungen und Interessen. Cary Grant war vom Leerlauf des Millionärs-Lebens angeödet, stieß sich darüber hinaus noch an der Verschwendungssucht, so daß auch diese Ehe nach drei Jahren getrennt wurde. Erst recht stürzte sich Barbara Hutton nach der Trennung von dem attraktiven Filmschauspieler in ein Leben nach Playboyart. Sie gab exzessive Feste, kaufte sich Luxusanwesen, von denen auch Krupp-Erbe Arndt von Bohlen und Halbach nur träumen konnte, und leistete sich Männerbekanntschaften, bevorzugt von altem Adel wie den Comte Alain d'Eudeville oder den Comte Jean de Baglion. Mit dem Playboy-Haudegen Eddie McEvoy bewies sie, daß sie auch die schiere Männlichkeit ohne großen gesellschaftlichen Hintergrund zu schätzen wußte.

Ihre sich danach beschleunigende Abfolge von Affären und Ehen verbunden mit immer größerer Abhängigkeit von Medikamenten und Alkohol deuten auf die besondere labile Seelenkonstellation der Millionenerbin hin, ändern aber nichts daran, daß sie sich einen Lebensstil leistete, der selbst den meisten Playboys verwehrt blieb. Einer von sexuellen Revolutionen und Eruptionen des Feminismus weitgehend noch entfernten Epoche blieben für eine solche Lebensweise nur Erklärungen, die ins Pathologische verwiesen. Und es blieb die Beschimpfung zur Bewältigung des Ungewöhnlichen, was sich dann so las: „Sie benimmt sich wie die schlimmste Hardcore-Hure aller Zeiten."

Doris Duke, Vorgängerin Barbara Huttons als Ehefrau Rubirosas und deren ewige Konkurrentin, bewies in ihrem souveränen Hedonismus, daß ein Frauenleben nach Art eines Playboys sehr selbstverständlich und ohne Abgleiten ins Neurotische möglich ist. Vieles deutet darauf hin, daß ihr erst die Begegnung mit Rubirosa diese Offenheit gab, sie erst danach imstande war, ihre Sinnenfreude ungehemmt auszuleben. In ihren Beziehungen zu den Mächtigen der Welt übertraf sie möglicherweise sogar einen Rubirosa. Während der letztlich die Marionette eines üblen Kleinstaatendiktators war, fand Doris Duke die Nähe von Roosevelt, speiste mit Göring und Himmler. Selbst in punkto Kriminalität stand sie nicht zurück, auch sie war in einen dubiosen Todesfall verwickelt. Als sie zu nächtlicher Stunde ihren Gärtner mit dem Auto überfuhr, geriet sie unter schweren Verdacht, weil vermutet wurde, daß der Getötete nicht nur ihr Gärtner, sondern auch ihr Liebhaber und das tödliche Zusammentreffen alles andere als ein Mißgeschick war. Als Millionärin hatte sie Mittel und Wege, die Affäre schadlos zu überstehen.

In ihrem intensiven Liebesleben zog sie es allerdings vor, sich in den enfernteren Regionen Hawaiis auszutoben, was sicher nicht allein an den angenehmeren klimatischen Bedingungen lag. Wenn sie sich hier attraktive Männer an Bord holte und mit ihnen exzessive Gelage feierte, so waren die Beobachter weit entfernt, genauso wie es bei Arndt von Bohlen und Halbachs Urgroßvater Fritz auf Capri der Fall gewesen ist. Erst recht ein exotisch-verschwiegenes Retiro schuf sich Joe Carstairs, die am stärksten für sich in Anspruch nehmen kann, der erste weibliche Playboy gewesen zu sein.

Ständig wegen ihres Lebensstils angefeindet und der üblen Nachrede müde, kaufte sie sich 1935 eine ganze Insel in der Karibik, ungefähr zur gleichen Zeit, da Rubirosa zum Höhenflug seiner Playboy-Laufbahn ansetzte. Hinter ihr lag bereits ein so extensives Leben, daß sie zunehmend ins Kreuzfeuer der Kritik geriet, was als einer der Gründe für ihren Wechsel von England in die Karibik galt. Der andere Grund für diese nicht so leicht durch Gerede zu erschütternde Frau waren vermutlich ihre erheblichen Steuerschulden und ein Ende ihrer erfolgreichen Karriere als Rennboot-Fahrerin.

„Ich kam schon als Lesbe aus dem Mutterleib", sagte Joe Carstairs über ihre Geburt im Jahr 1900. Da der Mutterleib einer amerikanischen Millionärstochter gehörte, waren die besten materiellen Voraussetzungen für ein extensives Playboy-Leben gegeben. Zunächst war sie noch selbst Gespielin anderer wie der Oscar-Wilde-Nichte Dolly Wilde, von der sie lernte, was kapriziöse, den Partner nicht eben schonende Liebe ist. Autovernarrt wie kaum ein Playboy nach ihr, betrieb sie mit anderen Frauen eine Autowerkstatt und fuhr selbst halsbrecherisch Auto, wechselte aber dann zum Motorbootrennen über. Die Zahl ihrer Affären mit ihrerseits von Mädchenschwärmen umgebenen Frauen ist nahezu unüberschaubar. Der Lebensstil war so unbeschwert außerhalb tradierter gesellschaftlicher Konventionen, daß eine von Joe Carstairs Geliebten unumwunden von sich sagte: „Ich bin so rein, wie der Schnee – in der Gosse!" Vermögen und ein unbändig starker Wille erlaubten ihr, sich über alle Anfeindungen hinwegzusetzen, denen sie als Lesbe mit ausschweifendem Lebenswandel gleich doppelt ausgesetzt war. Andere Frauen mit ähnlichem Lebensstil, auch wenn sie nicht noch durch gleichgeschlechtliche Liebe zusätzlich provozierten, bewegten sich auf weit schmalerem Grat und drohten immer, der gesellschaftlichen Verachtung anheimzufallen. Rubirosas erste Frau, Flor de Oro, heiratete nach ihm noch fünf Mal, was aber bei ihr sozialen Abstieg bedeutete. Die machistische dominikanische Gesellschaft, der sie entstammte, konnte in einer von Mann zu Mann eilenden Frau nur ein halt- und sittenloses Wesen sehen, für das nur Verachtung bleibt. Selbst die etwas abgeklärtere bundesdeutsche Gesellschaft fand für Vera, die Stiefmutter von Arndt von Bohlen und Halbach, wenig schmeichelhafte Worte, als sie sich von dem arbeitswütigen Leben ihres Mannes Alfried abwandte. Als „Herumtreiberin" wurde sie denunziert, als sie sich in amerikanischen Spielcasinos oder an kalifornischen Stränden sehen ließ – in attraktiver Playboy-Begleitung obendrein. Krampfhaft bemühte sich die deutsche illustrierte Presse, den Ruf der mandeläugigen Soraya vor dem Absturz ins weibliche Playboytum zu retten, und mußte dazu einen schwierigen Spagat üben. Einerseits bediente sie das Klatsch- und

Neugierbedürfnis der Leser und vor allem Leserinnen, mit wem Soraya in ihrer Untröstlichkeit über den Abschied vom Pfauenthron gesichtet wurde, andererseits durfte nichts das Bild der unschuldigen Schönheit trüben. Soraya wurde ein Gegenstand von Selbst- und Fremdstilisierung und erstarrte zur Ikone einer lebenslustigen Traurigkeit, bei der das, was sonst als Herumtreiberei abgewertet werden könnte, einen tragischen Zug von emotionaler Heimatlosigkeit erhält. „Für eine Nomadin ist es nicht leicht zu lieben. Und es ist gar nicht so leicht, eine Nomadin zu lieben", philosophiert sie in ihren Erinnerungen.

Offensichtlich glaubt sie, es sich und ihrem Ruf schuldig zu sein, den für eine reiche und schöne Frau nicht ungewöhnlichen Lebenswandel als Kreuzweg eines nicht endenden Martyriums hinzustellen. „Erbarmungslos wird mir von der Sensationspresse ein Liebhaber nach dem anderen untergejubelt, berühmte und weniger berühmte, Frivole und Lebemänner, Playboys und Mitgiftjäger. Ich werde als unersättliche Messalina hingestellt, während ich doch nur darum kämpfe, eine schmerzliche Scheidung zu vergessen, die mir jeglichen Gedanken an die Liebe verleidet hat." Immerhin rettet sie noch einen Rest von Glaubwürdigkeit, wenn sie gesteht: „Ich würde lügen, wenn ich behauptete, in all diesen Jahren hätte mich das Umwerben der Männer ungerührt gelassen." Aber nichts Konkretes sagt sie nicht. Höchst indirekt deutet sie an, daß – ohne deren Namen zu nennen – ein Maximilian Schell, ein Gunter Sachs keine Liebe waren, sondern nur exquisite Scheidungswitwentröster. Die „unvergängliche Liebe", an die sie zumindest in ihren Memoiren mit der Inbrunst eines Backfischs glaubt, die Liebe will sie nur mit dem Schah und dem Filmregisseur Franco Indovina erlebt haben, die beide inzwischen tot sind.

Teddy Stauffer mit Caterina Valente und einem Freund in Acapulco, 1960

MÖCHTEGERN UND TRAU-MICHNICHT

Was für ein Playboy – oder? Er singt und swingt mit einer renommierten Band, er spielt auf Sylt Fußball in einer Prominentenmannschaft gegen die Auswahl eines Nachtclubs, er bezaubert mit charmantem Auftreten in eleganter Kleidung die jungen Frauen. Aber der Mann ist kein Playboy, ist keiner geworden, obwohl er alles Zeug dazu hatte. Statt dessen wurde er Verleger, stilisierte die feine hanseatische Art und verbarg damit, daß er mit seiner erfolgreichsten Zeitung durch Sex und Crime auf niedrigstem Niveau sein Geld machte. Fast könnte es einem leid tun, daß ein junger Mann, der alle Anlagen zum Playboy hatte, dem leichten Leben offiziell Adieu sagte und statt dessen als Axel Springer eine staatstragende Figur der Bundesrepublik wurde. Aber es hat nicht sollen sein. Denn in den Jugendjahren Axel Springers war der Begriff noch völlig unbekannt – und das „Dritte Reich" war mit seiner Ideologie der falsche Rahmen für Bonvivants und Dandys. Dies waren Figuren, die mit den als „Systemzeit" verschrieenen zwanziger Jahren zu tun hatten, die Prasser- und Schiebertum repräsentierten, die den Hauch von Geld und Stil ausstrahlten – alles, was den Kleinbürgern im Braunhemd zutiefst verhaßt war. Schon gar nicht wollte die leichte, genußorientierte Lebensart zu einer Ideologie passen, die dem gesunden, gestählten, kriegstüchtigen Volkskörper huldigte. In einem Staat, der von den Jugendlichen die Zähigkeit von Leder, Geschwindigkeit von Windhunden und Härte von Kruppstahl verlangte, war für modische junge Männer mit geschmeidigen Bewegungen zu „artfremder" Musik in schummrigen Bars kein Platz.

Aber ganz so einfach liegen die Dinge nicht. Zur Erinnerung: Porfirio Rubirosa ist etwa gleich alt wie Axel Springer – er startet seine Playboy-Karriere in Berlin während der Anfänge der Naziherrschaft. Nicht nur die internationale diplomatische Community weiß sich zu dieser Zeit noch auf eine Art zu vergnügen, bei der nicht SA-Kolonnen Ton und Tempo vorgeben. Noch spielte beispielsweise Teddy Stauffer mit seinen Teddies, wenn auch schon ab und an von ideologisierten und alkoholisierten Barbesuchern angepöbelt. Nicht jeder Jugendliche hatte Lust, ewig im Viervierteltakt im gleichen Schritt und Tritt zu gehen und die Fahne voranflattern zu lassen. „Negermusik" war bei nicht wenigen ebenso beliebt, wie sie offiziell verrufen war. In Dahlem traf sich die jeunesse dorée des Großbürgertums, um im lockeren Outfit, mit in den Nacken wachsenden Haaren Schellackplatten berühmter amerikanischer Bands zu hören. Ab und zu gab es sogar Boots-Parties auf der Krummen Lanke, bei denen zu den lockeren Rhythmen noch kräftig geschmust wurde, bis Polizei mit Taschenlampen und Scheinwerfern dem Treiben ein Ende machte. Noch in der mecklenburgischen Provinz versuchten sich Jugendliche in „undeutscher" Lebensart. Am Ostsee-Strand spielen sie in Walter Kempowskis „Tadellöser & Wolff" gleich auf zwei Grammophonen: „... and if you sing it, you simply have to swing it ..." Die Nachbarn quittierten dies mit „Immer dieser Nigger-Jazz" – und die Jugendlichen setzten mit ihrer Kleidung noch eines drauf: „Wir trafen andere Typen, ebenfalls wie wir mit langem Haar und weißem Schal. Einer mit Entenschweif; hinten das Haar zusammengelegt. Hutkrempe vorn feucht gemacht und über einen Bleistift gerollt."

Warum sollte sich da der lebenslustige Axel Springer zurückhalten? Viel zu eingeschliffen und viel zu vergnüglich war der Lebensstil, den er sich Anfang der dreißiger Jahre zugelegt hatte: Wochenendfahrten nach Berlin mit Suite im Eden-Hotel, Likör bei Mampe, Diner bei Horcher und dann die Nachtclubs, wo es galt, des Lebemanns liebste Gesellschaft angemessen zu unterhalten, die langbeinigen Mannequins aus den Modesalons der Reichshauptstadt. Fast mit etwas Wehmut gedenkt Axel Springer später der durch die Nazi-Herrschaft gebotenen Einschränkungen: „In normalen Zeiten wäre ich wahrscheinlich am Bartresen gelandet." So blieb es dabei, sich dandyhaft in feinstes englisches Tuch zu gewanden und dazu den Schirm zu schwingen, was diesen dem Nazi-Rabaukentum abholden jungen Männern den Spitznamen „Alpaka-Jünglinge" einbrachte.

Aber die Zeiten waren nicht normal, so daß das leichte Leben eine Randerscheinung blieb. Hauptaufgabe war es, mit den Kriegswirren, den Zerstörungen und dem Wiederaufbau fertigzuwerden. Axel Springer wurde nicht Schlager-, Operetten-, Jazz-Sänger, was er so liebend gerne geworden wäre, sondern Großverleger. Am Anfang dieser Karriere leuchtete noch einmal fast offiziell etwas von der Lebensart des verhinderten Playboys auf: Bei den Verhandlungen für die Lizenz zu der später so erfolgreichen „Hör Zu" hatte Axel Springer dem britischen Offizier die Frage zu beantworten, ob er während der Nazizeit verfolgt worden sei. „Ooch, eigentlich nur von Frauen!" soll Springer geantwortet haben.

Für solchen Spaß war danach kein Platz mehr. Axel Springer gab ganz und gar den seriösen und erfolgreichen Geschäftsmann – nach außen. Privat blieb er ein exzessiver Liebhaber der Frauen und beließ es keineswegs bei den immerhin fünf offiziellen Ehefrauen. Mit seiner blendenden Erscheinung, den guten Manieren und seiner Leidenschaft für alles Weibliche wäre Axel Springer ein idealer, wenn auch schon in die Jahre kommender Playboy gewesen, aber er hatte die Haltung des hanseatischen Kaufmanns aus dem

Elternhaus verinnerlicht. So stürzte er sich aufs Geschäftemachen, aufs Geldverdienen und hielt sich an die Formen, die in der arbeits- und aufbauwütigen Gesellschaft der Adenauerzeit als angemessen galten. Was von seiner Genußsucht blieb, war ein ungestilltes Verlangen nach Frauen, das intensiv, aber so diskret wie möglich erfüllt wurde, wie sein Biograph, Michael Jürgs, berichtet. „Manchmal bat er zum Vögeln wie zum Diktat. Manchmal ließ er Mädchen nur für eine Nacht nach Sylt einfliegen und verabschiedete sich am Morgen nicht. Manchmal schickte er Frauen ein kleines Collier und ein paar Zeilen, daß es aufregend gewesen war und er sie nie vergessen werde. Briefe, schön war's, aber nun ist es vorbei, waren vorgedruckt, es mußte nur der Name eingesetzt und dann von Springer unterschrieben werden: Dein Axel ... Er konnte es sich leisten, das eine oder andere Geschenk zu machen, eine kleine Armbanduhr oder täglich teure Blumensträuße, und er ließ sich, falls nötig, bei seinen Attacken auch Eigenes einfallen, liebestolle Telegramme und liebevolle Briefe, einen nächtlichen Autokorso vor dem Haus, in dem die Angebetete wohnte ...“

In der Unersättlichkeit, mit der Züge des Sex-Maniacs streifenden Besessenheit, erinnert manches an Porfirio Rubirosa, nur daß dieser sich von Fauen lieber beschenken ließ, als sie selbst zu beschenken. Was fehlt, ist die Öffentlichkeit. Die großzügigen Abschiedsgeschenke haben im Gegenteil den Charakter von Schweigegeld. Wer zur besseren Gesellschaft gehören wollte, durfte nicht durch sexuelle Eskapaden auffallen Es wäre peinlich gewesen, wenn eine der Ex-Frauen geplaudert hätte. So wurden sie nicht nur finanziell großzügig abgefunden. Noch in einem Brief an den Sohn wird die „höfliche Bitte an Mutti“ vorgetragen: „Informiere unsere Freunde nicht über meinen sogenannten Privatbereich. Du schadest mir geschäftlich. So sehr!“

Das Schicksal eines anderen Verlegers mag Axel Springer bedrohlich vor Augen geschwebt haben. Der Mitbesitzer und Chefredakteur der „Süddeutschen Zeitung“, Werner Friedmann, stolperte 1960 über eine Sexaffäre, bei der ein journalistischer Playboy von der Marke „Münchner Stenz“, Sigi Sommer, eine Rolle spielte. Sommer, der gerne im fast bis zum Bauchnabel offenen Hemd auftrat und journalistisch als „Blasius“ mit einschlägigen Werken hervortrat („Meine 99 Bräute“), war seinem Chef und Freund behilflich, mit jungen Mädchen intime Stunden zu verbringen. Er überließ Werner Friedmann ganz wie im Billy-Wilder-Film „Das Appartement“ den Schlüssel seiner Wohnung. Ein journalistischer und politischer Gegner, der Herausgeber und Chefredakteur der „Passauer Neuen Presse“, Hans Kapfinger, bekam davon Wind. Der Freund von Franz-Josef Strauß witterte die Chance, den liberalen Journalisten und Strauß-Gegner Friedmann „abzuschießen“. Kapfinger wetterte in seinem Blatt gegen das Sodom und Gomorrha des Gegners von der „Süddeutschen Zeitung" – und ein gleichgesinnter eifriger Staatsanwalt fabrizierte eine Anklage wegen Kuppelei. Friedmann und Sommer kamen erst in Haft und wurden dann zu einem halben Jahr Gefängnis auf Bewährung verurteilt. Neben dem politischen Ziel, einen CSU-Gegner gesellschaftlich unmöglich zu machen, spielte auch persönliche Rache eine Rolle. Drei Jahre zuvor hatte Friedmann verlauten lassen, Kapfinger habe in der Nähe des englischen Gartens eine Absteige für zärtliche Treffs mit jungen Frauen. Prompt hatte Kapfinger gedroht, er habe Material über Friedmann, das nicht weniger interessant und pikant ist. Als er es veröffentlichte, war es in den erst langsam liberaler werdenden Zeiten – der Kuppeleiparagraph geriet eben auf die Streichliste der Justizreformer – für Friedmann ruinös.

Auch über Axel Springer hätte es genug zu erzählen gegeben, was mindestens rufschädigend gewesen wäre, etwa von den Ballettpartys mit Mädchen am Swimmingpool, die ohne großes Zureden bereit waren, etwas länger zu bleiben. Aber nichts davon drang an die Öffentlichkeit, weil Springer es nicht wollte – und als Herr über ein Zeitungs- und Zeitschriftenimperium die Nachrichten kontrollieren konnte. Auch waren die Sitten an der Elbe nicht so grob wie an der Isar. Der gewiß von Eigennutz diktierte Hamburger Verlegerkomment, das Privatleben des Konkurrenten nicht an die Öffentlichkeit zu zerren, sicherte darüber hinaus die Diskretion. Axel Springers Scheu, öffentlich mit Sex und Leichtlebigkeit in Verbindung gebracht zu werden, ging so weit, daß er einschlägige Blätter im eigenen Verlag verachtete und sich auch wieder von ihnen trennte. Die Illustrierte „Jasmin" war für ihn ein „Fickblatt" und „Glanzkacke", mit der er am liebsten nichts zu tun gehabt hätte, weil Sex für ihn reinste Privatangelegenheit war.

Axel Springer ist eine der großen Unternehmergestalten des Wirtschaftswunders, so wie ein Max Grundig oder Gustav Schickedanz. Nicht bei jedem mag das Talent zum Playboy in gleicher Weise vorhanden gewesen sein. Aber wenn der dazu so begabte Springer seine Leichtlebigkeit zügeln mußte, so wird deutlich, daß hier Kriegs- und Nachkriegszeit ihre spezifische Wirkung zeigten. Selbst in der Nazizeit war noch ein vergnügliches Leben möglich, aber es war mit Heimlichkeit verbunden – und diese wurde nach dem Zweiten Weltkrieg aus anderen Gründen fortgesetzt. Ausschweifendes Genießen lernt man nicht erst in einem Alter, in dem Rubirosa nach entsprechendem Anlauf seine durch die Ehen mit den Millionärinnen markierte Glanzzeit erlebte. Selbst wer die Ansätze zu einem Axel Swinger hatte – als Mit-Macher in der Wirtschaftswelt der Nachkriegszeit war es dann doch ein Axel Springer. Die Abschottung Deutschlands über lange Jahre hinweg, dazu die Neigung, deutsche Spießigkeit zur besonderen Tugend zu stilisieren, waren Barrieren, an denen sich der Drang einer ganzen Generation zum Playboytum brach. Es sind nicht nur zwanzig Jahre, die Axel Springer und Gunter Sachs trennen. Es ist nicht nur, daß der junge Sachs ein Vermögen und ein florierendes Unternehmen erbte, während Springer erst eines aufbauen mußte. Da ist vor allem die von Kindesbeinen an erlebte Internationalität des jungen Sachs. Er ist polyglott, kommt herum, ist in mehreren Ländern zu Hause, läßt das väterliche Schweinfurt weit hinter sich zurück.

Welcher Kontrast dazu ein Unernehmersprößling aus der deutschen Provinz, der nicht viel jüngere Hubert Burda, Sohn des Schwarzwaldkönigs im Druckgewerbe. Weniger als verständnislos sieht der Vater auf die Bemühungen des Sohnes im verdächtig lockeren München. Hubert gibt im Alter von 28 Jahren mit dem Geld seiner Mutter und in deren Verlag 1969 ein dem „Playboy"-Magazin deutlich nachempfundenes Männermagazin „M" heraus. „Für die Sauerei ist meine Frau verantwortlich", dröhnt es aus „Burdapest", wie Offenburg spöttisch genannt wird. Triumphierend sieht Vater Franz, wie das Unternehmen nach nur zwölf Ausgaben eingestellt wird. Verlust pro Heft: eine Million D-Mark. Als 1972 der deutsche „Playboy" erscheint, ist Hubert Burda schon dabei, sich auch persönlich von allem Playboyhaften zu verabschieden. Photos wie jenes, auf denen ein flotter Jüngling samt Freundin Mucki mit einem gewissen „Hoppla, jetzt komm ich"-Charme zu sehen ist, werden seltener. Hubert Burda wird zum verhinderten Playboy. Ein durch die rasch immer höher werdende Stirn markant unterstrichener Zug zur Nachdenklichkeit könnte ihm den Verzicht erleichtert haben. Er wird so etwas wie ein Intellektuellen-Playboy, stiftet einen Petrarca Preis, der in erlesener dichterischer Gesellschaft in südlicher Landschaft verliehen wird. Zum Hofstaat des bald 60jährigen Hubert Burda gehören auch heute noch der professorale Vordenker und Schnellredner in Sachen Ästhetik, Bazon Brock, und der Dichter Peter Handke, der auch Trauzeuge bei Hubert Burdas zweiter Eheschließung mit einer Enkelin des Dirigenten Furtwängler war. Das leichte Leben, der Klatsch um verspätete Playboys und umschwärmte Prinzessinnen wird den hauseigenen Illustrierten, allen voran der „Bunten", überlassen. Äußerst penibel wird auch im fortgeschrittenen Alter darauf geachtet, nicht den Anschein von Leichtlebigkeit zu erwecken. Als eine Zeitung schrieb, der Verleger habe eine Yacht, dementierte er dies postwendend.

Wie schon wenige bezeichnende Beispiele zeigen, war es alles andere als selbstverständlich, ein Playboy zu werden, selbst wenn Veranlagung oder materielle Voraussetzungen gegeben waren. Und es war keine spezifisch deutsche Erscheinung, die den jungen Männern der Nachkriegszeit eher den Weg zu Arbeit und Gelderwerb wies als zum hedonistischen Lebensgenuß. Eine ganze Welt mußte sich wieder vom größten Krieg der Menschheitsgeschichte erholen, neu einrichten – und dies schien am besten in den traditionellen Bahnen möglich zu sein. Außerhalb des moralisch und materiell verwüsteten Deutschlands war die Bereitschaft noch ausgeprägter, auf die Mühen des Krieges das Vergnügen folgen zu lassen.

Aber nach dem Tanz auf den Champs-Elysées, nach der Konfettiparade in New York mußte erst wieder an den Grundlagen für ein vergnüglicheres Leben gearbeitet werden. In den bunten Blättern und Wochenschauen ließ man sich von einigen wenigen vorführen, wie ein Leben in Saus und Braus aussehen könnte, beobachtete ihr Treiben, mindestens so erstaunt wie entsetzt über so viel Leichtfertigkeit. Jetzt schlug nicht nur die große Stunde einer neuen Generation von Hollywood-Stars. Jetzt führten nicht nur vollbusige Filmdiven vor, wie prall das Leben sein kann. Jetzt war auch die Zeit für die kurze große Blüte der Playboys gekommen. Als Ausnahmeerscheinungen zeigten sie, daß man keine besondere Profession haben muß, um vergnüglich zu leben, sondern daß der Wille dazu genügt. Sie demonstrierten, daß es ein schönes Leben jenseits der Ehrpusseligkeit der Altvorderen gibt und „Wein, Weib und Gesang" nicht ewig ein Walzertraum sein müssen.

Aber ein solches hedonistisches Leben war keine Selbstverständlichkeit. Warum wurde etwa ein Jan Philipp Reemtsma kein Playboy? Die Frage scheint weit hergeholt zu sein. Könnte man nicht genausogut fragen: Warum ist Helmut Kohl kein Playboy? Man kann es nicht, weil Helmut Kohl außer seinem sich allerdings in Pfälzer Saumagen und Wein erschöpfendem genießerischen Naturell alles fehlt, was ein Playboy braucht. Er ist materiell ein Kind des unteren Mittelstandes und mental ein Zögling der Adenauer-Wiederaufbau-Generation. Bei Jan Philipp Reemtsma ist es genau umgekehrt. Außer seinem Naturell bringt er so ziemlich alle Voraussetzungen für einen klassischen Playboy der Oberliga mit.

Reemtsma ist Erbe eines Großunternehmers. Sein Vater hat mit Tabakwaren das ganz große Geld gemacht und stand in den Zeiten des Nationalsozialismus den Machthabern in einer später die Gerichte beschäftigenden Weise ziemlich nahe. Für das vom Vater Philipp Fürchtegott Reemtsma reichlich skrupellos aufgebaute Firmenimperium will sich Jan Philipp nicht recht erwärmen. Ein paar Praktika unter fremdem Namen bei anderen Firmen, ein Bilanzkursus bei der Deutschen Bank bleiben Randerscheinungen. Alles Umstände, die ähnlich aus den Biographien eines Gunter Sachs oder Arndt von Bohlen und Halbach bestens bekannt sind. Reemtsma stellte nicht ganz so offen zur Schau, daß er weder Neigung noch Begabung für das Geschäftliche hat. Es überraschte daher, als er mit 26 Jahren sein Erbteil für 300 Millionen D-Mark an die Tchibo-Eigentümer verkaufte, verscherbelte, wie unter hanseatischen Handelsherren gemunkelt wurde. Mit diesem von seinem Vermögensverwalter geschickt vermehrten Geld wären die besten Voraussetzungen für ein Playboy-Leben gegeben gewesen. Aber statt ein leichtes Leben zu führen, das Vermögen an den vielen schönen Orten mit all den dort anzutreffenden schicken Menschen auszugeben, pirscht Reemtsma durch die Lüneburger Heide. Auch daraus könnte noch ein Playboy-Leben werden, wenn es jägerische Neigungen wären, die ihn auf den Spuren von Hermann Löns wandeln lassen. Aber Reemtsma sucht einen Menschen: den in der Nähe von Celle in sehr bescheidenen Verhältnissen lebenden, hochmütig mit der Umwelt im Hader liegenden und aus dieser Haltung dichterischen Honig ziehenden Schriftsteller Arno Schmidt.

Reemtsma bittet den Poeten mit der misanthropischen Attitüde demütigst, ob er sein Mäzen sein dürfe – und Arno Schmidt stimmt zu. Statt zum Playboy wird Reemtsma zum Philanthropen mit literarisch-philosophischem Schwerpunkt. Auch bei Gunter Sachs steht heute in den Biographien, daß er ein Wohltäter sei, und mancherlei Engagement für diese oder jene gute Sache erklärt diesen Ruf. Aber wie der Kirchenvater Augustin ein ausschweifendes Leben führte, ehe er sich einem heiligenmäßigen Leben verschrieb, so war bekanntlich auch Gunter Sachs zuerst ein unbekümmerter Draufgänger, ehe er sich unterstützend den Nöten dieser Welt zuwandte. Erst Frauenliebling, dann Menschenfreund, war seine Devise. Jan Philipp Reemtsma überspringt die Leichtlebigkeit und taucht gleich voll hinein in die Ernsthaftigkeit. Zunächst geschieht dies durch Förderung literarischer Projekte. Nicht nur Arno Schmidt wird unterstützt, auch eine Herausgabe der Werke des Rokoko-Dichters Christoph Martin Wieland wird finanziert. All dies ist begleitet von Aufsätzen und Reden des Stifters. Hier läßt ein Vermögender nicht einfach Geld verteilen, sondern befördert, was ihm wichtig ist und seinen Neigungen entspricht. Damit berührt er sich am stärksten mit dem Playboy: Auch er macht, was ihm Spaß macht. Aber, was Jan Philipp Reemtsma Spaß macht, ist gar nicht spaßig. Er wendet sich den Fragen von Gewaltherrschaft und staatlichen Massenverbrechen zu, gründet ein Institut für Sozialforschung, das mit einer Ausstellung über die Verbrechen der Wehrmacht im Zweiten Weltkrieg für Aufsehen sorgt.

Als wäre das alles nicht schon genug, um sich vom Hedonismus der Playboys abzusetzen, scheut Jan Philipp Reemtsma auch noch die Öffentlichkeit. Längst ist dieser millionenschwere Industriellenerbe mit seinen mäzenatischen Neigungen, seinen literaturwissenschaftlichen und sozialanthropologischen Studien eine Legende, aber er verweigert sich standhaft allen Talkshows, gibt keine Interviews, läßt sich nicht photographieren. Nur Auftritten als Literaturwissenschaftler kann er nicht widerstehen, und so referiert er öffentlich über die von ihm besonders geliebten Dichter. Es ist eine böse Ironie des Schicksals, daß gerade dieser als scheu bis verklemmt beschriebene Mann Opfer einer qualvollen Entführung wird.

Warum sind die Lebenswege eines Gunter Sachs und eines Jan Philipp Reemtsma bei ähnlichen Voraussetzungen so unterschiedlich verlaufen? Warum ist der eine flotter Playboy, der andere schwerblütiger Mäzen geworden? Ein Menschenleben ist viel zu komplex, seine Stationen von viel zu vielen Umständen abhängig, als daß darauf eine einfache Antwort gegeben werden könnte. Aber der Vergleich erlaubt doch aufschlußreiche Rückschlüsse darauf, was das Besondere an den Playboys war, warum es sie zu einer ganz bestimmten Zeit unter ganz bestimmten Konstellationen gab und warum sie keine unmittelbaren Nachfolger fanden.

Reemtsma ist 20 Jahre jünger als Sachs. Er ist also zeitlich keineswegs vom großen Playboy unüberbrückbar durch Jahre getrennt. Der Altersunterschied zwischen Gunter Sachs und Porfirio Rubirosa war größer. Sachs und Reemtsma könnten Brüder im Geiste sein und sind doch völlig getrennt. Das liegt sicher am grundsätzlich unterschiedlichen Naturell, das ihnen in die Wiege gelegt wurde. War Gunter Sachs der Sohn eines Mannes, der für mancherlei Eskapaden bekannt war, so war der Vater von Jan Philipp Reemtsma ausweislich eines Firmen-Nachrufs aus spröderem Holz geschnitzt: „Er liebte es nicht, auf persönliche Eigenschaften angesprochen zu werden. Mittelpunkt oder überhaupt Gegenstand des öffentlichen Interesses möchte er nicht sein." Der Apfel, der von diesem Stamm fiel, war dementsprechend. Beobachter attestieren Jan Philipp Reemtsma im besten Playboy-Alter von 32 Jahren ein völlig unscheinbares Auftreten. Man merke ihn nicht einmal „in seinem grauen Anzug, mit Oberlippenbart und halbkurz geschorenen Haaren". Aber da sind auch Unterschiede zwischen Sachs und Reemtsma fern von Erbe und Erziehung. Der eine ist Vertreter der Nachkriegsgeneration, ein Wirtschaftswunderkind. Der andere ist ein Nachzügler der 68er-Revolutionäre. Sachs wurde zum Playboy in einer Zeit, in der den Menschen von den Plakatwänden zugerufen wurde: „Mach mal Pause!" – und die reichte gerade für einen Schluck Cola, dann wurde wieder fleißig gearbeitet. „Saure Tage, frohe Feste" war das Motto – und die Playboys verzichteten auf die sauren Tage, pfiffen auf die Kurzpausen und fingen erst gar nicht richtig mit dem Arbeiten an, brachen auf ihre sanfte Art mit der Gesellschaft.

Diese Jugend hatte kein Interesse, sich mit den Sünden der Väter, mit der Vergangenheit auseinanderzusetzen. Darin waren sie in vollem Einklang mit ihrer Umwelt. Sogar mit ihrem Hedonismus waren sie keine schieren Exoten. Freß- und Eß- und Reisewelle waren jeweils Ausdruck dieses allgemeinen Gierens nach Genuß. Aber was hier kollektiv in Etappen und immer eingebettet in strebsame Erwerbstätigkeit geschah, das lebten die Playboys alles auf einmal, individuell und ohne allzugroße Rücksicht auf Konventionen. Sie mußten mit der Gesellschaft erst gar nicht ihren Frieden schließen, weil sie deren Ordnung nie problematisierten, sondern sich einfach auf deren Sonnenseite ansiedelten.

Die 68er dagegen stellten das elterliche System in Frage, zerrten die braune Schmutzwäsche hervor, die die Vätergeneration so geschickt versteckt hatte. Sie wollten unterlassene Revolutionen nachholen, mit den Entrechteten gegen Unterdrückung kämpfen und waren bereit, das kapitalistische System dafür in Frage zu stellen. Ratlos standen die Eltern vor diesen rabiaten Anfängen des Gutmenschentums, mußten entsetzt mitansehen, wie die Söhne auf all die schönen Errungenschaften wie Strickschlips, Polyesterhemd und Treviraanzug verzichteten, wie die Töchter Petticoat und toupierten Frisuren Adieu sagten und sich von der Pille geschützt sorglos einem freien Sexualleben hingaben.

Plötzlich gab eine Generation den Ton an, die mit Schmuddellook und Sperrmüllkultur eine gehobene Form der Askese propagierte, in VW-Rostlauben durch die Gegend kutschierte und gar kein Interesse mehr an all den schönen Dingen zeigte, die in Quelle- und Neckermannkatalog den Eltern noch höchst begehrenswert erschienen waren. Dabei war diese neue Generation viel hedonistischer als alle Nachkriegsgenerationen davor. Die direkt auf den Fußboden gelegten Matratzen in der Wohngemeinschaft dienten als Spielstätten für Freuden, von denen in den elterlichen Ehebetten nicht einmal geträumt wurde. Wenn es auch noch der saure Blanc de Blanc, der kopfschmerzerzeugende Südtiroler Schwarze Adler war, der im Plastikbecher konsumiert wurde – all das war schon Ausdruck einer Genußsucht, die später unter dem Begriff der Toscana-Fraktion in kultivierterer Form ausgelebt wurde.

Der Ferrari von Porfirio Rubirosa nach dem tödlichen Unfall am 5. Juli 1965 im Bois de Boulogne

Ali Khans Unfallwagen in Paris, 9. Juni 1960

KEINER WIRD DER LETZTE SEIN

„Der echte Playboy ist tot – oder er hat sich überlebt." – 1965 provozierte der Unfalltod von Porfirio Rubirosa diesen und ähnliche Kommentare in den Gazetten. Es waren verständliche und doch ein wenig voreilige Abgesänge auf einen kurzlebigen Typus, der oft totgesagt wurde und doch nicht so leicht totzukriegen ist. Ein Jahr später überraschte Gunter Sachs die gleichen Journalisten durch die Eheschließung mit Brigitte Bardot. Die Trauung in Las Vegas erwischte selbst den sonst so gut informierten „Spiegel" unvorbereitet. Der Artikel über die Ehe Sachs-Bardot quält sich eine knappe Seite an wenigen Fakten entlang. Schon etwas angestaubte Formulierungen über Gunter Sachs werden wieder aus dem Archiv geholt, an den zerplatzten „Traum von tausend und einem Sachs" im Zusammenhang mit Soraya wird erinnert und auch sonst kräftig aus alten Nummern des eigenen Blatts abgeschrieben.

Zu früh, wenn auch aus begreiflichen Gründen, waren die Playboys zu den Akten gelegt worden. Zu früh, weil etwa Gunter Sachs noch mindestens drei Ehejahre lang mit Brigitte Bardot dem Playboy-Leben huldigte, weil einige der äußerst pittoresken Eskapaden von Arndt von Bohlen und Halbach noch bevorstanden. Aber die Abgesänge auf den Playboy waren auch verständlich, weil sich schon erste Schatten über diese Strahlemänner gelegt hatten, sich eine neue Zeit ankündigte, die für sie keinen Platz mehr hatte.

Ein halbes Jahr vor der Sachs-Badot-Trauung war „Der Spiegel" zum Jahresanfang 1966 mit der Titelgeschichte „Ist das Wirtschaftswunder zu Ende?" erschienen. Mit mehr Verwirrung denn Analyse wurden Rückschritte im Wirtschaftswachstum und gesellschaftliche Verwerfungen registriert. Es ließ sich nicht mehr übersehen, daß mit dem in hektischen Jahren errungenen Wohlstand Veränderungen eingetreten waren, die die gesamte Gesellschaft betrafen, die Playboys aber in besonderer Weise: „Hochkarätige Sportarten wie Skilauf, Tennis und Golf entwickeln sich zum Massenvergnügen." Der kollektive Wohlstand legte die Axt an eine der Wurzeln der Playboy-Existenz, an die Exklusivität.

Nicht einmal die ureigene Domäne des Playboys, sein von Frau zu Frau in freier Wahl springendes Liebesleben, war vor Inflationierung gefeit. Die Frauen selbst hatten damit ein Ende gemacht, exklusiver Gegenstand männlicher Eroberung zu sein, wie Porfirio Rubirosa kurz vor seinem Tod entgeistert feststellte: „Ich möchte nicht als Moralist erscheinen. Aber diese Mädchen von heute, die so unabhängig sind, so frei auch in sexueller Hinsicht, die kann ich nicht billigen. Ich mißbillige sie aus geschmacklichen

Gründen. Die sexuelle Freiheit bei einer Frau bewirkt, daß man das Interesse an ihr verliert, es zerstört das Geheimnis in ihr. Ja, ja, den Frauen mag es gelungen sein, gleichberechtigt zu sein, aber mir gefällt es nicht."

Wie der alternde Playboy die Welt nicht mehr versteht, so auch umgekehrt. Als konkrete Figur war Rubirosa nur noch ein Mann von gestern, der ein wenig lächerlich wirkte. Nie hatte die „seriöse" Presse allzuviel Verständnis für ihn gehabt. Schon bei der Hochzeit mit Barbara Hutton 1953, zwölf Jahre vor seinem Tod, wurde gegiftet, sein Charme sei „abgeschabt wie bei einem alternden Schmierenliebhaber" und von besonderen zauberhaften Kräften sei bei diesem „Kariben-Casanova" nichts zu merken. In den letzten Lebensjahren wollten sich nicht einmal mehr die Frauenzeitschriften zu jener Bewunderungslyrik früherer Jahre aufschwingen, die davon sang, daß ihm die Herzen der schönsten und reichsten Frauen zufliegen und die Männer aller Kontinente vor ihm zittern.

Wenn Rubirosa mit 56 Jahren starb, so hatte er sich zwar selbst überlebt, aber doch war das Schicksal mit ihm noch gnädiger als mit dem großen Vorgänger Giacomo Casanova. Der saß 70jährig fern der Metropolen auf einem böhmischen Schloß, hatte Syphilis und eine schmerzende Fistel im Darm leidend überstanden, seine Zähne verloren, mehrfach Bankrott gemacht. Nicht einmal mehr die Dienstboten zollten ihm Respekt: Spricht er Deutsch, gibt es Spott, zeigt er seine französischen Gedichte, erntet er Verachtung. Wenn er beim Betreten eines Raumes die gespreizten Bewegungen ausführt, die ihm von dem berühmten Tanzlehrer Marcel in seiner frühesten Jugend beigebracht worden waren, setzt es allgemeines Gekicher.

Ein finaler Autounfall ersparte es Rubirosa, zu einer solch kläglichen Figur zu werden. Oder hatte er es sich selbst erspart? Er hatte keine Zeugen, keine Mitfahrer, als er gegen einen Baum im Bois de Boulogne stieß. Ein Mann, der bei Autorennen unverletzt aus dem sich überschlagenden Auto gestiegen war, überlebte nun nicht eine Heimfahrt durch den Pariser Stadtwald. Es mag ein durch Alkoholgenuß gefördertes Mißgeschick gewesen sein, aber Rubirosa hätte auch Grund gehabt, selbst ein Ende zu suchen. Sein Vermögen ging zur Neige – und auch seine Virilität erfuhr eine altersbedingte Einschränkung. Eifersucht, Besitzansprüche machten sich bei ihm bemerkbar. Außereheliche Eskapaden reduzierte er zunehmend. Bilder vom Glück am häuslichen Herd gingen durch die Weltpresse. Der Playboy scheint schon vor dem Menschen Rubirosa dahingegangen zu sein. Fünf Jahre zuvor war der andere große internationale Playboy dieser Generation, Ali Khan, gestorben. Seine Geheimratsecken hatten schon das Hinterhaupt erreicht, vom müden orientalischen Charme war zuletzt vor allem die Müdigkeit geblieben. Es wurde ihnen nicht erspart, als alternde Playboys von jenen Klatschjournalisten, die sie einst hofiert, die jede Eskapade von ihnen haarklein mit anerkennendem Unterton der Öffentlichkeit überliefert hatten, zur lächerlichen Figur gemacht zu werden. Rubirosa und Ali Khan mußten aber immerhin nicht erleben, ein alter Playboy zu sein, so wie es Teddy Stauffer in fast mitleidserregender Weise erlitt. Mit 82 Jahren starb er in Acapulco. Ob an Alzheimer oder an einer Herzkrankheit, darüber sind sich die Nachrufer uneinig. Übereinstimmend beschreiben sie einen kranken, abgemagerten und vor allem einsamen Mann. Er, der sich einst rühmen durfte, der Playboy mit den strahlendsten Frauen zu sein, er hatte zuletzt nur eine Pflegerin in seiner Nähe. Nicht einmal seine Tochter war am Ende bei ihm.

Was die noch einmal den alten Glanz heraufbeschwörenden Boulevardblätter verschwiegen, enthüllte die korrekte „Neue Züricher Zeitung": Teddy Stauffer starb in Armut. Immer hatte ihm das ganz große Geld gefehlt, um ein echter Playboy zu sein. Aber im Alter war ihm auch die wirtschaftliche Basis als Musiker und vor allem als Hotelier weggebrochen. Er war immer nur Teilhaber an all den schönen Etablissements gewesen, die er in Acapulco aufgebaut hatte. Die großen Hotelkonzerne bereiteten ihm den wirtschaftlichen Garaus. Seine letzte Bar hieß bezeichnenderweise Sunset. Nach dem für Teddy Stauffer endgültig letzten Sonnenuntergang hielt der Bürgermeister von Acapulco eine Trauerrede auf den „Erfinder" dieses Urlaubsorts. Der allerletzte Akt hatte schließlich noch einmal Playboy-Format: Von der Spitze jener Klippe, von der sich Acapulcos Todesspringer in die Tiefe stürzen, wurde die Asche Teddy Stauffers in den Pazifik gestreut.

Mit ihm war nicht der letzte Playboy gestorben, aber das Wort vom „Tod des letzten Playboys" klingt so melodramatisch, daß immer wieder ein letzter sterben muß. Das war bei Rubirosa so – und beim Schriftsteller Harold Robbins. Ein Blick auf die Liste derer, die als Playboy reüssierten und noch leben, lehrt, daß noch einige Male Gelegenheit bestehen wird, vom Tod eines letzten Playboys zu reden. Doch was da noch aus alten, großen Zeiten in die heutige herübergekommen ist, das sind nicht einmal Überlebende, sondern Ehemalige, nachdem spätestens mit dem Tod von Porfirio Rubirosa die Zeit der großen Playboys rapide abzulaufen begann.

Die Hochzeit und Ehe mit Brigitte Bardot wirkt, mit Abstand betrachtet, wie das großangelegte Finale. Der Hauptakteur, Gunter Sachs, scheint die Zeichen der Zeit erkannt zu haben, wählte – ganz der souveräne Spieler im Playboy – noch einen großen Auftritt, um dann den selbstbestimmten Abtritt von der Bühne zu vollziehen. Die Scheidung Bardot-Sachs geschah vor dem Donnergrollen des Mai 1968, der Frankreich an den Rand des politischen Zusammenbruchs brachte. Auch in Amerika, in Deutschland rebellierte eine junge Generation gegen die Väter. Sie stellte den egoistischen Kapitalismus der älteren Generation in Frage – und damit auch die Existenzgrundlage der Playboys. Überkommene Geschlechterrollen wurden über den Haufen geworfen. Frauen wollten nicht länger Gefährtinnen und Gespielinnen der Männer sein, sondern emanzipiert ihr Schicksal selbst bestimmen. Der Mann hatte als Herrscher gefälligst abzudanken und wurde nur noch als Softy geduldet. Dahinter zeichneten sich schon ganz neue Existenzformen ab, standen die Singles und Streber bereit. Plötzlich fanden sich die Playboys in einem gesellschaftlichen Niemandsland. Auf der einen Seite die alles arbeitslose Wohlleben geißelnden Antikapitalisten der 68er-Generation, auf der anderen eine dem beruflichen Ehrgeiz, der Arbeit und Karriere verschriebene Yuppie-Generation. Wer diesen Wandel nicht erkannte, machte sich als Playboy zum Gespött, und so blieb dieser Titel zuletzt einem Magazin, wichtigtuerischen Herumtreibern und zwielichtigen Gestalten überlassen.

Nichts mehr vom Charme eines Rubirosa etwa bei einem Thierry Roussel, dem dritten Ehemann der verstorbenen Millionenerbin Christina Onassis und Vater von deren Tochter Athina. An Zynismus dürfte dieser Mitgiftjäger einen Rubirosa selbst zu dessen ausgelassensten Zeiten weit übertreffen. Nach Auskunft des Bankers von Christina Onassis stellte der Playboy eine klare Bedingung: Geld gegen Heirat! Die Tochter des Tankermillionärs gab das Geld – und Thierry Roussel betrog sie. Als das zweite außereheliche Kind des Playboys geboren wurde, reichte Christina die Scheidung ein, konnte sich aber nicht aus der Abhängigkeit von Thierry befreien. Sie hielt ihn weiter aus – und soll ihm nach einer Recherche von „Vanity Fair" pro Nacht, die er mit ihr verbrachte, 100.000 Dollar gegeben haben. Über den Tod von Christina hinaus regnete es Geld auf den Ex-Mann, der behauptet, mancherlei Berufen nachzugehen, sich aber vorwiegend als Jet-Setter betätigt. „Er ist arbeitslos und lebt vom Geld seiner Tochter", urteilen die zurückhaltenderen Kenner. Andere sagen es direkter: „Getrieben von niedrigsten Instinkten; einer der ekelerregendsten Menschen." Mit seiner jährlichen Apanage von 1,5 Millionen Dollar unzufrieden, versucht Thierry Roussel mit zweifelhaften bis kriminellen Machenschaften, an das Geld seiner Tochter zu kommen. Wenn er in den Illustrierten als „Playboy" bezeichnet wird, so liegt darin nur noch Verachtung.

Nicht die Spur eines anerkennenden Wortes gibt es auch für Emad „Dodi" al-Fayed, der als einer der letzten aktiven Playboys gelten darf. Nicht einmal sein Tod an der Seite von Prinzessin Diana beschert ihm einen aus Pietät genährten Respekt. Für die Adoranten der „Prinzessin des Herzens" bleibt er der Schmuddel-Playboy, der sich am Heiligsten ihres Sentiments ganz unstandesgemäß vergriffen hat. Wo ein Playboy vom alten Schlag bei der Fahrt in den Tod noch selbst am Steuer saß, sogar in einem alternativen chevalersken Akt seiner beifahrenden Geliebten das Überleben bescherte, so wie es Ali Khan getan hatte, da ließ Dodi sich und seine Gefährtin ins Unglück fahren.

Auch das war nichts als Fortsetzung jenes müde-angeberischen Stils, dessen sich dieser Spät-Playboy befleißigte. Zwei Autos mit Fahrer hatte er bei den abendlichen Streifzügen durch London in seinem Gefolge. Je nach Typ der für die Heimfahrt gewählten Begleiterin entschied sich Dodi für für den weißen Rolls-Royce oder den roten Ferrari Testarossa. Die vornehmen Privatschulen in der Schweiz zu Beginn dieses Playboy-Lebens sind noch angemessen. Die enge Verwandtschaft mit dem Waffenschieber Adnan Kashoggi, ausgedehnte Fahrten auf dessen Yacht Nabila verweisen dagegen schon in die Welt der Demimonde.

Wie die meisten Playboys von Rang war auch Dodi Erbe. Aber das Vermögen seines Vaters, Sohn eines ägyptischen Volksschullehrers, war sehr frisch und von äußerst ungeklärter Herkunft. Das Manko der Playboys, nicht wirklich zur besseren Gesellschaft zu gehören, wurde bei Dodi extrem manifest. Der Vater trug das Stigma des levantinischen Geschäftemachers – und so auch der Sohn. Der Erwerb des als nationales Symbol betrachteten Kaufhauses Harrod's machte die Fayeds nicht zu Briten. Im Gegenteil: Die zweifelhaften Umstände des Kaufs schürten erst recht den Groll gegen diese ägyptische Familie mit dem schnellen und vielen Geld. Der begehrte Paß des Vereinigten Königreichs wurde hartnäckig verwehrt. Eine in ihrem Stolz getroffene Handelsnation wollte beweisen, daß nicht alles käuflich ist.

Solches war schwer einzusehen für Vater Fayed, der sehr erfolgreich nach dem schon in der Antike bewährten Grundsatz verfuhr, daß ein mit Gold beladener Esel jede Stadtmauer bezwingt. Sohn Dodi war bei seinen Playboy-Eroberungen nicht weniger großzügig, so daß sich ihm nach reichlichem Juwelensegen manch prominenter Schoß öffnete. Brooke Shields, Tina Sinatra, Britt Ekland, Kelly Fisher, Mimi Rogers und so fort – sie alle gehörten zu jenen Frauen, die er reichlich mit Schmuck bedachte und als notorischer „celebrity fucker" auf seiner Trophäenliste verbuchen konnte.

Was zu den goldenen Zeiten des Playboytums den Ruhm gesteigert hätte – bei Dodi vermehrte es noch die schlechte, wenn auch zwiespältige Nachrede. Von schlappen Liebesleistungen auf einem Zebrafell neben dem Whirlpool reden die einen, von außerordentlichen sexuellen Leistungen die anderen seiner Ex-Geliebten. Dieser Playboy konnte es niemandem mehr recht machen. Selbst als er schließlich als Krönung seiner Laufbahn eine Prinzessin für sich gewann, blieb ihm nur Spott und Hohn. Wer mochte es Dodi schon abnehmen, daß er wirklich in Diana verliebt sei, wenn eine geschaßte Geliebte, das Photomodell Kelly Fisher, zu Protokoll gab, daß sie zur Nacht Gefährtin von Dodi war, während er am Tag der Prinzessin den Hof machte. Von Verführung Minderjähriger war die Rede, aber kein respektvolles Wort über einen geborenen Womanizer, wie es selbst biedere Frauenzeitschriften einst für Porfirio Rubirosa gefunden hatten.

Mag Dodi auch seiner Geliebten die Prachtvilla im Bois de Boulogne, eine nicht minder eindrucksvolle Wohnung am Arc de Triomphe, eine luxuriöse Suite im Fayed-eigenen Ritz geboten haben. Für die Öffentlichkeit blieb er ein schmieriger Levantiner, der sich an der blonden Schönheit vergreift. Bis in die Personnage der Todesfahrt pflegen die Berichterstatter diesen Hautgout. Der Todesfahrer hat ein „altes Gesicht und Halbglatze", er ist ein Verlierer im Sport, der noch vor der Todesfahrt seine „schmutzigen Tennissachen" entsorgt und sich dann zu einer Sauftour begibt. Dodis letzte große Aktion, wenige Stunden vor dem Tod, ist noch einmal eine auftrumpfende Geste des Playboys, der weiß, daß für einen hohen Gewinn ein großer Einsatz nötig ist. Er kauft Diana das teuerste Stück im Laden des Juweliers Repossi: 400.000 D-Mark für einen Ring mit der Gravur „Dis-mois-oui" (Sag mir ja).

Der romantische, auf eine Hochzeit hinweisende Aspekt der Geste geht in den Berichten über den Tod des Liebespaares wenige Stunden später völlig unter. Der tote Dodi ist vielleicht mehr als der lebende – eine späte Playboy-Karikatur, neureich, oberflächlich und letztlich „disgusting". Es war nicht allein seine Lebensform, die ihn so in Mißkredit brachte. Die Leichtlebigkeit von Dianas Bruder, Earl Spencer, fiel weit weniger auf diesen zurück. Seine vornehme Herkunft und seine Zugehörigkeit zum „Opfer" egalisierten den Umstand, daß Earl Spencer als „Champagner Charlie" galt, der in Playboy-Kreisen verkehrte und dabei zwielichtige Geschäftsbeziehungen pflegte. „Dodi" al-Fayed dagegen war nichts als ein etwas zu spät gekommener Playboy, der in aufwendiger und etwas stilloser Weise einen überholten Typus darstellte. Was in den fünziger, auch in den sechziger Jahren noch Interesse, ja sogar Respekt abnötigte, war jetzt einfach eine überholte Lebensform, die für sich genommen keine Besonderheit mehr beanspruchen darf.

Denn inzwischen ist fast eine ganze Generation herangewachsen, die all die Voraussetzungen besitzt, die einen Playboy auszeichneten. Staunend registriert eine Gesellschaft, daß ein Großteil von ihr zu den Erben zählt.

Große und kleine Vermögen kommen in junge Hände – und werden nicht mehr wie einst ganz selbstverständlich für neue wirtschaftliche Unternehmungen genutzt. Stehen die ideologischen Ampeln bei manchen sehr auf Grün, so kann es sogar vorkommen, daß sich ein Erbe gegen das Wohlleben und für das gesellschaftliche Tun entscheidet. Aber die Tendenz geht doch dahin, ein Leben zu genießen, wie es sich die Eltern versagt haben und wie es nicht zuletzt den Playboys vorbehalten war.

Sportwagen, schönes Haus, weite Reisen, gutes Essen, modische Kleidung, freie Partnerwahl – alles ist möglich. Unter denen, die diese Freiheiten genießen können, mag mancher sein, der einst davon geträumt hat, ein Playboy zu werden. Wenn er jetzt am Ziel angelangt ist, muß er merken, wieder einmal nur der Hase zu sein. Wo immer er auch hinkommt, sind schon viele andere da, die sich massenhaft dort breit machen, wo eigentlich Exklusivität den rechten Reiz ausmachen würde. Wie der Traum vom Fliegen, dem der per VW nach Rimini Reisende nachhing, im vollgepferchten Charterflugzeug endete, so rast die Vision vom Sportwagen-Playboy im tiefergelegten BMW durch die Wirklichkeit – und selbst in den Bars von Sylt wird kennerhaft und wortspielerisch geurteilt: Die Zeit der Bläh-Boys ist vorbei.

Gefragt, was denn einst das Besondere am Playboy war, verweist Gunter Sachs heute nicht auf irgendwelche äußeren Statussymbole, auf besondere Späße und Spiele oder auf außerordentlich viele und ungewöhnlich schöne Frauen. Er nennt ein Prinzip: „Wir machten, was wir wollten, nicht, was wir sollten!" Wer im Playboy nur den modischen Frauenhelden sieht, wird sich schwer damit tun, ihn als einen Souverän im Reich der Selbstbestimmung anzuerkennen. Aber es steckt eine tiefere Wahrheit darin, daß sie sich ohne Reflexion, „unkund ihrer selbst" (Richard Wagner), Freiheiten nahmen, wo rund um sie Zwang war. In einer Zeit des „anything goes" hat solche Haltung ihre Besonderheit verloren, würde sich ein durch sie definierender Playboy lächerlich machen.

So resümiert Gunter Sachs: „Die Playboys sind so mausetot wie die Musketiere!" Wenn er recht hat, dann wird keiner der letzte Playboy sein, weil den Playboys noch ein langes, wenn nicht ewiges Leben beschieden ist – nicht als Wirklichkeit, aber als unsterblicher Mythos.

Gunter Sachs und Brigitte Bardot

WILFRIED ROTT

geboren 1943 in Wien, Studium der Germanistik und der Geschichtswissenschaften, Dr. phil. Lektor, Journalist, Redakteur, Hörfunkautor. Seit 1977 beim Sender Freies Berlin, dort gegenwärtig Abteilungsleiter Kultur aktuell Fernsehen. Redakteur und Moderator des Stadtmagazins „Berliner Ansichten", der Literatursendung „Berliner Salon" sowie des aktuellen Kulturstudios „Alex". Seit 1992 Präsentator des Kulturmagazins „Ticket". 1994 erschien im FAB Verlag „Ticket Berlin. Der Kulturverführer für Anfänger und Fortgeschrittene".

BILDNACHWEIS

Moritz Rinke (Hg.)

An die Berlinerin

Eine literarische Liebeserklärung in Vers und Prosa

136 Seiten, gebunden
ISBN 3-927574-42-2
DM 24,-

"Tags berufstätig und abends tanz-bereit" soll sie sein, versehen mit "der nötigen Mischung von Zuverlässigkeit und Leichtsinn, von Verschwommen-heit und Umriß", so Franz Hessel über die Berlinerin seiner Zeit. Kaum eine literarische Edelfeder, die sie nicht beschrieben, sie bewundert und ihr gehuldigt hätte: ihrem spröden Charme, ihrem Humor und ihrer Schlagfertigkeit.

Moritz Rinke, Journalist und Dramati-ker, versammelt in diesem Band Texte und Notate aus zwei Jahrhunderten – von Heine und Fontane, von Kerr bis Polgar, von Tucholsky und Klabund, Zuckmayer und Heinrich Mann bis hin zu Marlene Dietrich. In seinem Nach-wort spannt Rinke den Bogen zur Berlinerin von heute.

"Denn was immer man auch kritisieren mag: Die Berlinerin ist eigentlich eine bewundernswerte Frau. Und deshalb war es auch wirklich an der Zeit, daß jemand diesen Frauen huldigt."
DIE WELT

FANNEI & WALZ VERLAG
UHLANDSTR. 179/180 · 10623 BERLIN

Klaus Siebenhaar (Hg.)

KulturHandbuch Berlin
Geschichte & Gegenwart von A – Z

Vielfalt übersichtlich gemacht: Von A wie "Akademie der Künste" bis Z wie "Zeitgenössische Oper" portraitiert das erste Lexikon zur Berliner Kulturlandschaft rund 600 Institutionen in Geschichte und Gegenwart. Mit einem historischen Abriß, Überblicksartikeln zu allen künstlerischen Gattungen und Genres sowie einem umfassenden Serviceteil: Adressen, Verbände, Organisationen, Medien und die Eckdaten des Berliner Kulturhaushalts. Ein Kompendium zur Standortbestimmung der Kulturmetropole; ein Nachschlagewerk mit Servicecharakter.

„Alles über alle Berliner Kulturinstitutionen auf dem neuesten Stand ... Eine enorme Faktenflut verbunden mit analytischer Aufbereitung – ein unentbehrliches Buch."
SENDER FREIES BERLIN

„Aufschlußreiche Fundgrube ... meinungsfreudig, kenntnisreich und ... ansprechend formuliert ... aktuell und zeitlos zugleich."
DER TAGESSPIEGEL

„Kultureller Ariadnefaden ... cross-culture und Vernetzung im Stil der neunziger Jahre."
HANDELSBLATT

KULTURHANDBUCH BERLIN

GESCHICHTE & GEGENWART VON A – Z

Herausgegeben von
Klaus Siebenhaar

FAB VERLAG

496 Seiten, 53 Abb., gebunden
ISBN 3-927551-54-6
DM 58,-

■ **FAB** VERLAG · BERLIN
UHLANDSTR. 179/180 · 10623 BERLIN

Carmen Böker · Silvia Meixner

Wie werde ich ein Berliner?
In 55 Schritten zum Hauptstädter

160 Seiten, Broschur
7 Illustrationen
ISBN 3-927551-52-X
DM 24,-

Erste Hilfe für alle, die sich – ob freiwillig oder gezwungenermaßen – in der
werdenden Hauptstadt zurechtfinden
müssen:
Wie gehe ich mit pampigen Busfahrern
um? Was muß ich tun, um im Restaurant – endlich – bedient zu werden? Wo
geht man hin, wen muß man kennen,
und welche Orte sollte man tunlichst
meiden?
Ein augenzwinkernder, sachkundiger
und vergnüglicher Ratgeber zu Lust
und Leid des Metropolen-Daseins.

*"ebenso hilfreich wie amüsant, unter-
haltsam wie frech ... das ideale Rüstzeug
für alle, die gerade nach Berlin aufbre-
chen."*
DIE WELT

*"ein locker-listiger Ratgeber, der natür-
lich auch den Ortsansässigen zur Selbst-
analyse und gegebenenfalls zur Thera-
pie dienen soll."*
BERLINER MORGENPOST

*"Das Leben in einer Weltstadt ist hart.
Die Journalistinnen sagen, wie man den
ganz eigenen Charme der Berliner entdeckt."*
FREUNDIN

■ **FAB** VERLAG · BERLIN
UHLANDSTR. 179/180 · 10623 BERLIN